高等教育历史转型的中外比较研究

邓 磊 杨 甜 ◎ 著

重庆大学出版社

图书在版编目（CIP）数据

高等教育历史转型的中外比较研究／邓磊，杨甜著
－－重庆：重庆大学出版社，2020.12
ISBN 978-7-5689-2490-0

Ⅰ．①高… Ⅱ．①邓… ②杨… Ⅲ．①高等教育—发
展—对比研究—中国、国外 Ⅳ．①G649.1

中国版本图书馆 CIP 数据核字（2020）第 238599 号

高等教育历史转型的中外比较研究
GAODENG JIAOYU LISHI ZHUANXING DE ZHONGWAI BIJIAO YANJIU

邓 磊 杨 甜 著
策划编辑:唐启秀

责任编辑:唐 丽 王献婵　版式设计:唐启秀
责任校对:关德强　　　　　责任印制:张 策
*
重庆大学出版社出版发行
出版人:饶帮华
社址:重庆市沙坪坝区大学城西路 21 号
邮编:401331
电话:(023)88617190　88617185(中小学)
传真:(023)88617186　88617166
网址:http://www.cqup.com.cn
邮箱:fxk@ cqup.com.cn(营销中心)
全国新华书店经销
重庆俊蒲印务有限公司印刷
*
开本:787mm×1092mm　1/16　印张:13.75　字数:201 千
2020 年 12 月第 1 版　　2020 年 12 月第 1 次印刷
ISBN 978-7-5689-2490-0　定价:68.00 元

目录

引　言
——大学演进的逻辑与"大变革时代"的意义

自现代性开启以来，人类社会进入加速变化阶段，变化与革新成为常态。在狂风骤雨般的变革过程中，古老的组织和制度要么消失，要么改变，大学也无法幸免。与王朝、教会、手工业行会等历史悠久的社会组织不同，大学在社会变革面前既没有彻底消散，也不是一味被动接受改造，其最大的特点就是在保持核心传统的前提下，通过审慎的观察和理性的反思进行拓展和演进。此外，大学的演进也不是毫无规律，而是遵循一些基本逻辑。从历史过程来看，大学的演进明显呈现两个特征：一是连续性和渐进性，二是遵循"隐性的"社会契约。

一、大学演进的逻辑

大学诞生于 12 世纪的欧洲，在 18 世纪前，其组织形式和培养方式都没有发生重大变化。自 18 世纪以来，大学的内涵和外延才出现了比较显著的变革。根据办学体制、教学方式和社会功能的变化，克拉克·克尔把大学的发展划分成三个阶段——以教学为核心功能的古典人文主义大学、以学术研究为中心的专门性大学，以及教学、科研、服务多元并举的现代综合性大学。教育社会学家赫斯获根据欧美大学的发展特征和社会功能，也将大学的历史变迁分为三个阶段。第一阶段是从中世纪到产业革命以人文主义为特点的博雅教育时代，第二阶段是产业革命后以技术为中心的专门教育时代，第三阶段是 20 世纪后以服务社会为导向的应用教育时代。美国学者马丁·特罗则在 1973 年提出 "精英—大众—普及" 的高等教育三阶段论："一些国家的精英高等教育，在其规模扩大到能为 15% 左右的适龄青年提供学习机会之前，其性质基本上不会改变。当达到 15% 时，高等教育系统的性质开始改变，转向大众化……当超过 50% 时，高等教育开始快速迈向普及化阶段。"① 上述几种对高等教育历史发展阶段的划分方法各有侧重，克尔主要是以大学功能为视角，赫斯获侧重观察大学与经济发展的关系，特罗则是以大学的普及程度为指标。

事实上，在每一个大的历史阶段，不同类型、不同国家的大学历史还可以细分成更多的时代。譬如，罗杰·L. 盖格根据大学课程、学生生活和大学结构，将美国大学自哈佛学院（哈佛大学的前身）以来 300 余年的发展历史分成十个阶段。②但无论大学的演进如何划分，都必须把握两个基本原则。首先，大学的发展具有连续性。这一原则又牵涉到两个方面的问题：其一，大学的组织和机构必须是有源头可寻、有历史可证，能够被清晰发现演进程序的；其二，一所大学最基本的办学精神和教学理念大体上是一以贯之的。其次，大学的变革具有渐进性甚至滞后性。对此问题也需从两个角度进行观察：一方面，大学之所以能够一脉长存，其根本原因在于能够坚守某些基本理念，同时对新的变化进行理性的总结和反思；另一方面，凡是大学发生变革的时期，也必是社会出现重大转型的关键时期，这个说法反过来大致也可以成立。

根据连续性原则，作为知识中心和学术共同体的大学，应拥有持续而稳定的办学理念和文化特征。自中世纪肇始，大学之所以能够穿越八个世纪的历史烟云至今依然巍然耸立、历久弥新，而且成为现代社会的核心机构，根本原因就是这种机构集中体现了人类社会的知识追求和文化传统。换句话说，大学之树常青的奥秘就在于

---

① Martin Trow. *Problems in the Transition from Elite to Mass Higher Education*[M]. Berkeley, CA: Carnegie Commission on Higher Education, 1973:12.

② 罗杰·L. 盖格. 美国高等教育的十个时代[J]. 刘红燕，译. 北京大学教育评论. 2006(4): 126-145.

其知识功能和文化性格。保存和传播知识是大学最根本、最外显的组织功能，传承和发扬文化则是大学在发展过程中逐渐沉淀而固化的内在品质。大学一方面以其内在的知识属性诠释与研究人类社会的组织与精神，另一方面又因其外在的社会属性而成为文化选择、保存和传承的载体。从大学的历史来看，其文化性格具有普遍性。大学脱胎于中世纪欧洲的教会学校，最初只是天主教会传播教义、培养教士的文化机构。由于其教学内容和教育方式具有普世主义特征，因此大学从一开始就拥有求知无国界、研究无藩篱的文化性格。此外，大学的文化性格还取决于其从事的工作——科学研究与知识生产。雅斯贝尔斯认为，大学是一个由学者与学生组成的、致力于寻求真理之事业的共同体；任何一个真正意义上的大学，都要包含三个相互之间密不可分的方面：学问传授、科学与学术研究、创造性的文化生活。其中任何一个方面都与其他两个方面密不可分。[1]由于科学研究的客观性和知识生产的规范性，大学在长期的发展过程中逐渐形成了通过全面的观察、合乎方法论的思考以及作为客观性训练的自我批评来表达求知热情、展现科学精神的传统，并形成了稳定的认知范式和价值取向。这种文化性格不会因政权的更替和生产的发展而消失或改变，在宗教神学退出世俗生活，封建体制灰飞烟灭，人类社会发展到信息时代之时，大学依然能够保持自己独特的内在气质。

在很大程度上，大学机构的连续性也是由大学的文化性格决定的。一所大学可能发生变化，譬如 13 世纪中后期，巴黎和牛津等地频繁发生较大规模的市校冲突，巴黎大学和牛津大学曾一度因为市民的暴虐而不得不暂时解散。大学的学者也可以迁移，譬如早期大学基本上都是从巴黎和博洛尼亚迁移过去的师生所兴办。但是，无论一所大学怎样漂泊流离，其基本的章程、法令、学科和教学方法都具有明确传承关系，因此许多拥有古老历史的大学都形成了稳定的文化性格。建筑、校园、制度、法规甚至学科结构或许会在岁月长河的淘洗下改变样貌，但大学的精神理念和文化操守

---

① 卡尔·雅斯贝尔斯.大学之理念[M].邱立波,译.上海:上海人民出版社,2007:65-96.

却一以贯之。每一所伟大的大学基本上都具有稳定、独特的文化，这是保障其长期存在的基础，也是彰显其办学特色的标记。很难想象，如果牛津大学、剑桥大学不再守护博雅雍容，哈佛大学、耶鲁大学不再注重人文关怀，红砖大学①不再追求技术进步，赠地大学②不再致力于社会服务，清华大学不再奉行"自强不息，厚德载物"，北京大学不再坚持"兼容并包，思想自由"，这些大学是否还有令人向往的魅力？

按照渐进性原则，作为人才中心和社会机构的大学，其发展变革必然与外部环境的重大转折密切相关。作为具有深厚积淀的组织，当社会发生重大变革时，大学的反应常常具有滞后性。首先，大学会对社会现实展开理性思考和价值评判，然后在已有理念和功能的基础上进行调整和突破。英国近代哲人霍尔丹将大学称为"民族灵魂的反映"③，中国科学院大学校长、中科院院士丁仲礼将大学视作"坚守社会良知的阵地"④。弗莱克斯的论述更为全面，他指出大学的发展具有两重性：一方面大学不应将新事物拒之门外，不能落后于它们所表现和推动的生活，其办学理念和运行方式都会因时而变，从而既立足于现实又深刻影响未来；另一方面，大学的变革也应适度而明智，必须以理性分析和价值判断为基础，必须遵循一定的原则和限度，而非依赖于习惯，更不能成为时尚生活的风向标，什么流行就迎合什么。"大学应不断满足社会需求，但无需迎合社会欲望"。⑤大学既保守又开拓，这是它们的天赋，但具体到不同国家的不

---

① 红砖大学，最初是指创立于19世纪工业革命时期和大英帝国时期的维多利亚时代、在英格兰重要工业城市成立的六所私立研究及教育学院，创立之初均为科学和工程技术类院校，是除剑桥大学和牛津大学以外在英格兰地区最顶尖、最著名的老牌名校。后来一些类似的大学也被归为红砖大学，这个概念逐渐变成1800年到1959年之间建立起来的数十所中产阶级大学。

② 赠地大学是由美国国会指定，得益于莫里尔法的高等教育机构。莫里尔法通过将联邦政府拥有的土地赠与各州来兴办、资助教育机构。根据法案第40条，这些大学的宗旨在于教授农学、军事战术和机械工艺，不排斥古典教育，使得劳工阶级子弟能获得实用的大学教育。

③ Abraham Flexner. *Universities*：*American*，*English*，*German*[M]. New York：Oxford University Press，1930：4.

④ 丁仲礼. 大学是坚守社会良知的阵地[EB/OL]. 中国科学院大学新闻网，2016-06-06.

⑤ Abraham Flexner. *Universities*：*American*，*English*，*German*[M]. New York：Oxford University Press，1930：5.

同大学，这种天赋并不均一。大学变革受到政治体制、文化传统、经济结构和知识体系等多个因素的影响，是一个牵涉范围极广泛、操作极复杂的长期过程。每当人类社会来到重要转折期，所有大学都必须做出反应，无论它们拥有何等显赫的声名和深厚的传统。有些大学由于历史久远、积淀深厚而十分注重传统并以此为豪，它们在转折期必须重新考虑如何适应和调整，实现传统与未来的对接。通常情况下，大学革新具有两种形式：一种是在已有基础上增添新内容，比如建立新学院、开设新学科、设置新课程等。这种革新手段操作便捷，效果明显，但却无法从根本上解决问题，而且容易引发内部矛盾，严重时甚至造成大学的分裂。另一种则是从整体上重新反思大学的精神与理念，并基于现实情形做出长远的价值判断，继而为传统赋予新的内涵。这种做法耗时较久，难度较大，甚至还会出现歧义和反复，但却是大学批判力和创造力的体现。当然，更常见的情况是二者同时出现，一方面是原有大学的自我反思和焕新，另一方面则是新院校的创建。

　　大学的发展历史证明，在每一个重要历史阶段，都有一批大学基于现实需求和价值反思进行理念嬗变和实践突破。那些能够自我反思并实现突破的大学，在未来仍然能够对人类社会持续发挥重要作用和产生深远影响，其中一部分还会跻身伟大大学之列，引领整个人类世界的思想与观念。如牛津大学、剑桥大学等早期代表，以及柏林大学、哈佛大学、约翰·霍普金斯大学等后起之秀皆属此列。时至今日，这些大学依然熠熠生辉，为民族国家和人类社会培养最杰出的人才。而那些缺乏批判精神、迎合社会流俗的大学，以及那些缺少应变、故步自封的大学，即使曾经伟大，也会逐渐黯然失色，甚至走向消亡。

二、大学与社会的契约关系

　　鉴于人类知识体系的相对独立性，大学不会轻易向自己所处的社会形态做出妥协，但却必然会对后者的变革做出认真的反思和审慎的选择。因此，大学与社会二者之间存在一种隐性的契约关系，虽然这种关系并不存在任何形式的显明表述。

（一）大学在神学时代的诞生

大学诞生于 12 世纪的欧洲，当时正值"教会的道德权力和政治权力衰退而现代政权体系尚未完全建立之时"①。因神职人员无知堕落而逐渐遭遇信仰危机的天主教会迫切需要更加缜密和完善的神学理论提供支持；征服罗马帝国之后却陷入无序混乱状态的蛮族征服者则急需具有专业素养的公务人员来维持自己的统治。作为"黑暗时代"仅有的知识机构，脱胎于教会学校的大学承担了化育欧洲智慧的历史使命。大学通过知识的整理和传播连接神圣和世俗，切实起到了整合欧洲思维的功能。早期大学的功能与当时欧洲社会的需求是一种隐性的契约关系，德里克·博克认为这并不是一个准确的政治概念，但却是一个"启蒙式的隐喻"。②早期大学的出现是一个缓慢而潜隐的过程。知识的复兴源自社会的发展，中世纪前期的蒙昧与野蛮逐渐催生出欧洲人对开化和文明的渴求，而传统的教会教育只能提供极其粗浅且在神学教义下作茧自缚的基本知识。11 世纪之后，由于教派的分裂和教义的纷争，越来越多的基督徒希望能够建立一个统一、纯洁的教会。这是一个旺盛的求知欲望将陈规陋习迅猛突破的年代，在信仰的召唤下，具有高度使命感的基督徒不断突破罗马教皇设置的壁障，寻找更纯粹的基督精神。十字军的征战则从另外一个层面拓展了人们的视野，不仅使生活在四分五裂的欧洲版图上的人们得以相互交往，并且还向欧洲打开了一个可以瞭望陌生的东方世界的窗口。12 世纪的欧洲学者先是从阿拉伯世界重新发现了亚里士多德和其他古希腊智者，然后才慢慢回归到西方文明源头的学术传承。大学诞生后的很长一段时间都只为教学而存在，教师以古希腊的自由七艺为基本授课内容，在此基础上开设法学、神学和医学等高阶学科，让学生修习高深精致的思想和知识，因此又被形象地称为"象牙塔"。从产生

---

① 杰德勒·德兰迪. 知识社会中的大学[M]. 黄建如,译. 北京:北京大学出版社,2010:36.

② Bok，D. *Beyond the ivory tower：Social responsibilities of the modern university*[M]. Cambridge：Harvard University Press,1982:5.

的背景和过程来看，中世纪的大学功能与社会发展之间隐含契约关系。由于教会神学和世俗统治的双重需求，教皇和君主不得不借助教师行会的力量，给予大学自治的权力。应教会和国家之需，大学的功能在于知识的保存和传授，培养兼具虔敬思想和专业知识的人才。

（二）现代研究型大学的兴起

17 世纪以来，"现代性"的大幕开启，知识分子开始为社会发展进行谋划。这一过程的根本动机是从"神圣"到"世俗"，从单纯强调内心的"信仰"转而关注真实的生活。中世纪的教育模式已经无法满足新的社会需要，大学急需变革。20 世纪前的人类社会现代性展演经历了从精神到制度再到深层社会认知的基本路径，其落脚点在于社会知识经验的沉淀与认知结构的系统化，具体表现为新式高等教育机构的出现，尤其是研究型大学的兴起。

大学诞生于中世纪，因此也就理所当然地带有这个时代的烙印。长期以来，教会神学的故步自封和教学模式的刻板僵化一直禁锢着大学的发展。16 世纪以来，文艺复兴与宗教革命致使中世纪的社会秩序最终崩溃，教会退出世俗，与之关系密切的传统大学也逐渐走向衰落。伴随着资产阶级革命和民族独立运动，由单一民族或数个民族联合构成的民族国家成为主宰世界格局的政治实体，所有的社会组织都被归入民族国家的政治框架之内，大学也不例外。18 世纪，工业革命的兴起以及资产阶级的出现，带来了欧洲社会对增加受教育机会和发展自然科学的渴求。但在这个时候，中世纪的古老大学仍然沉浸在陈旧的艺学知识和僵化的神学教条之中，因此必然会走向衰落。大学的衰落与社会对科学知识的渴望并行，这就推动了新的科研机构与教育机构的诞生，也为大学与社会之间隐性契约的重新商定奠定了基础。19 世纪上半叶，以柏林大学为代表的研究型大学的出现，昭示着高等教育发展新阶段的到来。

柏林大学成立于 1809 年，它的出现标志着现代高等教育的开端。柏林大学的伟大之处在于首倡为研究高深学问而生、教学与科研并重的高等教育新理念。柏林大学提出的学术研究理念深受 18—19 世纪的西方启蒙哲学，尤其是康德哲学的影响。遵循启蒙思想家的观点，知识是科学探究的结果，大学是知识探究的场所。除却精神层面的哲学基础之外，新大学理念的提出还有赖于社会实践的变革。19 世纪初期，深受西欧工业革命震撼的德国政府官员和市场代言人对故步自封的学术体系不满之意日甚，于是联手实施改革以促进大学的现代化。在政府和市场的共同引导下，新大学的学术实践开始向官僚化和商业化转变。柏林大学根据国家和社会的需要重新核准了大学的学术任务：首先，教授不需要是教导多样课程的通才，而是在各自的领域进行教学和研究；其次，由于在学术传统（已确立的知识）和理性探究之间存在永恒冲突，因此各学科都需要在理性之光的照耀下对已确立的知识进行再验并继续发展；最后，大学还需要以专业训练的形式进行组织和管理，致力于学术研究人员的培养。经过将近一个世纪的发展，19 世纪末期的德国大学已经成为领先世界的科研中心，为世界各国——尤其是资本主义和工业革命处于迅速上升期的美国——所钦慕和仿效。

研究型大学的出现是社会契约进行调整的结果，其根本原因就是工业革命的勃兴和资产阶级的上升建立起新的社会秩序，科技创新成为社会发展的原动力；传统的小作坊、学徒制的知识传授方式在数量上和质量上都无法满足现代化生产的需要，因此作为知识中心的大学必须直接面对国家的利益诉求和市场的发展需要。从此，新的自然科学知识和应用技术开始进入大学课程，招生规模和渠道也有所拓宽，大学逐渐成为民族国家的科研中心，承担起科学研究和技术人员培养的功能。

（三）大学"服务功能"的出现

从 19 世纪末到 20 世纪中叶，人类社会再次出现重大转折。大工业时代的到来、民主社会的发展以及对带来无尽痛苦的两次世界大战的深刻反思，共同造就了一个联系更加紧密、互动更加频繁的人类社会。在这个新的时代背景下，此前由于自然因素而产生的社会隔离被新科技革命——打破，所有的组织机构都需要以更主动的姿态为社会做出贡献，为工业发展提供切实帮助。大学不仅要回应国家的利益诉求，还要体现社会和个人的公共价值。

在新的时代背景下，各国大学纷纷做出调整以适应社会的发展。基于相对成熟的市场环境和普遍盛行的实用思想，美国大学率先完成了社会契约的再次调适。在不断学习德国大学模式，并继续保持殖民地时期遗留下来的英国大学模式的基础上，美国政府开始尝试用一种新的办学理念来指导高等教育的发展。"康奈尔计划"和"威斯康星思想"就是此背景下的产物。"康奈尔计划"始于19世纪后半期，当时美国处于工农业蓬勃发展的历史时期，社会迫切需要大量高素质的专业人才。为了满足社会发展的需要，1862年美国联邦政府出台了著名的"莫里尔法案"，通过政府投资创建新型大学，着力培养工农业人才。以康奈尔大学为代表的一批新大学由此成立，美国高等教育逐渐形成了通过提供实用知识来服务社会的传统。"威斯康星思想"出现在20世纪初期。1904年，威斯康星大学校长查尔斯·范海斯主张高等学校应该为区域经济与社会发展服务。由此，威斯康星大学在教学和科研的基础上，通过培养人才和输送知识两条渠道，打破大学的封闭传统，努力发挥大学为社会服务的新职能，积极促进全州的经济发展。不久之后，威斯康星大学便取得了卓越的成就，从而被其他大学所仿效。

积极寻求社会资源并为社会提供服务，成为20世纪初期美国大学的典型特色。服务理念打破了大学与社会之间的边界，使其不仅能够体现民族国家的文化传统，而且可以深入开展社会实践，为每一个公民提供帮助。伴随着美国高等教育实力的日益增长，其综合国力和国际地位也持续提升，社会服务理念逐渐推广到其他国家，并成为现代大学的主要功能之一。

三、美国高等教育的"大变革时代"

在文艺复兴之后的数个世纪里，高等教育的理念和功能都发生了根本性的变革，这在各国大学身上都有所体现。相对而言，由于移民国家的特殊性，美国最为淋漓尽致地体现了这一历程。不仅如此，作为西方文明在宗教、政治和文化等多重意义上的"新大陆"，美国大学还创造性地开拓了新的理念和功能。

从大历史的角度来看，三次战争形成了美国高等教育发展史的分水岭。第一次是独立战争，将美国大学分成殖民地时期和合众国时期，或者说传统时期与变革时期；第二次是南北战争，这是美国大学走向现代化的起点；第三次是第二次世界大战，美国大学从此变得多元巨型、贴近社会，并因此赢得了世界声誉。除这三次战争外，第一次世界大战和越南战争也对美国大学造成了不小影响，但未从根本上改变其面貌。不过，这三次战争只不过是诱发变革的外在因素，真正导致美国大学脱胎换骨的时期并非这三个节点，而是19世纪末和20世纪初的"大变革时代"。这个时代不仅是美国大学最关键的变革期，而且对未来的世界高等教育格局产生了显著影响。这段历史不仅形成了典型意义上的"美国大学"，而且为世界各国的高等教育提供了一个重要的参考样本。以哈佛大学为代表，这所成型于19世纪末至20世纪初的美国精英大学在后来逐渐成为世界各国，尤其是高等教育后发国家竞相学习的对象，时至今日，这种趋势仍然在继续。

自1636年哈佛学院诞生以来，美国大学在之后的两个半世纪都乏善可陈。在此期间，整个新大陆的文化水平都无法与欧洲母国相提并论，新移民最大的成就是对蛮荒的北美大陆进行开垦，以及建立了崭新的美利坚合众国。直到19世纪中期，美国高校大多仍以心智训练和道德修养为目的，以希腊文、拉丁文等古典课程为内容，保留着浓厚的中世纪英国风格。转机出现在19世纪中期，南北战争以后，奴隶制被废除，资本主义取得胜利，美国社会进入快速发展时期。经济的巨大进步以及对工业化的诉求，也对高等教育提出了新的人才要求。面对新的历史环境和社会需要，美国大学作出的第一反应是学习来自德国的先进理念。

1809年，柏林大学建立，专业发展和科学研究成为现代大学的重要标志，率先做出突破的德国大学也成为世界各国学习的对象。从19世纪初到20世纪初，美国学者大量译介德国大学的相关信息，同时派出 10000 余人赴德留学。①留德学者归国后立即致力于传统大学的改造，并在独立战争胜利百年之际建立了美国第一所研究型大学——约翰·霍普金斯大学。研究型大学的理念就此扎根，以科研为中心的组织模式成为美国大学的普遍取向。19 世纪后半叶，为促进工农业技术发展，联邦政府又于 1862 年、1890 年两次出台《莫里尔法案》，划拨联邦土地扩大高等教育规模，初步形成了以实用课程为内容、以服务社会为宗旨的公立大学体系。至 20 世纪初，科技创新与专业教育已经根深蒂固，以心智训练和虔敬精神为导向的旧传统全面让位于培养研究人员和专业人士的新理念。

　　以"学术研究"为主旨、"实用主义"为目的，美国大学完成了从传统到现代的转型。这个过程急促而剧烈，虽然整体具有进步意义，但由于缺乏独立内生的教育理念以及过度重视实际功用，因此造成了严重危机。美国大学最初是以中世纪的英国书院为模板，后于 19 世纪中后期以德国研究型大学为模板进行改造，其间还对法国大学有所借鉴。多方学习具有积极意义，但一味模仿的后果却是理念模糊、体系混乱。德国研究型大学模式虽然有助于美国高等教育从传统走向现代，但由于实利思想盛行，同时缺乏德国文理中学和英国文法教育的通识根基，美国大学逐渐沦为实用知识和应用技术的"交易市场"，"学生的兴趣与大学的真正目的相偏离，成为最严峻的问题"②。由于重研究轻教学、重实利轻思想，美国大学的职业特征愈发明显，文化生活却日趋衰落，从而导致教育质量下降，原创思想匮乏。直至 19 世纪末，"美国大学几乎未能培养哪怕一位执思想界之牛耳的伟大学者"，"由于工业化的迅速发展和接踵而来的拜物主义浪潮，最具才华的年轻人大多不愿踏上求学问道的幽径"③。上述现象不仅令教育界的有识之士感到失望，而且也让美国公众对大学失去了信任。批评者认为美国大学主要存在两个危机：

---

　　①　Charles Franklin Thwing. *The American and the German Universities*, *One Hundred Years of History*[M]. New York：Macmillan, 1928：39-43.

　　②　Edwin Slosson. *Great American Universities*[M]. New York：Macmillan, 1912：506.

　　③　Abbot Lawrence Lowell. *At War with Academic Traditions in America*[M]. Cambridge：Harvard University Press, 1934：46.

其一，片面强调研究，忽略本科教育；其二，过于注重实用，缺乏具有文化内蕴的大学生活。前者导致美国大学根基不牢，徒有创新欲求但缺乏原创精神。后者更是诱发了两个重大问题的出现：教育内容零碎分散，缺乏整体性和系统性；学生视野狭窄、根基浅薄，既无法满足民主社会对公民品格的要求，也难以体现"美国学者"的文化内涵。为引领美国大学走向卓越，一批富有远见的改革者进行了深刻的自我反思，并在此基础上致力于内涵的提升，从而拉开了"大变革"的帷幕。

美国高等教育真正意义上的自主变革始于南北战争之后。历史学家劳伦斯·维赛认为，"对于经历了 1870 年的人来说，1870 年前后可以看作'美国教育史的新纪元'"。对此，他援引了耶鲁大学校长诺亚·伯特 1871 年对美国高等教育的评论："这一课题从没有吸引如此之多的人进行如此之热切的思考。在刚刚过去的几年中，它（高等教育）激发了有史以来最为积极的争论，引起最多样化或是自信的批评，经历了最多的实验。引导公众观点的人们的思想是如此易变，对于旧的方法和学习或真或假的缺陷的批评是如此尖锐，要求进行彻底变革的决心是如此强烈，以至于人们经常评论说，学院和大学教育不仅仅是被改革所改变，而且是被革命所震撼。"① 以上论述是切合实际的，也与社会变革的历史节点相契合。但是，战争和政治对高等教育带来的影响只是一个转折的契机，真正的改革动力还是来自社会内部需求的转变。

经过半个世纪的酝酿，美国高等教育在 19 世纪末和 20 世纪初进入"大变革时代"。关于"大变革时代"的说法，最先出自 20 世纪初的美国记者埃德温·斯洛森。斯洛森在 1910 年前后完成了一次全美范围内的院校旅行，并在调查基础上撰写了《伟大的美国大学》这部经典文集。书中写道："我一共拜访了十四所大学，在每一所大学都能听到这样的议论：'你来得正是时候。这所大学恰好处在一个关键的转变阶段'。"② 20 世纪中期，历史学家劳伦斯·维赛以深厚

---

① 劳伦斯·维赛. 美国现代大学的崛起[M]. 栾鸾，译. 北京：北京大学出版社，2011：1.

② Edwin Slosson. *Great American Universities*[M]. New York：Macmillan，1912：506.

的学术功底和细致的社会观察撰写了名著《美国大学的兴起》，其中也提出了类似的观点："自 1865 年始，美国大学获得了持续发展，尤其是 1890 年之后，美国高等教育的变革更是广泛而剧烈，最终在 1910 年前后，以学术创新为核心的大学理念被一批美国知名大学所接受，以心智训练和虔敬精神为核心的旧观念，让位于在各种高深知识领域培养专家的新理念。在此基础上，美国大学最终形成了我们今天熟悉的模式。"① 与维赛同时代的学者弗雷德里克·鲁道夫认为，美国大学在 19 世纪中后期和 20 世纪初期展露出"新时代的曙光"。②当代美国学者罗杰·L. 盖格则明确表示，1890 年至第一次世界大战后乃是美国高等教育的"大变革时期"。③综合以上四个产生于不同时代，但皆在美国高等教育史上具有重要影响的观点，可以将 19 世纪最后十年和 20 世纪前二十年，界定为美国大学的"大变革时代"。

总的来看，"大变革时代"的美国大学主要表现出三个方面的特点：

其一，工业的迅速发展帮助"美国的公司和企业创造出大量可供自由支配的财富"，让"越来越多的工业家在大学董事会担任董事职务"④。财富的增加为大学带来了前所未有的慈善捐赠，1893 年至 1916 年，美国社会捐赠和遗赠的增幅超过五倍，其中投向高等院校的捐赠从 47% 上升到 75%；"在这个繁荣富足与慷慨大度的时间里，所有的慈善事业都得到了发展，但是大学和学院无疑是其中最大的受益者"⑤。

其二，伴随着工业的兴盛和综合国力的提升，美国大学的层次

① 劳伦斯·维赛.美国现代大学的崛起[M].栾鸾,译.北京:北京大学出版社,2011:17.
② Frederick Rudolph. *American College and University*[M]. Athens: University of Georgia Press, 1990:241-263.
③ 罗杰·L.盖格.美国高等教育的十个时代[J].刘红燕,译,北京大学教育评论,2006(4):136.
④ 约翰·塞林.美国高等教育史[M].孙益,林伟,刘冬青,译.2 版.北京:北京大学出版社,2014:106.
⑤ 约翰·塞林.美国高等教育史[M].孙益,林伟,刘冬青,译.2 版.北京:北京大学出版社,2014:108.

和水平无法满足社会的现实需求和民众的心理预期。为建设一流大学、培养卓越人才，政府、企业分别在政策和资金上提供了大量的支持，高等教育管理者和研究者则从课程、制度和文化上进行根本的反思与重构。为提高教学质量、塑造文化氛围，一批具有代表性的美国大学发起了课程教学改革和校园建筑改造（用哥特复兴式建筑风格改造校园）运动，同时在全国范围内建立学会以保护学术自由，此外还加强教师专业化以鼓励学术创新。

其三，主要的美国大学逐渐形成了自身的组织特色，无论是传统学院、赠地大学或是研究型大学，都呈现出一种虽然杂糅了欧洲诸国的大学传统（以英、德为主），但却明显有异于任何他国大学的组织特征。维赛认为这是一种兼收并蓄的组合结构，其基本特征是注重实效的应对之策，而不是条理清晰的精心计划。①正因为如此，德式研究生院、英式住宿书院以及美式专业学院才能在同一个大学中有机融合在一起。19 世纪后期，这种特点还不太凸显，但在投资人的慷慨解囊和改革家的不懈探索之下，美国大学灵活实用的杂糅风格逐渐成型。因此，这段时期也被史学家称为美国现代大学的形成时期。

四、"大变革时代"的研究视角

关于美国高等教育史方面的研究，已有诸多国内外专家学者做了大量前期工作。大致而言，美国大学史相关研究从视角来看共有三种类型：

第一种是具有"断代"性质的通史，虽然数量较少，但无一不具有极其重要的奠基地位。譬如约翰·布鲁贝克和威利斯·鲁迪的《高等教育的转型：美国学院与大学史，1636—1976》、弗雷德里克·鲁道夫的《美国学院和大学的历史》、约翰·塞林的《美国高等教育史》、亚瑟·科恩的《美国高等教育通史》等。这一类著作的视野宏阔，时间跨度大，虽然关注点和展开方式略有不同，但基

---

① Laurence Veysey. *Emergence of the American University*［M］. Chicago：University of Chicago Press，1965：2.

本上都是分段呈现美国高等教育三个世纪以来的发展和变革。如果想要在整体上大致把握美国高等教育发展史，上述著作是极好的基础教材，但如果想要深入分析美国高等教育改革的具体历程、详细举措以及大学与社会的连接互动，上述作品难免失于粗疏。

第二种是单一大学的历史研究，以哈佛、耶鲁、普林斯顿、斯坦福、麻省理工等著名的研究型大学为代表，不仅在美国有着极为丰富的论著，而且其他国家也有不少研究。此类著作十分丰富，其特点正好与前一类著作相反，资料翔实而具体，但却"模糊了更为广泛的问题"[①]。美国大学类型多元，在其发展过程中借鉴了英、德、法等不同国家大学的制度甚至理念，但其更明显的特征是兼收并蓄他国经验的同时也形成了自身特色。任何一所美国高校，无论是历史悠久的私立大学还是赠地运动之后创建的州立大学，抑或20世纪城市化浪潮中涌现的数量繁多的社区学院和应用技术学院，都是美国社会大熔炉出产的"产品"。因此，有关单一学校的历史著作的确能够极为详尽地反映本校各个历史阶段的发展历程和重要事件，但却会在很大程度上淡化美国大学的整体特色，同时也会模糊大学之间的交互关系以及大学与社会的相互勾连。

第三种类型的数量最为丰富，涉及的领域也最为繁杂。此类作品或者就高等教育的某个侧面，或者对某一类大学的发展（如研究型大学）进行专题研究，多以学术论文为主，但也包含一部分比较优秀的学术著作。前一种作品中较具代表性的有霍罗威茨的《校园生活：自十八世纪末至今的大学文化》、盖恩斯的《作为艺术品的校园》、古德曼的《学者共同体》、考雷的《校长、教授与董事：美国学术管理的演变》等。后一种作品中较具代表性的则有盖格的《发展知识：1900年至1940年美国研究型大学的成长》、斯多尔的《美国研究生教育的开端》、科亨和布兰韦尔的《美国社区学院》等。第三类作品能够为读者提供有关美国高等教育史的方方面面的介绍，能够从各种不同的视角对不同阶段或不同类型的美国大学进行多元

---

① Laurence R Versey. *The Emergence of the American University* [M]. Chicago：University of Chicago Press, 1965：1.

分析。不过此类作品也存在一个固有的问题，那就是往往单独提取高等教育的某个侧面或片段进行挖掘，容易为了研究深度而沉浸于相对和孤立的历史分析，以至于"只见树木，不见森林"。

除了上述三种常见类型之外，自 20 世纪末期以来美国高等教育史研究又有了一个新的趋势，那就是将不同类型的美国高校视作一个具有共同特性的学术共同体进行综合分析。就时间来看，则主要聚焦在第二次世界大战以后，尤其是冷战以后。这一趋势的出现既受到了全球化加速推进的影响，同时也与分歧不断加剧的美国社会具有深层关联。全球化的迅猛发展将人类社会凝结成一个联系越来越紧密的命运共同体，虽然各个国家在某些方面还存在诸多差异甚至分歧，但在经济上却已经形成一个无法分割的全球市场，而由此带来的合作又进一步推动了政治与文化的互动与交流，尤其是高等教育的国际交流与合作。在此过程中，最大的受益者就是美国大学。经历了两次世界大战，英、法、德等欧洲诸强的综合实力极大削弱，尤其是战争造成的人才流失，导致老牌强国再也无法与新兴的超级大国相抗衡。由于战火未燃到本土，再加上相对开放的社会风气，美国大学接收了大量来自欧洲母国的优秀学者，其中不乏爱因斯坦等世界级大师，从而在"战后"一举奠定了世界高等教育的领先地位。换言之，美国高等教育的变革与国家的命运乃至整个世界的格局变化息息相关。因此，对美国高等教育大变革时代的研究，不仅要从中观和微观的角度关注这个领域内的改革措施和变化细节，更应当将其放在更宏观的视野下进行整体考量。唯有如此，才能跨越时间和空间的界限，触摸到那些更深刻、更持久的历史遗产。

第一章　大变革前夕：
南北战争对美国大学传统的冲击

  17 世纪初期，英国清教徒为了避免宗教迫害陆续前往新发现的北美大陆。为了延续母国文明，同时也为了满足新大陆在法律、医学、神学、商业等领域的人才需要，基督教会在此创办高等院校。由于创办者们大多来自英国，殖民地学院注定是英国大学的复制品。1636 年，北美第一所高校——哈佛学院（哈佛大学前身）由教会创建，拉开了美洲大陆高等教育发展的序幕。整个殖民地时期，北美大陆的高等教育机构都是中世纪英国大学的翻版，主要目的在于心智训练和德行养成。各院校都只提供同一种博雅教育课程，以希腊语、拉丁语两种古典语言以及数学为基础，此外还包括由亚里士多德的伦理观、形而上学及自然哲学等基础哲学理论。学生必须具备拉丁语、希腊语和一定的数学基础才准许入学，大学前两年主要学习古典语言课程，特别是拉丁语，后两年主要学习哲学通识课程及神学。①1776 年的独立战争虽然将美国历史分成两个区别最显著的阶段，但于高等教育而言，一直到南北战争爆发之前并无任何实质性的变化。一方面，正如前哈佛校长洛厄尔对 19 世纪美国历史的总结："在已经过去的 19 世纪，美国人民的伟大使命就是让这块新大

---

① 罗杰·L.盖格.美国高等教育的十个时代[J].刘红燕,译.北京大学教育评论,2006(4)：127.

陆人烟稠密、工业兴盛"[①]；"美国人忙于开辟新大陆和征服大自然；我们大量开垦耕地、修建铁路、开发矿藏、修建工厂，忙于将辽阔浩瀚的荒蛮之地变成一个个人潮汹涌的工业中心。一直以来，美国的思想观念都从欧洲漂洋过海而来，我们甚至还为此颇感满足"[②]。简言之，新大陆的发展还更多地停留在"物质基础"的原始积累阶段，对属于"上层建筑"的高等教育还无暇多顾。另一方面，因为美国建国以来一直存在诸多悬而未决的内外问题，导致政治格局的不稳和政府治理能力的不足。如此一来，公立高等教育体系就无法获得足够的政府支持，长期被教会机构所把控。但是，教会控制下的传统学院强调的心智训练和德行养成，其保守内敛的教育方式和僵化刻板的教育内容，完全无法满足美国社会对实用性知识和技术类人才的需求。尤其是南北战争结束后，摆脱历史桎梏的美国进入快车道，工商业的蓬勃发展促使实用主义思想进一步盛行。在此情形下，传统学院就必然遭受巨大的冲击，高等教育改革迫在眉睫。

第一节　南北战争前的美国高等教育

自 1620 年第一批英国清教徒搭载"五月花号"抵达新大陆并在此定居，欧洲殖民者一批批到来，殖民地一片片被开拓。为了在未开化的社区传播社会文明，殖民地对受过良好的法律、医学、神学、商业、航海等教育人才的需求日益增加。由于整体环境的改变，殖民者在美洲定居之初不可能也不需要全面移植母国的旧有制度，他

---

①　Abbot Lawrence Lowell. *At War with Academic Traditions in America*[M]. Cambridge：Harvard University Press，1934：332.

②　Abbot Lawrence Lowell. *At War with Academic Traditions in America*[M]. Cambridge：Harvard University Press，1934：124.

们必须重新建立一套政治和教育体系。就教育而言，殖民者一开始就必须解决一个根本问题——为社群培养领导者，为政府培养政治家。由于欧洲移民的宗教背景，教会自然而然地成为在新大陆建立教育体系的执行者。相对于政治体制而言，教育机构因其文化性而更需要对传统进行承继，因此殖民地时期的大学带有浓厚的中世纪英国风格，以心智训练和道德修养为目的，以希腊文、拉丁文等古典课程为内容，此传统一直延续到南北战争前期。

一、殖民地高校的初建

从哈佛学院成立到独立战争爆发，殖民地大学主要沿用了英国中世纪大学的理念和制度。但由于特殊的历史地理条件和社会背景，殖民地时期的美国高等教育也呈现出一些新的特征。

哈佛学院成立时全校只有一名教师，12 名学生，以及一间作为校舍的木屋。建校两年后，学校才开始上课。1642 年，哈佛学院迎来了第一批毕业生，一共 9 人。1650 年，殖民地当局出台了哈佛宪章，正式确立了这所高校的组织结构和基本功能。根据 1650 年哈佛宪章的规定，学校的最高管理机构为督学理事会，但内部治理由校长、财务主管及其他 5 人组成的校内领导机构具体负责。哈佛学院成立后，英王威廉三世和玛丽王后又在 1693 年特许设立了殖民地时期的第二所高等学校：威廉与玛丽学院。威廉与玛丽学院初创时只有将近 100 名学生，但却培养了不少优秀人才，其中包括《独立宣言》四名签署者之一的托马斯·杰斐逊。随后又有几所高等学校相继出现，如 1701 年成立的耶鲁学院和 1746 年成立的新泽西学院。至美国独立前，殖民地总共形成了 9 所高等院校，规模较小的私立学院大多只有几十人，高等教育整体发展缓慢。

从哈佛学院、威廉与玛丽学院和耶鲁学院的建校文件中都可以看出其主要目的是对牧师的培养，除了威廉与玛丽学院以外，牧师教育是学生注册入学的主要目的，大学培养牧师的方法是以博雅教育为主，17 世纪的哈佛学院有三分之二的学生进入教会进行服务，其他没有进入的学生也颇受社会的欢迎。威廉与玛丽学院的教育目的主要是培养绅士，耶鲁学院则是培养教会需要的教士和政府官员

（表 1.1、表 1.2）。①

表 1.1　最早建立的九所殖民地学院②

原　名	现　名	成立年份	所属教会
哈佛学院	哈佛大学	1636	清教徒
威廉与玛丽学院	威廉与玛丽学院	1693	圣公会
耶鲁学院	耶鲁大学	1701	公理会
费城学院	宾夕法尼亚大学	1740	无派系
新泽西学院	普林斯顿大学	1746	长老会
国王学院	哥伦比亚大学	1754	圣公会
罗得岛学院	布朗大学	1765	浸信会
女王学院	新泽西州立大学	1766	荷兰归正教派
达特茅斯学院	达特茅斯学院	1769	公理会

表 1.2　殖民地时期高等教育发展统计数据（1700—1789）（估计值）③

项　目	1700 年	1789 年
人口（人）	250000	3800000
自由民	/	3123600
奴隶	/	676400
高等教育注册生数（人）	150	1000
教师数（教授和助教）（人）	5	133
院校数（所）	2	9
授予学位数（个）	15	200

①　罗杰·L.盖格.美国高等教育的十个时代[J].刘红燕,译.北京大学教育评论,2006(02)：126-145.

②　亚瑟·科恩.美国高等教育通史[M].李子江,译.北京：北京大学出版社,2010:99.

③　Frederick Rudolph. *American College and University* [M]. Athens：University of Georgia Press. 1990:962.

二、初创时期的美国高等教育特征

1909 年担任哈佛校长的洛厄尔曾经说过："第一代移民安全抵达新大陆仅六年，就通过立法机关明确告知大家，我们的年轻人不再需要横跨三千公里的狂风暴雨远赴英国大学求取知识，我们要创建自己的高等学府。事实上，这就是第一篇'独立宣言'。"① 从这段话可以得知新移民对教育的重视程度。来到新大陆之后，新教徒以牛津大学、剑桥大学的住宿书院为模板创建了第一批高等学府。由于殖民地的宗教信仰和社会制度，这些学校也呈现出一些新的特色。

（一）殖民地时期美国高校的管理体制

早期美国大学的创建主要以牛津大学和剑桥大学的住宿书院为蓝本，同时参考了苏格兰大学的董事会制度，再加上殖民地政府的介入，因此在管理体制上呈现两个较为突出的特征——学校内部明确遵循校长负责下的社群自治，外部则处于董事会、监事会、殖民地政府等多方势力的监管之下。

从内部管理体制来看，殖民地时期的美国大学基本上复制了中世纪英国书院的组织架构。住宿书院是英国大学最负盛名的历史遗产，但其并非英国大学的原创，而是巴黎大学留给后世大学的传承。根据阿兰·科本的阐述，巴黎大学的构成核心奠定了索邦神学院住宿书院的基本理念，这是一个"在理论研究方面志同道合的学者团体，成员不论种族，皆能够在激发知识交流的环境中和谐友好地居住在一起。与此同时，它还是一个能够体现教会精神、道德追求和学术成就的基督教社群"②。遵照索邦神学院的创办理念，后世住宿书院的创建初衷都是为修习高等学问的学生提供一个潜心求学、砥

---

① Abbot Lawrence Lowell. *At War with Academic Traditions in America* [M]. Cambridge：Harvard University Press，1934：356.

② Cobban. *The Medieval English Universities* [M]. Aldershot：Scholar Press，1988：302.

砥德行的场所。从本质来看，英国住宿书院是为修习高阶学科①的中世纪学子免费提供住宿场所和日常开支的私人基金组织。书院的前身是中世纪学生租赁市民的寄宿屋舍，基金创建人大多是各个教区的主教或英国王室成员，他们或者出于对牛津大学、剑桥大学的感情，或者因为希望去世后能够得到长久的祝福和祈祷，抑或是对家族后辈的求学安排，因此将自己的全部或部分财产捐赠出来设立一个永久性的学术基金。基金创建后，管理者或者将原先的寄宿屋舍变成永久性的教学场所，或者直接拿出部分捐赠新建一个四方庭院（即令后世赞叹不已的"学术方庭"），来容纳创建人指定的学生前来就学。书院创建后，一代代的校友和慈善人士不断地为基金添砖加瓦，书院的规模逐渐扩大，学者的生活水平也不断提高。截止到16世纪末，牛津大学、剑桥大学各有数十所住宿书院。由于中世纪教会和英国王室的雄厚财力，大部分书院都经费充足，个别学院的捐赠收入尤为充足，甚至可以让生活在其中的学者过上堪称奢靡的生活。

由于基金创始人各有初衷，因此英国住宿书院的管理模式在创建之初具有较大的差异。自从默顿书院创建之后，住宿书院的规章制度才慢慢统一。默顿书院是由温彻斯特主教沃尔特·德·默顿在1264年创建的，因为经费充足、制度完善、管理规范，默顿书院迅速成为英国大学住宿书院的模板，默顿主教也被誉为"英国住宿书院之父"。从管理体制来看，默顿书院最典型的特征就是委托管理和社群自治。所谓委托管理，是指书院创建人并不直接参与书院管理，而是委托一位精明强干的代理人代为监管书院的运行，甚至代理人也不插手书院的具体事务，而是由书院成员组成的"院士委员会"自主管理，基金代理人只负责审核和监督。享受基金资助的书院成员都被称为"院士"，除了全额享受资助的院士之外，书院还常常会接纳一些自费就读的学者，他们也是书院的一员，但不具有院士的选举权和管理权。院士们自行选出书院负责人，并根据书院的主要

---

① 中世纪大学共有艺学（Arts，也翻译为文学）、法学、神学和医学四个学科，艺学是基础学科，所有学生都必须修习，获得艺学学位后才可以进一步研读后面三个高阶学科。

事务组成"学术委员会""膳食委员会"等专门管理机构，聘任专职行政人员处理具体事务，这就是所谓的"社群内部治理"。牛津大学和剑桥大学都是住宿书院组成的松散联盟，各个书院因为资金来源的独立性，都在很大程度上享有内部自治权，只是在学位授予、学杂和特权方面必须借助大学的法团身份。殖民地大学成立后，从学校层面形成了类似于住宿书院的组织建构和管理体制，因此其不再是牛津大学、剑桥大学那样的松散联盟，而是一个个紧密团结在一起的学者社群。在内部管理上，殖民地时期的校长对学校的学术、行政都有很大的决策权，这一点也与英国大学有较大的区别。但在日常事务的管理上，殖民地学院还是遵循内部自治原则。

从外部管理来看，殖民地大学与英国大学的区别较为显著。一方面，殖民地的社会风气不像英国那样固守传统，新移民极为厌恶旧贵族懒惰安逸、不思进取且自重身份的作风，他们迫切希望在新大陆建立新秩序。因此，大学创建者不会像英国书院创始人对待自己的子侄那样提供宽松自主的学术环境和奢侈安逸的生活条件，他们更需要大学切实履行道德教化和职业培训的社会责任。另一方面，新移民也不像旧贵族那么财力雄厚，几乎每一所大学的成立都凝结了地方政府、立法机构、教会组织和当地人民的共同努力，而且教会的资助往往来自很多不同的教派，比如牧师会、浸信会、长老会、公理会，等等。出资者都想将自己的意愿附加于大学，但也都无法做到一家独大，因此就必须创建一种新的监督管理模式，于是独具特色的"董事会制度"应运而生。

董事会制度的创建与殖民地大学的资助来源密切相关。与英国住宿书院仅靠私人捐赠就可以生存发展相比较，早期美国大学的资助主体更多元，既有教会的各个教派，也包括地方政府和社区，甚至还有学生的学费。其次，中世纪英国大学的法人资格来自于教皇或国王的特许状，而殖民地学院是由殖民地当局颁发办学许可。以上两个因素共同决定了殖民地学院的机构性质不是私人捐赠基金组织，而是一种混合型的社会教育机构。资助者都有自己的诉求，虽然在办学目标上大体一致，都是为了促进殖民地的道德教化和职业发展，但在操作方式上存在差异，因此他们必须组建一个共同的代理团队来负责学校的监督和管理。董事会就是这个代理团队，其成员包括政府主官、地方法官、教会牧师等。比如哈佛学院于 1639 年成立董事会，成员包括州长、副州长、地方财政总管，以及 3 名地方法院法官和 6 名来自基督教公理会的牧师。威廉与玛丽学院因为位于英国政府直接控制的殖民地弗吉尼亚，而且是当地圣公会的主管詹姆斯·布莱尔向弗吉尼亚地方议会提交申请成立的，因此最初的董事会成员是 18 名来自本地的"绅士"，他们多数都具有圣公会背景。耶鲁学院也是由公理会提请康涅狄格地方议会组建的，其最初的董事会成员便是由议会任命的 10 名公理会牧师。其他如罗德岛学院、国王学院、费城学院，情况也大同小异，区别之处就在于董事会成员所属的教派有多有少。

就管理权限而言，殖民地学院的董事会要远远大于英国住宿书院的代理人。董事会不是由私人指定，而是由州议会组建的，所以有权直接插手学院的重要事务。除了课程设置与教学活动等由教师团负责，其他包括校长的任免、财务的使用、教授会的组建、职员的招聘、学校的招生等事务，董事会都有权过问。校长由董事会直接指定，且只向董事会负责。校内事务是由教师内部选举产生的教授会或校务会负责，但具体成员的任命也要经过董事会的批准才能生效。教师虽然在教学方面享有一定的自主权，但其任教资格和言行举止却受到董事会的监管，校长并不代表教师团队的利益，而是对他们进行监管。多元主体共同决策的董事会制度构成了美国高等教育的典型特征，在之后的三个多世纪，这种多元共商、动态平衡的外部管理体制成为促进美国大学不断改革创新的动力之源。

（二）课程与教学

如果说在管理体制上有着令人欣喜的创新，那么在课程设置和教学模式上，早期美国大学实在是乏善可陈。造成这一现象的理由也很充足：新大陆的新移民期望摒弃旧大陆和老贵族的生活方式，尽快建设一种更加自由平等的社会秩序，但却无力在短期内创造新的知识，更不可能形成新的文化传统。于是，殖民地大学完全复制了牛津剑桥的课程设置与教学理念。

　　从课程设置看，以"自由七艺"为主的博雅教育构成了殖民地大学教育的主体。学生们只要具备一些基本的希腊文、拉丁文语言基础和算学知识，就可以进入大学修习文法、修辞、逻辑三门基础课程。前两年主要是语言训练，以亚里士多德的经典著作为核心内容，主要涉及伦理学、形而上学和自然哲学三个领域。两年后，当学生的拉丁文达到熟练使用的水平，就可以深入研读算术、几何、天文和音乐，以及哲学和神学。①这种状况一直持续到18世纪下半叶。神学毫无疑问是殖民地时期的主干课程，但与英国古典大学稍有不同，早期美国大学也很重视数学、自然哲学和科学，这大概与新移民对新大陆的开发愿望密切相关。由于相似原因，早期美国大学的课程甚至还带有一丝世俗色彩。越靠近独立战争时代，殖民地大学设置的自然科学课程越多。事实上，在整个殖民时期，一直有一部分教师努力在大学里推广科学知识。毋庸置疑，最初的大学创始人和管理者都具有宗教背景，他们一开始必然会阻止科学知识的蔓延。但在独立战争爆发前，科学知识的推广者已经取得了相当可观的成绩，几乎所有美国大学都设立了数学、自然科学或物理学教授职位。在法国大革命的影响下，启蒙思想也在18世纪的美国大学广为传播，《圣经》已经不再是年轻学子关注的热点，有关理性和人性的探讨宛若飓风一样扫过每个学生的心头，给他们留下了难以磨灭的印记。至18世纪末，世俗人文主义课程大受欢迎，科学取代了神的启示成为知识的终极标准。②

　　从教学的角度来看，早期美国大学崇尚"心智训练"，意思就是学生的头脑也就像身体肌肉一样，需要不断地锻炼才能变得更加发达。获得知识不是最终目的，不断重复古代经典诵读、古典语言训练和数学物理习作的真正意义，是养成勤奋的习惯，形成理性的思维和培育虔诚的心灵。这是殖民地时期美国大学的基本教学理念，所有的教学内容和模式都围绕这一理念展开。由于殖民地时期美国

---

　　① 阿特巴赫,伯达尔,古姆波特.21世纪美国高等教育——社会、政治、经济的挑战[M].杨耕,周作宇,主审.北京:北京师范大学出版社,2005:40.

　　② 科恩,基斯克.美国高等教育的历程[M].梁燕玲,译.北京:教育科学出版社,2012:20.

还没有形成公立教育体系，所以大部分学生的知识都是在家庭或教会习得。进入大学之后，他们一方面非常习惯带有浓厚宗教色彩的生活习惯和学习方式，但另一方面也渴望获得新的、实用性的知识以拓展自己的视野。在此情形下，早期美国大学与同时期的欧洲大学相比，更重视教学的实用性。比如在毕业环节，学生可以构思一篇精彩的拉丁文演说，然后积极参加辩论，就可以拿到学位。之所以这样做，是因为熟练使用拉丁文对于谋求公共职务和教会神职具有重大意义。①

由于书籍的宝贵和稀缺，殖民地时期的美国大学沿袭了中世纪欧洲大学的口头诵读与辩论模式。一般都是由教师背诵一段经典，学生跟随朗读，然后展开辩论，最后通过教师和同伴的评价获得成绩。由于受到苏格兰大学的影响，殖民地大学非常注重在校内开展演讲和辩论，内容也添加了大量的政治因素，这一方面是跟爱丁堡大学和格拉斯哥大学的学者社群传统密切相关，另一方面也是在新大陆实施政治治理的现实需要。到了18世纪中后期，美国大学的辩论风气愈发浓厚。学生们除了要完成教师布置的学习任务，还自发形成了开展诵读和辩论活动的学生社团。1776年，第一个学生社团"斐陶斐"协会在威廉与玛丽学院成立，随后各个学校都逐渐成立了越来越多的学生组织，其开展的活动也从政治讨论慢慢开始拓展。早期的教学和辩论都是使用拉丁文，这就对教学内容造成了较大限制，许多新的知识和观点无法顺畅表达。但随着政治辩论和实证研究的流行，新的教学语言和方法慢慢占据上风，到殖民地时期临近结束时，经验哲学和实验哲学已经完全取代了经院哲学的地位，教学语言也从拉丁文变成了英语。②

（三）经费来源与办学宗旨

寻找经费来源永远是一个机构生存和发展最重要的问题，大学

---

① 罗杰·L.盖格.美国高等教育的十个时代[J].刘红燕,译.北京大学教育评论,2006（2）：126-145.

② 科恩·基斯克.美国高等教育的历程[M].梁燕玲,译.北京:教育科学出版社,2012:18-20.

也不例外。由于新大陆的移民大多是虔诚而清苦的新教徒，这注定了美国大学一开始不可能像英国大学那样获得充足的捐赠。在此情形下，殖民地当局的支持就无比重要。譬如，哈佛学院在初建时就获得了马萨诸塞湾殖民地四分之一的年度税收。相比之下，威廉与玛丽学院就幸运得多，因为获得了皇家特许，这所学院一开始就获得了英国王室和殖民地当局的双重资助。尽管如此，大多数早期美国大学能够获得的教会组织捐赠和公共税收资助都是非常有限的。为了能够创建或者保持一所高等学府，殖民地的人民想尽了各种办法，譬如赠与土地、实物和服务等。与此同时，学生学费也是一笔可观的收入。至殖民地末期，美国大学的筹资渠道渐趋多元，包括慈善事业、立法机构定期或不定期的资助、学费、各院校筹资所得等。[①]由于一直以来主要依靠学生学费、社会捐赠和财政补贴来维持办学，美国大学对承担社会责任和维护学校声誉的重视非欧洲大学所及。正是由于经费来源的多元化和世俗化，美国大学绝非不食人间烟火、潜心研习学术的象牙塔，而是同时承载了教会道德理想、社会治理秩序和社会良好愿望的综合教育平台（表1.3）。

表1.3　殖民地早期各学院的财政来源

学　　院	财政来源
哈佛学院	学院初举时获得了马萨诸塞州议会税收和赠地，在17世纪后期半数以上的资助都来源于政府，学费收入所占比例不足10%。
威廉与玛丽学院	一开始由弗吉尼亚州立法机关从香烟税和毛皮出口税中划拨经费，后来州政府把对不法商贩的罚金也用来资助学院办学，此外学生还获得了免税和免服兵役的福利。
耶鲁学院	耶鲁学生同样也有免税和免服兵役的福利，此外还获得了康涅狄格州议会的特别捐赠。
新泽西学院和女王学院	没有获得政府的长期拨款，但可以和其他成立于18世纪中期的学院一样申请特别捐赠。
费城学院	主要来自社会捐赠。

---

① 科恩·基斯克.美国高等教育的历程[M].梁燕玲,译.北京:教育科学出版社,2012:21-23.

关于殖民地大学的办学宗旨，首先是由基督教新教伦理涂上了底色，其次由殖民地的政府和人民为其打上了为公共社群服务的烙印。学院象征着信仰、教化、秩序与尊严，正是这些高等学府的存在，将殖民地从蛮荒之地教化为文明之邦。新教伦理是促使英国移民历经千辛万苦、跨越千山万水来到新大陆的根本因素之一，宗教改革给无数平民带来了新的希望，也改变了一大批欧洲人的生活方式。马克斯·韦伯认为，新教伦理提倡自我奋斗、创造财富、节制生活、参与社会和慈善事业，这与资本主义的兴起有着直接的因果关系。①事实上，新教伦理也与美国大学的诞生和发展存在千丝万缕的联系。早期的九所学院有八所是新教徒创建的，各所学院的发展也得到了新教徒在各个方面的支持，这些已经是众人皆知的常识。但是早期美国大学并没有像中世纪欧洲大学那样深受教会组织和宗教思想的钳制，这一点完全归功于新教伦理。新教伦理对待基督和财富的态度是信奉而不盲从、创造而不占有，因此新教诸派虽然创造和资助了大学，也希望由此将新教徒的美德传播开来，但却不会随便干预大学的管理和运行。事实上，宗教的确在殖民地大学居于中心地位，但这个"中心"更多的时候都隐而不显，尤其是在学校管理上，殖民地政府对神职人员的任用有着明确限制。哈佛学院董事长出台的学员管理章程中区分了教会牧师与行政人员的身份差异，明确规定受戒牧师不能进入学校管理层。康涅狄格学院（耶鲁大学的前身，由公理会教众创建）的校长和教师曾因公开支持天主教制度而被董事会解雇，因为这与公理会遵循的新教伦理相违背。进入18世纪后，欧洲的启蒙思想越来越多地传入新大陆，对殖民地的社会思想和风气都造成了深远的影响，大学开始与宗教渐行渐远。以哈佛学院为代表，各学院都迫切要求打开封闭已久的校门，引入新的知识与课程。自此以后，培养牧师不再是美国大学的主要目标，传播启蒙思想、参与社会活动和进入政府机构成为各所学校的办学目标。至独立战争前夕，北美大学的宗旨已经变成"为全体公民服

---

① 马克斯·韦伯.新教伦理与资本主义精神［M］.马奇炎，陈婧，译.北京：北京大学出版社，2012：1-3.

务，特别是为那些有前途的绅士服务"①。

三、独立战争到南北战争时期的美国高等教育革新

1776 年美国独立之后，不断向西部和南部开拓疆界，在增加了新州的同时也创建了新的高等学校。进入 19 世纪，在联邦政府的领导下，新成立不久的美国取得了一系列令人瞩目的成就。人口迅速增加，领土不断扩大，制造业蓬勃发展，但对于大学而言，最具影响力的政策还是政府对宗教的管控。《宪法第一修正案》规定，国会不制定任何有关建立国教的法律，由此确立了政教分离的基本原则。联邦宪法进一步要求，禁止教会与政府有任何联系，任何政府部门都不能把宗教信仰审查作为任职条件。②与此同时，宗教信徒的数量在不断增加，教派也不断分化；传承种植园经济的南方各州与发展制造业的北方各州之间的冲突越来越激烈，奴隶制的支持者和反对者水火不容，剧烈冲突处于一触即发的状态。在这种情形下，19 世纪的北美大陆弥漫着躁动不安的气息，政府面对越来越大的南北裂缝竭力弥补、左支右绌，普通人在新家园战天斗地、开拓进取，整个社会不断破陈出新，新兴组织在每一片土地上成长，高等教育也在震荡和反复中缓慢发展。

（一）公立高等教育思想启蒙

18 世纪中期，历时六年的独立战争给美国社会带来了巨大破坏，但也让人民对政府和教育的公共责任有了深层次的认识。新国家百废待兴，领导人希望重新规划高等教育，使之能为政府和公众服务，关于公立大学的理念和实践由此拉开序幕。

独立战争期间，法国曾为美国提供支持，其启蒙思想和教育理念也对后者产生了积极影响。法国高等教育推崇在统一的国家意志下建立完整的公立大学体系，这一思想对美国的创建者产生了较大

---

① 罗杰·L.盖格.美国高等教育的十个时代[J].刘红燕，译.北京大学教育评论，2006（02）：129.

② 科恩·基斯克.美国高等教育的历程[M].梁燕玲，译.北京：教育科学出版社，2012：14-18.

影响。乔治·华盛顿就任总统之初就希望联合各州之力共同创办一所世界一流的国立大学，因为这样做不仅有利于国家团结，而且对新立之国的声誉大有裨益。本杰明·拉什曾在 1788 年为"联邦大学"的成立设计过一份方案，目的在于"获取各种能够提高生活品质的学问，降低人们的痛苦，改善我们的国家，促进人口的发展，提升人们的理解力，以及加强家庭、社会和政治的幸福感"，因为"教育要适合自治的需要，教育应反映不断变化的国家需要，教育应该是实效的而不是古典的或点缀的，应当是美国的而不应当是欧洲的"①托马斯·杰斐逊提出"国家权力属于人民，新政权的健康程度取决于掌权者能否学会正确使用手中的权力；而这一切皆来源于教育……尤其是高等教育"②。在建国者的宣扬下，公立高等教育理念四处传播。1784 年至 1787 年，纽约州立法机构准备建造一所能够对整个州教育事业或州内各级学校进行控制和管理的高等院校，纽约州立大学由此诞生。与此同时，华盛顿和拉什还曾基于国家主义立场提出"国立大学"理念，但由于筹划不足，未能付诸实践。

虽然"国立大学"计划无疾而终，但公立高等教育建设理念却流传开来。与此同时，由于物质力量的匮乏，殖民地时期建立的高等教育体系逐渐瓦解。在 19 世纪初，美国最有实力的哈佛大学也只有三名教授，耶鲁大学和普林斯顿大学也只有一名教授，尽管当时美国大学生人数逐年增加，但是在校生人数却没有跟随人口的增加而增加。基于此，州政府对大学的财政支持也在不断减少，因此，大学的处境更加困难，在 18 世纪末，州立大学逐渐倒闭。

（二）公立与私立的协同发展

随着公立高等教育计划的传播，教育越来越被视为塑造美国公民身份的主要前提，同时也被当成抵抗滥用特权和财富的重要武器。

---

① Benjamin Rush. *Address to People of the United States*[A]. in Lorraine Smith Pangle and Thomas L. Pangle, *The Learning if Liberty：The Educational Ideals of the American Founders*[C]. Lawrence：University of Kansas Press, 1993：148.

② Richard D. Brown. *Thomas Jefferson and the Education of a Citizen*[M]. Washionton, D. C.：Library of Congress, 1999：94-96.

在此方面，美国第三任总统托马斯·杰斐逊居功至伟。杰斐逊认为，共和政体的健康取决于如何教育自己的公民。在杰斐逊看来，拥有良好教养的公民能够轻松克服彼此之间的陌生和疏离，同时也能成为自由的守护者。教育的政治内核和道德要素，在于培养一个人独立进行自我判断的能力，由此他能够摆脱外在威权政治的束缚。"人只有在他达到或接近自立自足的时候，才能获得真正的自由。因此，一个人的教育必须要能够充分提升他的内在智慧。"① 基于对教育的政治功能阐述，杰斐逊阐发出两大教育理念，一是公民教育，二是高等教育，这二者紧密结合。

关于如何实施公民教育，1779 年杰斐逊向弗吉尼亚州提交的教育议案——《让知识广为传播》中有明确的阐述，让公民教育有了明确的实施计划。在《让知识广为传播》中，杰斐逊提出公民应当学会一些为享受自由、自我管理和持续求知而必须具备的基本技能。其中，读写能力和计算能力是关键。为此，政府必须确保每一位公民都能够恰当地受到关于读写和计算的教育，因为只有接受了以上教导的人们才能拥有管理自我的能力。也正因为如此，杰斐逊呼吁纳税人应当自己为教育支出买单，不要指望教会或者财大气粗的捐赠人来为人民提供教育。

关于如何在极为有限的条件下开展高等教育，杰斐逊在公民教育理念的基础上提出了一套新的见解。杰斐逊认为，所有公民都有接受教育的资格，无论财富的多寡与否，这也是他提出的公民教育方案中最关键的部分。但是，有资格接受教育只是一个起点，由于新成立的国家资源极为有限，只有那些最具天赋的学生才有资格接受越来越高级、越来越稀缺的教育资源。根据建国初期的教育结构，杰斐逊将有资格免费接受更高级别教育的学生比例定为十分之一。杰斐逊认为，政府应当为所有无力负担的公民承担他们接受公共教育的费用，但是越往上走，公共资源越稀缺，因此如何遴选人才成为最关键的问题。在杰斐逊看来，共和政体的健康发展取决于其是

---

① Gordon Lee. *Crusade against Ignorance*：*Thomas Jefferson on Education*［M］. New York：Teachers College Press，1961：19.

否能够选拔出第一流的天才人物，让他们接受最好的教育并成为这个国家的领导者。为了实现这个目标，杰斐逊希望构建一个能够让出身不好的年轻人也有机会脱颖而出的教育体系。"我们必要从砂砾中淘洗出黄金，要从寻常之人中搜索最出类拔萃的人才"，"只要共和国已经在人们心中播撒下自由的种子，无论贫贱还是富贵，只要能够从中找寻出最出色的幼苗，对其进行悉心栽培，国家就会从中受益。反之，则必然受害"。①从寻常之人中搜寻英才然后动用公共支出对其进行悉心栽培，这一举措能够防止既得利益者形成阶层固化，从而将国家权力变成私人利益。杰斐逊坚信，人们的能力和性情有着与生俱来的多样性，十步之内，必有芳草。杰斐逊所推崇的公平，是入口处的公平，或者说是机会的公平，而不是不加区分的对待每一个人的公平。与此同时，杰斐逊也坚信，国家还必须时刻努力搜寻和培养新的天才，如果不这样做，当前的精英阶层将会一步步蜕变成"伪贵族"，会越来越腐化堕落、尸位素餐。在杰斐逊看来，之所以要"播撒知识"，就是为了打造一个基本的知识公民共同体，同时从中找寻出最有能力在未来成长为国家精英的天赋超群之人，对于这部分人，杰斐逊称之为"自然贵族"。

杰斐逊的这套高等教育理念与建国初期的美国高等教育实情存在着较大的冲突。19世纪初，培养牧师依旧是传统学院的主要目的，虽然政府也经常出资支持学院的发展，但却因为财政补贴的有限性和不持续性而无法真正掌握话语权。教会势力仍然在学院拥有强大的影响力，再加上各所学校的公立和私立性质混乱不清，这对政府的管理极为不利。在此情形下，1819年的一个判例成为厘清美国高等教育双轨制发展的关键。这个判例就是著名的"达特茅斯诉讼案"，其赋予了"文化机构以稳定性和不可侵犯性"②，传统私立学院由此明确了自治权，政府也坚定了兴建公立大学的决心。

"达特茅斯诉讼案"的来龙去脉大致如下：自美国建国以来，高

---

① James Gilreath. *Thomas Jefferson and the Education of a Citizen*[M]. Washington, D. C. : Library of Congress, 1999:93.

② 陈学飞.美国高等教育发展史[M].成都:四川大学出版社,1989:44.

等学校的办学资格必须要有新建立的州议会审查通过，殖民地创建的院校也不例外。达特茅斯学院建立于 1769 年，是一所典型的教会建立的私立学院。同其他殖民地时期的美国私立学院一样，达特茅斯学院的最高决策机构也是董事会，但不同的是，这所学院的董事会出于对创院校长埃利沙·惠洛克牧师的尊重和信任，并没有直接参与学院管理事务。这种情况一直延续，直到埃利沙·惠洛克的儿子小惠洛克继任校长后与董事会产生了严重的冲突，董事会为了显示权威决定解除他的职务。① 小惠洛克不肯罢休，他于 1815 年将董事会上诉到学院所在的新罕布什尔州议会。至此为止，此次事件都是学院的内部之争，也是美国大学常见的校长与董事会的权力之争。但是，接下来州议会的操作才是此次案件成为美国高等教育里程碑的关键。为了促进公立高等教育的发展，也出于复杂的政治利益之争，民主党出身的新任州长威廉·普鲁姆积极推动州议会趁此机会践行杰斐逊的公立高等教育理念，将达特茅斯学院改组成公立大学。一方面，政府的确有理由推出重组议案，因为美国学院的成立从一开始就是"旨在服务公众利益"，并且也接受了政府的资助。但是，反对方的理由同样充分，按照美国宪法，以及历史更为悠久的罗马法的一贯原则，社会机构只要获得了社团法人资格，也就是特许状，除非其内部自愿或有充足的理由，政府无权更改其性质或取消其资格。1819 年，经过长期而复杂的斗争，美国联邦最高法院最终作出裁决，确认达特茅斯学院在殖民地时期获得的特许状属于不可侵犯合约。此次裁决重申了一个原则性的问题：教育是公共事业，但教师不是政府官员，学院获得的捐赠也不是立法机关可随意处置的公共财产。法人团体一旦形成，就有权处理自己的事务，拥有资产，无限期续存。这个判决，实际上赋予了所有教会或慈善组织一种许可，它们可以申请法人特许状，自己组织董事会，自我延续，而不必担心政府会通过任命董事、废除特许状等其他途径干涉院校自治，也不用担心学院可能在什么程度上触犯了政府官员，不只是学院，

---

① 丹尼尔·J.布尔斯廷.美国人建国的历程[M].谢延光,译.上海:上海译文出版社,1997:249.

任何教会或私人企业也都受到保护，让他们免受立法机关不履行正当程序的蓄意干涉。①

纵观达特茅斯学院案的整个过程，它本质上不是"政府与教会之间的斗争"，而是一场围绕着学院控制权而展开的多方利益的博弈、多种势力的较量，其中既存在着不同的现实利益的角逐，也包含了殖民地法律和教育传统与新生的美利坚合众国政治抱负之间的冲突。达特茅斯学院案并没有将美国高等教育赶上私立与公立两个截然不同的轨道。事实上，"该案是一场包括达特茅斯学院、新罕布什尔州政府和议会在内的多方利益的角逐……是为私人财产提供法律保护，由此促进了私立学院在一定时期的快速发展。"② 总而言之，达特茅斯学院判例的最大贡献就是保护了高等教育机构的自治权，这不是一个孤立的突发事件，而是对一个由来已久、普遍存在的院校治理问题的确认。

（三）规模扩大与课程改革

18 世纪末 19 世纪初，独立之后的美国由农业社会向工业社会转型，经济和文化都得到了迅速发展，高等教育也取得了长足进步。随着领土的扩大和新移民的接踵而至，新文化和新思想也不断涌入美国。在高等教育领域，德国大学改造运动取得的成就对美国的影响最为显著。1809 年，柏林大学建立，专业发展和科学研究成为现代大学的重要标志，率先做出突破的德国大学也成为世界各国学习的对象。从 19 世纪初，美国学者大量译介德国大学的相关信息，成千上万的美国青年到德国留学。新移民和归国留学生带来了新的风气和知识，德国的科学课程与研究精神逐渐风靡，这对传统学院产生了巨大的冲击。与此同时，新的教派也不断增加，浸礼会、卫理公会以及英国国教的教众不断聚集，他们也希望像殖民时期的长老会和公理会一样兴办自己的学院。在此情形下，教育机构不断增加，建国仅仅二十年，新开办的院校就相当于殖民时期全部学院的两倍，

---

① 科恩·基斯克.美国高等教育的历程[M].梁燕玲,译.北京:教育科学出版社,2012:21.
② 王慧敏,张斌贤.对"达特茅斯学院案"的重新考察与评价[J].教育研究,2014(10):119.

其中很多都可以归类成高等院校，不仅包括研究型大学、文理学院和综合大学，还包括专科学校、技术学院、专门培训中心、社区学校，等等。①在数量和类型不断增加的同时，美国社会的实用主义之风也对美国大学的课程造成了深刻的影响。

1. 高等院校增加

从国家独立至南北战争爆发这段时期，是美国高等教育史上的第一个爆发性增长期。高等院校的大量出现主要源自于三个原因。首先，美国出现了历史上的第一次移民潮，从 1820 年到 1860 年，短短不到半个世纪的时间，美国涌入了大约 400 万移民，超过了建国时美国人口的总数，平均每年有 10 万人从欧洲和其他地区进入美国。这一时期的新移民主要来自德国和爱尔兰，前者将近 200 万，后者也有 170 万左右，其他移民则主要来自意大利、西班牙和一些亚洲国家。新移民的到来不仅扩充了美国的劳动力，促使工农业迅速发展，而且带来了多元文化，形成了越来越多的社区。随着文化的丰富和社区的增多，新的高等院校也如雨后春笋般冒出来。

新成立的高校大致也可以分为三种类型。其一，新移民集中的社区迫切需要让自己的后代受到良好的教育，同时也亟需融入新的环境，一举两得的最佳选择莫过于创建一所新的学院。在此情形下，许多城市创建了大量的新院校。这时期新创建的学院主要分布在东北部地区，因为这里聚集了最多的新移民。为了帮助新移民迅速站稳脚跟、融入美国社会，这类学院的办学特色表现为实用性的城市职业培训，且专门为女性提供教育机会。譬如，1839 年，佐治亚州成立了女子学院，其课程主要就是为家庭主妇开设，教学内容贴近生活，教学方式强调实践。辛辛那提在 1819 年、纽约在 1847 年，都成立了方便新移民在职攻读的走读城市学院，课程与教学也与职业发展紧密集合。为了扩大教育规模，这时期的新移民社区也开始重视师资培训，譬如佛蒙特在 1832 年率先成立了教师培训

---

① Arthur M. Cohen, Carrie B. Kisker. *The shaping of American higher education and growth of the contemporary system*[M]. New York：John wiley and sons Inc,2010：38.

学校。以上三种类型的学院都采用了董事会制度，董事会成员一般由市长任命，市政府从地方税收中拿出一部分资助学院的发展。①

其二，由于移民的来源国家越来越多，美国社会的宗教和文化都变得更加丰富，这不仅促进了教派的分化，同时也催生了更多的教会学校。大学本身就起源于天主教会。宗教改革之后，基督教新教分裂成若干个教派，势力较大的有路德派、加尔文派、公理会、长老会、浸礼会、卫理公会、安立甘宗等，各派都有自己的教义和典仪，相互之间颇有出入，甚至存在明显的对立。新教各派的关系决定了它们共处一地时必然存在传播教理和发展信徒方面的竞争，而建立学院恰恰是最具效力的传道方式，因此出于对思想和人才的狂热需要，基督教各教派来到新地方之后最喜欢做的事情就是建立教育机构。第一次移民狂潮到来后，教会学院也迎来了大发展，各教派不仅在新移民集中的东北部地区创办学院，而且触角伸到了荒凉的西部。原因也很简单，波士顿、纽约等新移民聚集地虽然经济发达、人口稠密，但竞争也同样激烈。而西部地区的情况就不一样，那里更需要懂技术、有文化的传教士前去开拓。因此，这时期的教会学院开始遍布全国，创办者也越来越多。基本上每个教派都会设立学院，这些学院同样沿用董事会制度，需要向州政府申请特许状。

其三，世俗社团和私人也开始联合州政府创建高校，其中最具代表性的就是杰斐逊创建的弗吉尼亚大学。在美国刚刚独立的时候，杰斐逊曾呼吁联邦政府创办国立大学，但由于国会不愿增加税赋，以及当时流行的做法是由各州和教会兴办西方学院等原因，杰斐逊的计划未能落实。1818 年，已卸任总统职位多年的杰斐逊联合美国第四任总统詹姆斯·麦迪逊和第五任总统詹姆斯·门罗，同时还有其他一些社会知名人士，共同商讨如何在州政府的资助下创建新大学。由于杰斐逊杰出的个人魅力和完善的办学规划，弗吉尼亚州议会同意了他的计划，并将建校地址定在夏洛特茨维尔市蒙蒂塞洛庄园，紧挨着杰斐逊的庄园。新生的弗吉尼亚大学又被称作"杰斐逊

---

① 科恩·基斯克.美国高等教育的历程［M］.梁燕玲,译.北京:教育科学出版社,2012:37.

的大学"，其最大的特色就是全面去除宗教元素。杰斐逊认为，宗教信仰属于个人私事，与知识无关，亦与研究无关。个人崇拜是可以存在的，但是在大学校园中，神学学者毫无意义可言的猜测则不被容许。除了弗吉尼亚之外，其他各州也在不断成立以州为名的大学。譬如 1801 年成立的乔治亚州立大学，1802 年成立的俄亥俄州立大学，1807 年筹建的田纳西州立学院，印第安那州于 1820 年筹建大学，1824 年正式建立州立大学，1820 年筹设了阿拉巴马州立学院，等等。①此类大学大多是个人或地方社团申请，然后由州政府出资筹建的，与此同时联邦政府也为新大学提供土地。"截止到 1857 年，联邦政府已向十五个州赠予了 400 万英亩土地以作为大学基金，这是促进州立大学迅速发展的重要因素。"②

2. 课程与教学

18 世纪的欧洲启蒙运动和美国革命带来了新思想观念，教会职业不再是大学毕业生的首选，自然科学逐渐被纳入大学课程之中，实用主义价值观逐渐得到人们的普遍认可。在这一时期，公立高等教育发展迅速，传统学院的古典课程在公立大学中渐渐被冷落，新的实用专业和课程不断涌现。总体来看，这一时期的大学课程主要呈现出多样化和职业化的发展趋势。古典课程依然是大学里最重要的教学内容，但已不再占据统治性地位。越来越多的专门学院完全不开设古典课程，这些学院的课程主要是为学生提供工程、农业、机械和制造业等各类实用知识。与此同时，传统学院的课程体系也出现了变化。总而言之，"满足任何人任何需求的课程体系正在逐渐成形"③。

首先，古典课程的地位虽然受到冲击，但仍是传统学院最宝贵的历史传承。19 世纪初，随着科学知识和专业课程的引入，传统学院所提供的古典课程受到了越来越多的批评和质疑。批评者认为，

---

① 钱乘旦,陈晓律.在传统与变革之间——英国文化模式溯源[M].杭州:浙江人民出版社,1991:45.

② 王英杰.美国高等教育的发展与改革[M].北京:人民教育出版社,2002:32.

③ 科恩·基斯克.美国高等教育的历程[M].梁燕玲,译.北京:教育科学出版社,2012:47.

传统学院提供的教育没有为工业化的发展带来便利，古典课程"已经无法适应时代的精神和要求，它们将迅速荒芜，除非能够更好地迎合这个具有浓厚商业性格的国家的需要"①。面对外界的指控，以耶鲁大学为代表的传统学院做出了有力的回击。1828年，《耶鲁报告》出台，对批评者的言论进行了针锋相对的反驳。《耶鲁报告》指出，高等教育存在的根基就是古典教育，只有在此根基之上才能发展职业教育。如果失去古典教育的根基，高等院校所提供的专业知识和职业技能对社会发展的促进是非常有限的；更重要的是，大学无法培养全面发展的人。"我们的目标不是培养学生具有某一种职业所需要的单一能力，而是培养他们具备所有职业都不可或缺的基础能力。"② 这种基础能力的获得既不来自正在发生的现实，也不是单纯依靠文本诵读，而是通过系统的学科知识来获得理性的训练和心智的完善。正因为如此，古典文学才必不可少，因为这是心智训练的必备要素。如果缺失了古典课程基础，学生就无法形成训练有素的思考习惯。

其次，新建州立大学大大拓展了课程范围，哲学从宗教中分离出来，有关科学知识与研究方法的课程大受欢迎，课程多样化现象愈发显著。以弗吉尼亚大学为例，作为新成立的综合大学，该校保留了古代语言、文法、修辞、基础数学等部分古典课程，增设了现代语言、应用数学、植物学、动物学、解剖学、医学、政治学、法学、形而上学、文法学、伦理学、美术等新课程。用杰斐逊的话说，州立大学应当坚持向学生传授"有用之知识"和"有用之科学"。关于如何定义知识是否"有用"，以杰斐逊为代表的州立大学创办者都吸收启蒙时代的公共教育思想，那就是不断吸收新的现代科学知识，同时重视历史知识而不是僵化的文学和语言知识，因为前者在塑造公民道德和政治观念上要更胜一筹。关于课程结构，州立大学

---

① David Potter. *Liberal Education for a Land of Colleges*：*Yale's Report of 1828*［M］. New York：Palgrave Macmillan，2010：6.

② David Potter. *Liberal Education for a Land of Colleges*：*Yale's Report of 1828*［M］. New York：Palgrave Macmillan，2010：14.

分量最重的是自然科学和数学，因为现代科学所强调的探究思维方式与科学研究方法对学生的终身学习具有重大意义。除了领域的拓展和结构的变化，以弗吉尼亚大学为代表，州立大学还对课程形式进行了创新，首次赋予学生选修课程的自由。杰斐逊认为，"将所有的学生都限制在一个既定的阅读和教学课程表上，这样的课程设置不允许学生接触表格之外的知识，只面向他们将来注定要从事的职业做出特别要求。我们将反其道而行之，允许学生不受限制地选择他们想要参加的课程讲座，而且只对他们做出基本要求，让他们有足够的学习年限"①。选修课程的引入对于美国大学的发展具有极为重要的意义，其不仅丰富了课程形式，更重要的是改变了大学专业是为未来从事某种职业而设计的局面。按照杰斐逊的表述，教育应当允许人们在自由的空气中充分了解和感知自己的能力，并通过接受合适的教育发现和发挥自身潜藏的各种能力，而不是由家庭、教师、教会或者政府来决定他们未来应该学什么、做什么。因此，选修课程的提出不仅对开发学生的潜力十分有益，而且是保障个体独立和公民自由的重要举措。

总而言之，建国初期的美国大学课程种类更加丰富多元，除了经典课程之外，科学课程、职业课程也在不断发展。随着课程的丰富，教学方法也在不断变化，殖民地时期的诵读和辩论教学法依然具有用武之地，但更多的新课程都采取讲授法和实验法，尤其是有关科学知识和方法的课程。

（四）教师与学生

在殖民地时期，大学教师并不是一个令人羡慕的职业，甚至算不上一个成熟的职业。教会主导是殖民地教育的基本形态，政府只是颁发教学特许状，以及时而提供资助。对教会的依赖，以及经费的缺乏，导致大学教师常常都是兼职人员，而非专业人士。具体参加教学的教师以助教为主，人员常常更换，教学形式也多

---

① James Gilreath. *Thomas Jefferson and the Education of a Citizen*[M]. Washington, D. C.: Library of Congress, 1999:98.

以零散的讲座为主，而非系统的专业教育。从 19 世纪开始，美国大学教师向专业化方向发展。19 世纪初，大学里虽然还是助教占多数，但随着学校获得的资助越来越多，全职教授的位置不断增加，绝大多数学院都设置了终身教师席位。新大学建设起来后，由于高校数量的增加，教师的规模也在不断扩大。再加上应用数学、自然科学和伦理学等高阶人文学科需要更加专业的教师来承担教学和科研任务，神职人员已经无法胜任此工作，教师专业化程度愈发提高。

总体来看，南北战争前的教师专业化主要沿着两条路线向前发展。首先，规模的扩大和课程的增加让教师与学校管理层的距离变得更远，与本身所在学科的关系愈发紧密，各个学科的教师慢慢形成学术群体。尤其是在德国大学理念和赴德留学学者的影响下，大学教师在某个学术领域接受学术训练，并形成教学科研团队的观念慢慢深入人心，研究生教育也开始兴起，这直接促进了美国大学教师职业的专业化。其次，建国后新成立的高等院校大多都寄托了政府与社区的现实期望，教师们需要直接回应国家和社会的需要，因此基于自己的专业知识发表言论和建议就变得可能且必要。19 世纪中期之后，专业性的期刊杂志开始创办，越来越多的教师在自己的教学研究领域发表学术成果，各学科的全国性学会组织也次第创建。华勒斯坦认为，19 世纪西方思想的最大特点就是知识的学科化和专业化。[①]在此方面，美国大学的表现尤为突出。从建国开始到 1861 年南北战争爆发，全国性的科学学会从无到有，从少到多，几乎将所有高校都囊括在内。譬如，1812 年成立的费城自然科学研究院将研究自然历史、促进自然知识作为自己的目标。除了全国性专业化的科学学会，而且还陆续建立了以专门研究天文学、化学、力学、农学、医学以及地理学等学科的学会。[②]截至

---

① 华勒斯坦.学科·知识·权利[M].刘健芝,译.北京:生活·读书·新知三联书店,1999:19-21.

② Ralph,S Bates. *Scientific societies in the United States*[M]. Cambridge:M. L T press,1965:35-128.

1860 年，全美的学术学会已达 34 个之多。学会的建立从两个方面促进了教师的专业化，一是学科的分化，二是学术的发展。越来越多的教师认为自己的归属是学科而非学院，并把发表学术成果当作重要使命。

在教师群体向专业化发展的同时，学生的来源也趋于多样化。在建国初期，美国所有的大学加在一起大约只有 1000 个学生，而且全部都是白人男性。1860 年前后，全美学生已达到 6 万人以上，其中包括一部分女性和少数非裔美国人。除了规模的增大，学生的年龄和出身也发生了巨大变化。建国之初的美国大学生基本上还保留了中世纪传统学院的特征，学生的年龄较小，大约十三四岁就可以进入大学就读基础的文法和修辞知识。随着学科的丰富和完善，学生的入学年龄慢慢增大，但直到 19 世纪中期，18 岁以下的学生在大学校园占据了半数左右，这是因为公立中等教育的发展相对迟缓。此时大多数学生都来自于私立中学或文法学校，有的学生还是在家中接受家庭教师的指导。直到南北战争爆发，公立预备学校才开始得到较快发展。与殖民地时期相比，建国后的公立大学逐渐增多，学生的学费相对下降，同时学校还给学生提供了不少勤工俭学的机会，这让许多中低收入家庭的孩子也有机会进入大学。

第二节 哈佛大学与耶鲁大学的发展

独立战争之后，在新型高校不断出现的同时，古典大学也在缓慢发展。作为美国高等教育史上历史最悠久、影响最广泛的两所大学，哈佛大学与耶鲁大学是古典大学的翘楚，其发展模式在美国高等教育历史上也具有典型意义。在南北战争前，哈佛大学与耶鲁大学的组织结构、课程教学和运行模式也在不断完善，在很大程度上奠定了美国精英大学发展模式。

一、南北战争之前的哈佛大学

同诸多殖民地时期的私立学院一样，哈佛大学在建国之后也获得了政府的支持与资助，但力度非常有限。因此直到南北战争之前，哈佛大学还是一所以教学为主的小型学院。值得关注的是，由于办学历史的悠久和地理位置的优越，哈佛大学的治理结构和教育教学都为其他美国大学树立了标杆。

（一）治理结构

哈佛大学在殖民地时期就为美国大学的董事会制度树立了榜样，除了作为大学法人的董事会之外，哈佛大学还成立了监事会和教授会，此外校长及其行政机构也具有强大的影响力，于是形成了独具特色的多元治理结构。虽然董事会和监事会双会并行的治理方式稍显复杂，以至于后来的美国大学治理结构更多参考了耶鲁大学的单行董事会制度，但这种能够广泛寻求社会支持的治理模式却为哈佛大学在 19 世纪末 20 世纪初的大变革奠定了厚实的制度基础和精神财富。

1. 董事会

董事会制度是哈佛大学的原创，哈佛大学董事会的正式成立一般追溯到 1650 年，但事实上，早在 1637 年该校就成立了一个 12 人的建校委员会，其在实质上发挥着董事会的功能。按照英国法律，只有国王才有资格任命法人机构，殖民地大学也需要获得国王特许状。在此情况下，建校委员会在 1642 年被议会重组，然后进一步演变为全部由校外人员组成的监事会。1650 年，时任校长邓斯特在马萨诸塞州议会的支持下获得了北美大陆最古老的大学办学特许状，其中明确了学校的法人代表是"哈佛学院校长及理事"，亦即人们口中常常提到的哈佛学院董事会。顾名思义，最初董事会成员主要来自校内，一共有 7 人，包括校长、财务主管和其他 5 名委员。董事会的常设职位包括主席、副主席、秘书和财务主管，主要任务是管理大学内务，包括制定规章制度、任命校长、聘任教师、管理学生、处置财产等。但由于董事会成员产生了越来越多的内部矛盾，从 17

世纪末期开始，除校长外董事会成员主要出自校外。独立战争过后，马萨诸塞州再次肯定了哈佛大学的法人地位，董事会是大学唯一的法人代表。

2. 监事会

董事会和监事会并行是哈佛大学特有的双重治理模式。哈佛大学监事会的历史可以追溯到1642年，是由最早的建校委员会改组而来。根据当时的规定，监事会全部由校外人员构成，最初的监事会成员共有22名，包括总督、副总督、地方治安等6名官员和来自剑桥等周边城镇的牧师和校长等。①

如果说董事会的主要使命是处理内部事务，那么监事会的功能就是从外部来监督董事会的工作和大学的运行情况。作为外部治理机构，监事会的主要责任是在州法院的委托下管理非法人的公共信托资产，监事会不能自行制定规章制度，但拥有咨询和同意的权力，有权监管董事会。所有的学校规章，尤其是重大规定，都需要经过监事会的同意才能生效。如此一来，监事会的权力似乎凌驾于董事会之上，这也是造成殖民地时期哈佛大学矛盾纷争的源头。1810年，由哈佛学院监事会和校委会提请，经马萨诸塞州议会核准，通过了《哈佛学院监事会章程修正案》，对监事会制度做出了重大调整。此次修正案的重心在于妥善处理哈佛学院与外部的关系，提请者希望通过监事会人员的调整来适应社会的发展形势。相较于1642年的监事会法案，1810年的法案规定，马萨诸塞州现任州长、副州长、参议院议长、哈佛学院院长等15位外行人员以及公理会教堂15位牧师可以被选为监事会成员并永久组成哈佛学院监事会，监事会成员必须是本州居民。公理会教堂的牧师如果想要担任监事会成员，就必须放弃牧师职务。②监事会成员可以永久续任，如有监事会成员因死亡、辞职等原因出现空缺，监事会应当在法定会议上通过投票

---

① 储朝晖.法人-董事会是现代学制度基础[N].中国科学报(理论版),2013:9-26.
② 李子江,李卓欣.哈佛大学监事会章程的调整与变革[J].大学教育科学,2014(2):28-29.

方式选出合适的人选来填补空缺，候选人必须是本州居民。①由此可以看出，此次监事会法案首先扩大了规模，由原来的22人增加到30人；其次是世俗力量大大增加，不仅在数量上可以和教会分庭抗礼，而且在话语权上显然要比后者更胜一筹。显而易见，上述做法一方面是为了获得更多的社会关注和捐赠资金，另一方面也是为了充分协调平衡各方面的关系，尤其是为了摆脱教会的控制。1814年、1834年、1851年和1865年，哈佛学院监事会和校委会又数次申请修正监事会章程法案，这几次的修改意见主要体现在三个方面：其一，对牧师成员的限制进一步放开，打破了公理会的垄断；其二，对州政府官员的身份提高限制，不准州议会成员加入监事会，州长、副州长、议会会长等官员也不必然拥有监事会成员身份；其三，监事会虽然拥有哈佛学院校务的宏观管理权，但具体处置权逐渐移交给监事会委员分别加入的11个校务委员会，教师的治理权得到提升。

3. 教授会

与董事会和监事会相比，哈佛大学教授会成立的时间较晚，需要处理的事情比较具体，主要负责教学和学术研究。虽然哈佛大学在筹建方式、课程内容和教学模式等多方面都直接模仿了牛津大学、剑桥大学的住宿书院，但在对教师身份和任务的设计上却与其有着根本性的差异。鉴于英国国教改革以来英式书院因为积累了大量的财富和招收了大批来自富裕家庭的自费学生而变得日益奢靡怠惰，哈佛大学创校者希望这所学校的老师能保持虔诚勤奋的宗教美德。因此，在建校后很长一段时间内，哈佛大学的教师都没有资格参与学校的管理事务，他们的主要任务就是按照学校的课程设置开展教学。直到18世纪初期，教师的权利仍然十分有限，甚至无权过问学术事务，这直接影响到他们在学生心目中的形象。18世纪20年代，教师群体经过不断的努力争取，权力逐渐增大，同时正式成立了教授会，专门独立负责学生学术事务，包括招生、教学、评价等。

---

① Harvard University. *The Rules and orders of Overseers of Harvard College*：*To Which is Appended the college charter*，*with sundry acts and instruments*，*composing the construction of the colleges*［M］. Boston：John Wilson & son，1851：38-40.

1754 年，监事会建议哈佛学院必须设法提高课程质量和改进教学方法，并将具体处理权交给了教授会，自此以后教授会开始独立行使学术管理权，全面负责教师的晋升、学位的授予、课程的设置、教学的改革以及学生的学习等事务。

美国独立后，随着教师规模的增大和学术地位的提高，教授会扮演了更加重要的角色。1824 年，由于不满足在董事会和监事会缺乏发言权，哈佛学院教授联名抗议自己长期被董事会排除在决策圈之外。为了安抚教师的不满情绪，董事会内部多次进行协商，在 1825 年召开会议，正式规定董事会中必须要有教授代表，并且将各系的内部事务管理全权委托给教授会来处理，从而确定了教授会在学术上的独立管理权。按照 1825 年的董事会会议规定以及由此修订的学院章程，哈佛学院各系必须由正教授组成教师委员会，以处理教学和课程方面的有关事宜。系设系主任，院设院长，由各系教授轮流担任。①从此以后，教授会对教学研究的治理权正式确立。在董事会委托下，教授会拥有制定和执行有关教学和学术方案的政策规章的权力，并在选拔、聘任系主任与终身教授方面拥有决定权。

4. 校长及行政系统

在哈佛大学的治理体系中，校长是一个极为重要的职位，可以说是最具分量的存在。校长是董事会主席和监事会的成员、教授会的主席，处于联结董事会、监事会、教授会的核心地位。校长作为教授会的主席，主要是对教授会的权力进行限制。根据《1650 年特许状》的规定，校长不仅是董事会成员，而且是校内教师的代表，有权在监事会的同意下独立行使内部治理权。"为了使学院更好地运作，校长及其同僚可以随时制定一些规则和内部章程；决定紧急情况的处理办法；执行规则和内部章程；前提是经过监事会的首

---

① 孟令国,张继平.从学术评议会看美国大学学术管理——以加州大学为例[J].黑龙江教育(高教研究与评估),2007(4):79.

肯。"① 除了管理内部事务，校长还负责召集董事会会议和居中联络董事会和监事会、董事会和教授会。每学年结束，校长代表董事会和教授会向监事会汇报工作，对每年大学的运行和发展情况做详细报告。在大学内部，校长有权任命副校长和系主任，负责主持公共学术活动和教授会，组建和指导学校的行政系统。在外部，校长代表大学争取政府、社群、校友会以及社会各界人士的支持。

（二）课程教学

南北战争前的哈佛大学课程主要模仿英国大学，遵循古老的自由教育理念，沿袭中世纪大学的七艺教育传统，为培养牧师、官员做好知识储备。在建校之初，哈佛大学学制是三年，只能授予艺学（文学）学士学位，直到 1655 年，学制才改为 4 年。在邓斯特校长的主持下，哈佛大学制订了第一份三年制课表，第一年主要学习古典语言，包括希伯来语、希腊语和拉丁语，意在掌握基本的文法、修辞和逻辑知识。拥有语言基础后便可学习亚里士多德哲学、天文学、伦理学和形而上学、旧约《圣经》、新约《圣经》等高阶知识。1653 年，伦理学和形而上学从课程表上消失，换成了基础数学。直至 18 世纪，虽然课程内容有所调整，但课程形式全部是必修，学生只能按照课程表的安排上课。课堂上以教师领读、学生跟读经典为主，课外时间也会安排圣经阅读和讨论活动。

18 世纪，自然科学逐渐进入课表，但尚未形成气候。直到 19 世纪 20 年代，在留德归国教师的大力倡导和哈佛大学青年学生的激烈抗争下，延续了将近两个世纪的必修课程制度才终于遭遇强有力的挑战。18 世纪末，受法国启蒙思想的影响，美国学者越来越渴望学院教育跳出宗教思想和古典文学的窠臼。19 世纪初，从德国留学归来的学者带来了"活跃心智、塑造理性"的德国大学教学观，其中最具代表性的人物就是哈佛大学的乔治·蒂克纳。蒂克纳曾在德国

---

① Harvard University. *The Rules and orders of Overseers of Harvard College*：*To Which is Appended the college charter*，*with sundry acts and instruments*，*composing the construction of the colleges*［M］. Boston：John Wilson & son，1851：12.

的现代大学先驱——哥廷根大学就读，回国之后，他在 1821 年向哈佛大学校长和董事会提交了一份改革倡议书，"建议将哈佛大学改革为一所能提供高等教育预备训练的、以培育青年理性心智为教学目标的高级中学"①。其改革措施主要包括两个方面：一是尽可能多地为学生提供现代科学课程，允许学生进行自由选修；二是实施研讨式教学法，扩大学生的学习自主权。蒂克纳的改革建议得到了校长和董事会的支持，校方也根据倡议书颁布了改革建议，然而始料未及的是，大部分教师都持反对意见。鉴于教授会在校内学术事务方面的治理权，董事会尊重了教师群体的意见，改革宣告失败。两年后，蒂克纳借哈佛学生暴动事件再次提请课程改革，但仍然在教师群体的反对下以失败告终。虽然蒂克纳的计划没有得到通过，但他的改革热情却感染了哈佛大学学生，而且也顺利引起了董事会甚至州议会的注意。1825 年，蒂克纳的改革建议被校方部分采纳，教授会终于同意为高年级学生开设一定数量的选修课程，并重新修订了《学校章程与规则》，其中第 61 条规定："学生可以按照在实际中有利于他们发展的原则进行分组，分组必须参考他们所掌握知识的熟练程度和运用知识的能力，鼓励各组的学习速度同学科知识内容相协调一致。"② 事实上，这则规定已经默认了学生可以根据自身的学习情况选择课程，只是在教师的抵制下很难实施。

无论如何，科学课程的增加和学习方式的改变都已经逐渐变得势不可挡。蒂克纳的改革虽然暂时被搁置：但却指明了未来的大学改革方向。克拉克·克尔对蒂克纳在哈佛大学的倡议持誉甚高："现代美国大学发展的真正路径开始于 1825 年哈佛大学的乔治·蒂克纳教授。他试着按照他曾就学的哥廷根大学的模式来改革哈佛大学，并且发现，改革哈佛大学必须要等到 40 年后由一个叫埃利奥特的人来掌握校长权力。"③

---

① 曹春平.哈佛大学预备教育源起——19 世纪初的哈佛教育改革[J].大学教育科学,2015(4):88.

② Morison S. *Three centuries of Harvard, 1636-1936* [M]. Cambridge Harvard University Press, 1937:232.

③ 克拉克·克尔.大学之用[M].高铦,高戈,汐汐,译.北京:北京大学出版社,2008:7.

自 1636 年建校至今，哈佛大学一直坚守知识的真理价值。其科学研究有着悠久的历史，逐步形成了独特的科学研究理论，制订和实施了良好的科学研究制度，拥有丰富的研究资源。自建校以来，哈佛大学以希腊文和拉丁文为主要的学术研究项目，古典语言和文学、英语和现代语言、历史、哲学、艺术等传统人文学科一直是哈佛大学主要的人文学科。在自然科学研究方面，哈佛大学的天文学、物理学、地理学等学科在具有浓厚宗教氛围的殖民地时期就已经开始，这为以后它在这些学科研究的顶级地位奠定了基础。哈佛大学的社会科学研究源于 19 世纪，但直到 20 世纪初才建立完整的研究组织，运用自然科学和人文学科结合的方法进行对社会现象的研究。

（三）经费来源

作为最早的私立大学，哈佛大学的筹资模式也为其他高校树立了榜样。受殖民地多元文化和实用主义社会风气的影响，哈佛大学的经费来源渠道较宽，筹资方式也讲究实用。其不仅积极接受教会捐赠和政府拨款，而且还从工商界筹措经费，甚至还非常善于对既有资金进行经营管理。

1. 政府拨款

哈佛大学初建时，是由殖民地议会提供的土地和资金。在殖民地期间，地方政府主要通过棉花销售获得税收对其进行资助，这也是美国政府对高等教育的最初拨款形式。独立战争后，哈佛大学主要接受州政府的拨款，在 1862 年的《莫里尔法案》之后才获得了联邦政府拨款。但总体而言，殖民地时期的政府拨款非常有限，因为当时的经济发展水平本就不高。美国独立后，联邦政府对高等教育实行免税制度，这也是私立大学获得间接资助的模式之一。除此之外，19 世纪之后私立大学也能获得政府对学生和科研的资助，但在南北战争之前所获资助的范围和数额都比较有限。

2. 慈善捐赠

虽然哈佛大学是依靠殖民地的税收建立起来的，但由于政府拨款比较有限，学校从一开始就非常欢迎来自社会的捐赠。哈佛大学史上最著名的一笔私人捐赠便是其名字的由来。英国移民在新

大陆创建的第一所学校模仿的是英式书院，最初的名字是"剑桥学院"，以此向母国的古典大学致敬。建校一年后，一位毕业于英国剑桥大学的商人约翰·哈佛来到殖民地，并在这里不幸患病去世。临终之时，约翰·哈佛将自己一半的财产——高达780英镑，相当于当时剑桥学院两年的全部收入——和400本藏书捐赠给这所以自己母校为名的新学院。这笔财产和藏书对筚路蓝缕、惨淡经营的剑桥学院具有无可估量的支持意义，为了纪念这位慷慨而不幸的捐赠者，学院从此更名为哈佛学院。1641年，学院的规模有所扩大，资金也开始紧张。为了寻求资助，公理会牧师威廉·赫本斯前往英国故土寻求资助，并在一年后带回来500英镑，解决了学校财政的燃眉之急。这两次捐赠奠定了美国私立学院的两大办学宗旨，一是传承自牛津大学、剑桥大学的慈善传统，二是新大陆独有的社会公益精神。自哈佛大学以后，几乎所有美国大学都积极与社会各界沟通，一方面为了获得更多的资金来源，另一方面也努力迎合社会价值与需求。

17至18世纪，由于殖民地的经济比较落后，哈佛大学捐赠基金的增长速度非常迟缓。但是，在此期间美国大学也形成了新的受赠形式，那就是大量接受土地和物品，然后利用这些捐赠获得经营性收入。譬如，1670年，哈佛学院接受了一个伦敦商人捐赠的位于英国的农场，并将其向外租赁以获得现金收入；1678年，收到了整个17世纪最大的一笔私人捐赠——来自英国故土的马修·豪尔沃西爵士价值1000英镑的货币和物品，并且校方可以自主。此后不久，依日尼尔·桑戴克向哈佛大学捐赠了一大批有关美国历史的书籍和地图，极大地充实了学院图书馆。除此之外，还能经常性地接受私人和机构设立教授席位的小笔捐赠，但大笔捐赠收入主要来自英国。美国独立以后，随着工农业的迅速发展，美国社会积累起大量财富，高等院校的捐赠来源从英国转到本土，越来越多的毕业生愿意为母校慷慨解囊。1840年，哈佛学院创建校友会，1881年成立了图书馆基金，这两大基金迅速成为学校收入的主要来源之一。校友会和图书馆基金会成立后，哈佛的筹资行为出现了一个重要变化，那就是由不定期的为具体计划和发展目标筹措资金的行为变成常规活动。

3. 投资经营收入

从建校初期起，哈佛大学就开始利用手中的资金和财产从事投资经营活动赚取收益，以达到基金保值和增值的目的。在此之后，学校一方面创新捐赠方法和策略以广开经费来源，另一方面也根据社会需求调整改革财务管理制度，不断改善财务状况。1732 年，哈佛学院利用已有资产获得了 728 英镑的年收入，1789 年，学院的投资市值已经超过 3 万英镑。

4. 学生学费

对于私立大学而言，学费收入是财政收入的一个重要组成部分。在哈佛大学发展的前 200 年，学费一直是哈佛大学发展所需资金最稳定的渠道。针对家庭贫穷的优秀学生，学校也设置了奖学金，这也是哈佛大学一直以来最重要的开支之一，在建校之初就纳入了学校的财务支出计划，不过直到 18 世纪初才开始设立经常性的奖助学金。当然，这笔支出从长远来看十分划算，因为能够换来良好的社会声誉，更不用说学生毕业发达之后对母校的慷慨捐助。

二、南北战争前的耶鲁大学

从某种程度上，殖民地时期的耶鲁大学与哈佛大学像是一对双生子，二者之间的关系仿佛剑桥大学与牛津大学。耶鲁大学成立于 1701 年，比哈佛大学晚 65 年，创建者是不满意学校宗教气氛日渐淡薄的前哈佛大学公理会牧师，建校地址则是殖民地时期远离闹市区的偏远地带——康涅狄格州纽黑文地区。这段历史似乎就是牛津大学师生因为与市民发生冲突，从而另寻静地创建剑桥大学的故事重演。耶鲁大学的命名也与哈佛大学如出一辙，最初这所由哈佛牧师创办的学院被命名为"高等学校"。1718 年，学院资金因为修建教学楼而入不敷出，几乎难以为继，此时拥有剑桥大学三一学院背景的伊莱休·耶鲁先生——时任英国东印度公司高层官员——慷慨解囊，才帮助这座新成立的学院渡过难关。为了纪念耶鲁先生，学院于 1720 年更名为耶鲁学院。18 世纪末，受法国大革命和独立战争的影响，耶鲁学院的宗教气氛逐渐淡薄，自然科学和现代思想慢慢进入学校，学校的治理结构和课程设置也出现变革。

（一）治理结构

耶鲁大学堪称美国大学董事会治理模式的标准模板，哈佛大学的董事会与监事会双会治理模式反而比较小众。从创建伊始，耶鲁学院就明确了外行董事会掌控权力的治理模式，董事会成员全部都是来自校外的公理会牧师，校内事务则由校长负责。

1. 建院初期的董事会全权负责制

耶鲁学院的初创者是公理会牧师达文波特，同时他也是纽黑文殖民地的创立者。为了保证新学院的宗教纯洁，他决定将学校的最高管理权控制在校外董事会手中，而非哈佛学院那样由董事会和监事会共同治理。耶鲁学院的董事会成员全部是公理会牧师，他们既不是学校员工，也不住在校内，因此并不负责学校的日常管理和教学。因为兼具殖民地政府领导者和教会首领双重身份，所以一开始达文波特并没有区分政府和教会在学院治理方面的权责关系，他和来自哈佛学院的十位初代董事制订了 1701 年的宪章，其中明确了董事会的权利和责任。1701 年宪章规定，董事会是耶鲁学院的最高领导机构，拥有监督、指导、制定规则和管理学院的权力，以及制订指令、规则、法案、财务管理、召集会议、任命校长等责任。校长是学院的最高行政人员，完全对董事会负责，并且只接受董事会的监督，校长的挑选、任命、评估和解聘都由董事会来完成，学院的教职员工完全不参与此过程。校长上任后，对学校的各种行政任务全权负责。教师没有学院决策权，只负责授课和维持学生纪律，但无权过问学生录取和学位授予。

2. 校长与董事会共同掌权

18 世纪 40 年代之后，随着学校人员的增加和社会形势的变化，耶鲁学院初期的董事会负责制也有所改革。首先，在克莱普校长的努力下，董事会一家独大的权力格局出现变化，校长在董事会内部的话语权增大，州立法机关的权力也得到巩固。1745 年，克莱普校长起草修订了耶鲁大学新宪章，其中明确了校长与董事会共同治校的原则，并且赋予州议会调查和否决董事会决定的权力。这一修订对原有的治理格局造成了很大的冲击，州议会和政府官员从此有了充足的理由来参与和干涉学院的内部治理，董事会的权力被削弱，公理会牧师对学校的控制力大大降低。事实上，这次事件也是美国私立大学权力斗争的起点，自此以后的大半个世纪中，几乎所有学校都出现了类似的问题，直到 1818 年"达特茅斯诉讼案"的出现，才最终明确了私立大学的内部治理权。借此机会，耶鲁大学也重新修订了大学章程。根据 1818 年《耶鲁宪章》的规定，校长是董事会的法定领导人，拥有选举和监督教学人员的权利，并负责召集董事会。

3. 新科层管理机构的出现

1737 年，为了更好地了解学院的运行情况，耶鲁学院董事会任命了一个常设委员会，其主要任务是监督董事会决议的执行状态和了解学校的运行情况。1817 年，杰里迈亚·戴就任校长，在任期间，他将常设委员会改组为重大事务委员会，该委员会的常任委员包括校长、州长和三位董事（或副州长），此外还包括其他数名成员。重大事务委员会每年至少召开四次会议，主要议题包括三个方面：一是学校的财务管理，二是教师的课程与教学，三是校长的近期决策。以上问题形成决议后，统一向董事会递交报告。除了以上常规操作，重大事务委员会还与教授会协同工作，共同执行有关教师和学生的管理决策。校长既是重大事务委员会的领导，也是教授会的首领，因此在校内事务管理方面拥有最大权力。从某种意义上讲，重大事务委员会像是董事会的常设执行委员会，或者也可以视作学校的高级行政群体。由于州长或副州长的参与，耶鲁学院与康涅狄格州政府的关系变得稳定而密切。与此同时，以校长为首领的制度设计，又让大学能够有效平衡内部自治与外部支持的关系。

同哈佛大学相比，耶鲁大学的教师在学校决策方面拥有一定的发言权，事实上，耶鲁大学也是美国最早允许教授参与校务管理的大学。1795 年，蒂莫西·德怀特出任耶鲁大学校长，在任期间，德怀特召集董事会通过了一项重大决议，那就是董事会不再参与学校的具体管理事务，由教授会和重大事务委员会来共同治校。教授会最初只有三名成员，全部来自校内教师，最初并无多少实权，主要任务是向校长为首的重大事务委员会汇报课程教学和学生管理方面的事务。杰里迈亚·戴校长上任后，教授会的权力大大增加，其有权参与所有与大学有关的管理问题。如果没有征求教授会的建议和同意，校长和董事会不得单方面作出校内事务决议。

（二）教育教学

1. 教育目的

耶鲁学院的创办起因无比明确地决定了这所学校最初的教育目的，那就是在公理会的领导下为殖民地培养具有高尚道德和虔诚信仰的社会领袖。在独立战争前，耶鲁学院培养的学生以从事宗教事务为主，大家每天早起的第一件事情就是做晨祷，下午 4 点到 5 点还要进行晚祷。相当一部分课程内容都是诵读《圣经》，校长也会定期为大家讲解《圣经》。建国之后，耶鲁学院则越来越多地倾向于培养各行各业的社会精英，尤其政治领袖。尤其当工业革命席卷全球、宗教势力逐渐退出世俗社会之后，美国大学与社会之间的关系愈发紧密，耶鲁大学的办学目标也做出了相应的调整。培养精英、培养服务国家和世界的领袖人物，是耶鲁大学的第一要务，领导教育也因此成为耶鲁大学的一大特色。

为了培养领袖，耶鲁大学将领导教育的精神和特色贯穿在学校工作的各个方面。在课程上，耶鲁大学尤其重视人文与艺术课程，事实上它也是世界上最早设立这两类课程的大学之一。一直以来，耶鲁大学的人文与艺术课程享誉全球，该校涌现出许多杰出的教授和学生。在教学上，耶鲁大学注重通过正统的学术训练来培养学生的理性思维，并通过大量的社会观察和体验来发展学生的实践智慧、社会道德、公民责任和创造能力。虽然耶鲁大学强调人文教育，但对科学教育同样没有放松。1734 年，耶鲁学院顺应潮流大力引进自然科学，并从欧洲进口望远镜、显微镜、气压计用于日常教学。1739 年到 1766 年，耶鲁学院课表中出现了系统的自然科学知识。在独立战争到 19 世纪初这一阶段，实用学科和人文学科之争达到了顶峰，身为人文主义中心的耶鲁学院对此做出了回应。在校长杰里迈亚·戴的领导下，耶鲁学院成立了五人委员会，对大学课程尤其是人文课程进行了全面的考察与思考，这次调查完成后形成了一份著名的报告，就是 1828 年的《耶鲁报告》。该报告由两部分组成：一部分是阐述大学教育的宗旨，另一部分是探讨古典教育的价值。《耶鲁报告》的核心思想有两个：一是阐明大学教育的核心要义是"对西方文明传统的维护，并将其作为本科课程的最佳内容和最具内在一致性的组织方式"[①]；二是强调心智训练，认为学生的注意力、分析力和逻辑推理能力可以通过记忆拉丁语、分析希腊语等古典教学手段得到训练和提升。基于上述两个观念，《耶鲁报告》对支持职业教育、反对古典教育的观点进行了激烈的反驳。报告认为，高等院校必须构建一个通识基础，然后职业教育才有处安放。如果没有这样一个基础，仅靠职业技能对社会发展的促进而言是极其有限的；更重要的是，从业者的生活也会进入可怕的失衡状态。"我们的目标不是培养学生具有某一种职业所需要的单一能力，而是培养他们具备所有职业都不可或缺的基础性能力。"[②] 这种基础能力的获得，靠的正是超脱于现实社会和文本记忆的理智培育和思维训练。在这种理念下，耶鲁大学为美国乃至国际社会培养出一大批基础行业的领袖和精英。

2. 课程设置

耶鲁学院建校的原因在于保持宗教的纯洁性，培养牧师是其初创时期最重要的目的。如果一个学生想要成为一名牧师，除了学习设置的课程之外，还要专门研究神学，并接受有关宗教仪式和传教布道的专门指导。为了阅读《圣经》，希腊语和拉丁语是早期耶鲁学院入学考试和大一期间的主要科目。为了增强学生的表达能力和语言感染力，1701 年的学校宪章中还明确要求学生必须接受艺术和科学两方面的教育。直至 1739 年，耶鲁学院的课程大致安排如下：一年级学生每周前四天学习算术和语法，每天早晚都要背诵《圣经》，并将《圣经》由英文翻译为希腊文，学期临近结束

---

① Michael S. Roth. *Beyond the university：Why Liberal education matters*[M]. New Heaven：Yale University Press，2013：97.

② David Potter. *Liberal Education for a Land of Colleges：Yale's Report of 1828*[M]. New York：Palgrave Macmillan，2010：14.

时开始学习逻辑学；二年级学生主要学习逻辑学，同时继续进行语言训练；三年级学生集中学习物理学（自然科学）；四年级学生主要学习数学和形而上学，语言和逻辑学都要继续进行学习。周一到周四，不同年级的学生各自上课，周五周六所有学生一起学习修辞学、演讲术、伦理学和神学，周日所有学生都要参加礼拜。此外，学生还要参加日常的布道活动，大约每周 5 次，每 6 周举行一次教义辩论。①

18 世纪中后期，自然科学之风在新大陆渐盛，耶鲁学院的课程设置主要出现了两处调整。首先，古典语言和经院哲学占据的比例缩小，英语人文经典开始进入课程。其次，科学知识大大增加，算术在 1745 年被列为耶鲁学院入学考试科目，并在日后的大学课表里占据了举足轻重的地位。18 世纪六七十年代，耶鲁学院的课程内容和教学方法因为过于保护传统而受到批评，不仅世俗人士认为其课程设置与社会实践相去甚远，就连本校学生也开始表达不满。迫于各方面的压力，耶鲁学院教授会在 18 世纪末提请重大事务委员会和董事会对课程进行系列改革。1789 年，学院开设希伯来语，鼓励学生选修，首次打破了统一修习规定课程的局面。与此同时，在大三、大四学生的课表中增设历史课程，鼓励学生阅读与期待从事职业相关的课外书籍。② 18 世纪末到 19 世纪中期，耶鲁大学不断增设实用课程。

第三节　南北战争后美国高等教育的拓展

南北战争的结束标志着美国跨入了一个新的历史阶段，它以北方的胜利而告终，美国得到统一，为资本主义的发展扫清了道路，

---

①②　Mark Garrett Longaker. *History and Pedagogy in Colonial and Contemporary American Higher Education* [M]. Philadelphia：Pennsylvania State University Press, 2003：4-5.

加快了工业革命的步伐，生产力以前所未有的速度急剧增长。在这一时期，美国已经从一个以乡村为中心、以农业为主导经济的农业国转变为以城市为中心、工业比重超过农业的工业强国。因此，美国高等教育也实施了全方位的改革。得益于 1862 年《莫里尔法案》（又称"土地赠予法案"）和 1890 年《第二莫里尔法案》（*The Second Morrill Act*）的颁布，一批"赠地学院"先后建立，州立大学逐渐成为美国高等教育的主力。与此同时，实用主义教育思想逐渐流行，并与自由教育传统形成了既对立又互联的关系，这为美国高等教育的大变革加入了至关重要的理念要素。

一、两次《莫里尔法案》的颁布与州立大学体系的建立

自 18 世纪末期，美国政府就曾在杰斐逊的呼吁下筹建公立大学。此时联邦政府能够掌控的权力和资金都非常有限，但却有广袤的土地可以利用，因此出台了一系列以赠送土地的方式来支持大学建设的法案。1785 年，国会为勘察西北地区的领土而出台了《土地法令》，规定每 6 平方英里建设一个市镇，每个市镇可分为 36 个地段，每一地段 640 英亩，每个市镇都可以将第 16 个地段进行出租或转卖，所得收入专门用作公立学校经费的筹措。1787 年，国会出台《西北法令》，规定"宗教、道德、知识为良好政府和人类幸福所必需，学校和教育设施将被给予永久的奖励"，并根据法令，联邦政府赠地 500 万英亩，在西北的俄亥俄州建立一所州立大学。[①]上述法令的颁布开启了赠地学院建设的先河，但是由于当时国内政局不稳，南北对立严重，对政府命令的执行力大打折扣，因此直到南北战争前期公立大学的基础依旧薄弱。

1857 年，佛蒙特州众议员贾斯汀·史密斯·莫里尔提出了一个"对开办农业和机械工艺学院的各州和准州授公有土地的法案"（又称《莫里尔法案》），要求各州用租售联邦政府拨授的土地而获得的收入和基金资助建立农工学院，或在已有的学院中增设农业和机械工艺方面的课程。此法案一经提出就遭到了各种反对。但是不久

---

① 张兵.美国赠地学院法案研究[D].广州:华南师范大学,2007.

之后爆发的南北战争和林肯的上台改变了这种状况，为真正实现高校为社会服务，同时也从根本上促进了国家的统一与发展。1862 年 7 月 2 日，林肯总统签署了提案，并以联邦法令颁布。① 1890 年，联邦政府通过了《第二莫里尔法案》。在《莫里尔法案》颁布之前，全国各教派所创立的私立学校占据主流，至 1850 年，全美共有 120 所学院、47 所法学院、42 所神学院，但几乎都是小规模的私立学校。在这一时期，虽然建立了较多的州立大学，但是这些分布在南部和西部的大学和小型学院差不多，由于资金缺乏，发展较为困难。《莫里尔法案》的颁布，从根本上改变了这一局面。

莫里尔对当时美国平民的艰难处境非常关注，他主张运用实用技术教育来提高农民和手工业者的生存能力，并由此促进美国社会的繁荣。《莫里尔法案》的出台首先反映了发起者的社会关怀，其次也受到了殖民地政府赠地建校的历史启发。通过拨付闲置无用的土地，政府可以用极低的成本创建公立大学体系，进而培养大批高层次的农业、工业人才，最终促进人民生活的改善和社会经济的发展。第一次《莫里尔法案》的具体内容可以归纳为三个方面：一是各州土地拨付的标准，二是赠地收益的使用，三是赠地学校的财政管理。首先，赠地法案规定了各州为创办公立大学而拨付土地的标准：现有或将来加入联邦的各州可根据其选任的国会人数，按每位议员 3 万英亩的标准，从联邦政府获取一定数量的土地。如果本州有公共土地，就在本州范围内认领；如果没有公共土地，则由内政部发放土地证，在其他州认领，但在一州内认领的公共土地总数不得超过 100 万英亩。"分配给每一州的土地数量，按 1860 年人口调查为依据而确定的国会参议员和众议员的名额计算，每有一名参议员或众议员即授予 3 万英亩，但按本法案规定，不得选取或购买具有矿产之土地"②。这一条款使得已经创建的大学利用政府的赠地进一步充实自身发展，也使得没有州立大学的各州开始建立大学。其次，法

---

① 吕瑞.美国早期州立大学简论——独立战争前后至 1910 年[D].济南:山东师范大学,2011.

② 夏之莲.外国教育发展史料选粹(上)[M].北京:北京师范大学出版社,1999:182.

案详细规定了各州出售土地中所获收入的使用情况：必须用于投资收益率不低于 5% 的联邦政府或州政府发行的可靠库券、股票或证券，使之构成一笔永久性基金，各州从中获得的股息收入需用于资助、支持并维持至少一所学院，而学院主要用这笔收入开设同农业和机械工艺相关的学科，但也可用于提供通识教育，以使实业阶层得以接受自由而实用的多方面教育。假如捐赠土地产生的永久性基金或股息收入因故有所损失或减少，各州应予补足，年股息收入中用于购买校址和试验农场的费用不得超过 10%；基金和利息不得用于购买、建造、维护或修理任何建筑物；接受该法案的各州应在 5 年内至少建立一所上述学院，否则须归还联邦赠地。最后，各州应就有关学院的情况提交年度报告，内容包括所进行的改良和试验、经费开支和试验结果，以及有关各州的工业和经济统计。该报告除了呈交内政部一份外，应免费邮送其他享受该法资助的学院各一份。①

1890 年，《第二莫里尔法案》获得通过，该法案规定联邦政府每年向赠地学院（用政府提供的资金资助的学院即为"赠地学院"）拨款。《第二莫里尔法案》颁行的目的在于"向旨在实施农业与工艺教育的学院提供更全面的资助"。法案同时对政府提供财政拨款的使用做出两点限制，即这些款项必须应用于农业、工业艺术、英语、数学、物理学、自然与经济学及相关学科知识的教学事务，并且为购买必要教学设备预留出款项。②《第二莫里尔法案》全称为《将公共土地的部分收入用于更加全面地资助按国会 1862 年 7 月 2 日批准的法案规定所建立的学院，以促进农业、机械工艺发展的法案》。③此次法案主要增加了两个新内容：一是联邦政府每年给予各州 1.5 万美元的拨款，用以支持 1862 年成立的赠地学院进行农业、机械工艺、英语、数学、物理、自然和经济科目的教学，然后在此基

① 杨光富.美国赠地学院发展研究[D].上海:华东师范大学,2004.

② 王保星.南北战争至 20 世纪初美国高等教育的发展与变革[D].北京:北京师范大学,1998.

③ 夏之莲.外国教育发展史料选粹(上)[M].北京:北京师范大学出版社,1995:492-493.

础上每年持续增加 1000 美元，直到十年后的年度拨款总额达到 2.5 万美元；二是如有某州同意大学在录取学生时实施种族歧视，那么这些学校将无法获得联邦政府的资金支持，但如果某州专门面向黑人建立学院，则不受此限制。由此可见，《第二莫里尔法案》不仅增大了对赠地学院的资金资助，而且规定了资金使用的细节，明确了接受资助的学科范围，尤其是首次以联邦法案的形式保障了全国黑人学生享受公立高等教育的权利。两次莫里尔法案的颁布在两个方面推动了美国高等教育的发展。首先，从 1862 年《莫里尔法案》开始实施到 1922 年阿拉斯加大学创立，美国共新建了 69 所农工学院，同时资助了一批资深大学推行农工教育，从而在整体上促进了美国高等教育向世俗化、大众化、多元化方向发展。其次，通过《莫里尔法案》建立的赠地学院传授实用的农业和工艺知识，培养了大批实用性人才，为美国资本主义经济提供了有力的条件，使美国尽快从南北战争中恢复，进入经济的高速增长时期。[①]

二、学术研究的专门化与组织化

1866 年，南北战争结束后，美国终于摆脱了困扰已久的分裂，走向团结一致促进社会发展的道路。1860 年至 1900 年，美国社会的工业投资总额增长了 9 倍，工业制成品的价值增长了 7 倍，工业产值跃居世界第一。[②]在社会生产快速发展的同时，美国高等教育发展的方向也做出了重大调整，专业化的学术研究逐渐代替教学成为大学学者最重要的任务，以学科为基础的专业学会也日益成为全国性机构。为适应工业化和城市化的要求，技术学会开始出现。南北战争之前的科学家主要是对科学有着广泛兴趣的通才，而 19 世纪后期到 20 世纪初的学术人员更多地将其时间和精力投入到某些特定领域，逐渐转变为某一领域的专家。

---

① 吕瑞.美国早期州立大学简论——独立战争前后至 1910 年［D］.济南：山东师范大学，2011.

② 李英东，俞炜华.近年来我国经济增长形势与 19 世纪末 20 世纪初期美国经济发展特征的比较研究［J］.学术论坛，2008（3）：139.

（一）学科分化与专业学会

在南北战争之前，美国大学的学科分化情况并不明显。殖民地时期创办的学院课程设置基本相似，教师的任务也大同小异，日常主要是讲授关于古典语言和道德哲学的课程，或者还有些许自然科学知识。从知识结构来看，教师之间的差别不大，大家都是在浓厚的宗教气氛中讲授从古典时代传承下来的自由博艺知识，工作的重心在于研读和爬梳，而非发表和创造。各个大学的教师共同构成了一个知识分子社群，与校外同行的交流不多。

19世纪以来，随着工业生产和思想观念的变化，美国大学的核心任务发生了重大变化。启蒙思想的输入和科学技术的创新促使传统大学不得不为学生提供更加广泛的课程，赠地运动更是直接将高等教育与工农业生产挂钩，如此一来，大学教师所要关注的就不仅仅是本地社区的道德风气和本校学生的理性发展，更要回应整个社会对创新精神和技术发明的迫切需求。新的学科不断从传统学科，尤其是自然哲学和自然历史中分化出来。南北战争以后，美国的工农业生产走上快车道，这进一步促进了学科的发展。与农业生产密切相关的基因学、微生物学和杂交学从传统的大生物学当中分离出来，与此同时，农业与工业的结合还产生了如生物化学等交叉学科。学科的分化必然促进学者群体的分离，应用学科的出现则打破大学教师的自我封闭。为了加强本学科研究者之间的交流，也为了更好地促进学科的发展，越来越多的学者开始与其他学校的同行展开合作。尤其是19世纪末期，随着美国大学对德式研究型大学的崇拜和模仿，全国性的专业学会纷纷出现。全国性专业学会的建立不仅为学科发展创造了必要条件，而且也为大学教师提供了交流途径和学术规范，大大提高了学术研究者的知识生产能力。那些天赋较高且勤勉努力的学者得以通过全国性专业学会不断创造和分享新的学术成果，并因此获得巨大的声望和影响力，这又进一步造成了学术领域的内部竞争。

（二）学会制度化促进学术职业化

由于专业学会的发展，全国性的学术发表和评议制度随之建立，

大学内部学科建制和学术体制也随之发生变革。1881 年，美国专业学会中历史最为悠久的哲学学会举行百年庆典，时任约翰·霍普金斯大学校长的吉尔曼作了题为《大学和学会的联合》的演讲，指出最好的大学应当为自己的教授提供最好的创新条件，并鼓励他们尽最大努力在全国同行面前展示自己的学术成果，以此促进专业的发展和学者的成长。[①]由此可见，19 世纪末的美国大学，尤其是研究型大学，已经开始与学会机构全面接轨，大学教师的活动范围也逐渐跨出自己所在的学校，越来越多地与国内乃至国外同行进行交流合作，从而从半专业的知识研习者变成职业化的学术从业者。

无论任何学科，如果该学科的研究者和教育者要想获得各界的认可，最重要的就是要确立一套总结历史经验并回应时代需求的知识体系，然后在此基础上培养未来的接班人。要想把这两点做好，关键措施就是通过专业学会及其创办的专业刊物，凝聚本学科的所有研究者、学习者和关注者，同时建立职业标准和职业伦理道德标准，实现职业的规范发展和内部自治。对于每一位学术研究者来说，要想拥有专业资格和发展机会，就必须在专业组织中得到认可，并积极参与学术研究和交流，以此获得学术声誉、参与权利和专业资源。正因为如此，美国的专业学会建立起来之后，迅速吸收了绝大部分的大学教师，他们成为学术交流平台的建立者和学术评价体系的掌控者，对学术研究、学者成长和社会发展都具有重要的促进作用。

首先，学会的出现实现了对学术从业者的广泛吸收和统一管理，改变了过去各自为战的低水平重复局面。这一现象主要体现在三个方面：其一，学会通过建立严格的从业标准提高入行门槛，并以专业水准和专业伦理规范学者的行为，以学术交流和评价中心的角色建立专业知识情报交流站和优秀学术成果发布台，让专业内的科研活动成为一种可行的和受人敬重的事业，从而促进学科发展，保障学者权益；其二，学会为学者发挥社会影响力提供了专业平台和道

---

① Ralph S Bates. *Scientific societies in the United States* [M]. Cambridge：MIT Press，1965：35-128.

义支持，并以行业代言人的身份保障从业者免于受到所在学校和地区的外行干扰；第三，专业学会还可以代表全体从业者收集和发布专业信息，筹集和发放研究经费，以促使本领域的深度研究，促进科研职位的增加。随着学科的发展，学会组织也在不断分化，这导致学术研究的专业化程度越来越高，学术职业规范越来越细，学术从业者对学会的学术干预也就越来越强。对此，伯顿·克拉克指出，专业学会是学术职业的重要组成部分，是美国学术职业内在逻辑的重要组成部分。①

其次，日益增加和细化的学会期刊成为传播科学知识的重要途径，同时也促进了教师的专业发展，提升了学科的社会地位。学术期刊不仅为学者提供了交流研究成果的阵地，还提供了评价学者学术水平和声望的标准，使学者的研究工作得到外部的客观评价。②随着学科标准的建立，学会不仅强化了新知识的确认和公布功能，而且慢慢发展成本学科学者共同体的权威评价组织。通过专业的学术期刊，学会一方面可以对从事专门研究的学者进行资格审查，确认其在本学科的合法身份；另一方面也能为本专业的学者提供发言平台，扩大他们的社会影响力。"在专业性学术组织担任一定的职务，或在学术期刊以及其他一系列的学术刊物上发表学术论文，足以说明大学教师在他所研究的领域不仅是合法的，而且是高水平的。"③

最后，专业学会往往还通过各种形式的奖励手段，为其从业人员提供可以与其专业经验和技能增长相适应的晋升机会，同时致力于使未来的从业人员为更好地履行职业人员的角色而工作。为进一步鼓励和促进科学研究，美国各主要学会设立了一系列奖项。例如，美国国家科学院设有海洋学、生物与医学、化学、天文学等39项奖励，旨在表彰获奖者在不同学科取得的卓越成就和对社会所做出的

---

① Burton Clark. *The academic Profession*：*National*，*disciplinary*，*and institutional settings*［M］. Berkeley：University of California Press，1987；371-400.

② 张斌贤.学术职业化与美国高等教育的发展［J］.北京大学教育评论，2004（2）：93-94.

③ 缪榕楠.大学教师任用制度研究［D］.南京：南京师范大学.2007.

杰出贡献，通过建立完善的奖励机制和资助制度以推动科学的发展和学术制度的建立与完善。

（三）学术职业化推动大学组织结构变革

随着学术生产和评价体系职业化程度的不断提高，大学的组织结构也受到影响。从殖民地时期到 19 世纪，美国高校教师很难讲清自己究竟归属于哪个学科，他们通晓各种人文博艺知识，但基本上都停留在研习前人传承的状态，并无多少新的发现和创新，因此其职业化程度也谈不上有多高。在 19 世纪的大部分时间里，就像工业革命时期的欧洲一样，美国的科学发明和技术创新也大多出现在大学之外，譬如美国历史上最著名的发明家爱迪生，就是一个连小学都没有毕业的自学成才者。但这种情况在南北战争之后慢慢得到改善，尤其是赠地运动支持下的农工学院大力培养农业和工业人才，大量开设农学和工学课程，随着知识不断细化和学科不断分化，大学教师不断提高专业水平。专业化的研究和发表是衡量学术从业者绩效高低的重要标准，为了能够达到独立从事学术探究和知识生产的水平，大学教师必须事先在某些学科接受专门的学术训练。由于知识的不断增长和学科的不断分化，教师和学生再也不能像古典时代的亚里士多德、中世纪的托马斯·阿奎纳以及启蒙时代之前的伏尔泰一样成为无所不知、无所不通的"百科全书学者"，知识创新速度的不断增加和个体时间精力的有限性，都迫使学术从业者只能选择某一个领域或学科进行终身学习和研究。有鉴于此，以学科为基础的"系"组织在 19 世纪 60 年代末开始在美国大学出现，到 19 世纪末 20 世纪初，"系"成为各高校最基础的学术组织，地位越来越稳固。"系"一方面是围绕学科建立起来的学术共同体，另一方面也是培养本学科人才的教学组织者，其不仅鼓励学者学术活动的专业化，而且强调成员间的相互协作。"系"的形成为大学增加了一级组织，意味着自下而上的内部学术认可制度开始在大学形成，与此同时形成的还有从外部为学术交流和评价提供依据的学会组织，这两者由内而外地将美国大学的教师塑造成本领域的学术从业者，从此以后，他们更多地与校内校外的同行开展交流活动，教师的职业荣誉也越来越多地从学会获得，而非过去那样只是隶属于大学行政机构。

伯顿·克拉克认为，1870 年至 1900 年，教师将他们的专业以两种形式组织起来：第一，在大学内部，"系"作为一种更为灵活和更具发展性的组织代替欧洲的讲座制；第二，在全球范围内，学会使具有相同思维方式的专家能够及时通过各种方式进行沟通，从而开始从事更具创造性的工作，并对不同专家所应从事的工作进行充分的分配。这两种形式都强有力地促进了学科的发展和知识的生产速度。①"系"作为大学内部的基层学术组织，将学术职业人员联系在一起，形成以专业化知识为基础的学术组织单位，是学者开展学术活动的平台；而学会作为连接学术职业人员的全国性专业组织，不仅在全球范围内维护学术职业人员的权益，规范其在某一学科领域的学术行为，同时也是学术人员作为一种专业人才在全国范围内得到承认的权威组织。

总而言之，南北战争之后的美国大学已经与传统模式相揖别，赠地运动创立了新的大学理念和教育模式，大学内部的管理体制逐渐完善，与外部社会的联系愈发紧密，大学教师建立了跨校甚至跨国交流的学术平台，大变革的序幕正在徐徐拉开。

---

① Burton Clark. *The Academic Life*: *Small Worlds*, *Different Worlds*[M]. New Jersey: The Princeton University Press, 1987:247-254.

第二章　大变革伊始：
德国理念的引入与 "美国模式" 的初步显现

　　1809 年，柏林大学创建，以专业发展和科学研究为主旨的现代大学模式正式开启。率先做出突破的德国大学在科学研究的成果上获得了巨大的成就，在之后长达一个多世纪的时间里引领了世界高等教育的发展。德国大学的表现也引起了美国学者的钦慕，从 19 世纪初到 20 世纪初，美国学者大量译介德国大学的相关信息，先后派出 10000 余人赴德留学。①留德学者归国后立即致力于高等教育体系的改造，他们不仅在独立战争胜利百年之际建立了美国第一所研究型大学——约翰·霍普金斯大学，而且将原先封闭保守的中世纪本科学院模式改造成了锐意进取的现代研究型大学。20 世纪初期，美国在德国大学的影响下基本完成了高等教育体系的现代转型。这一过程意义非凡，不仅改变了美国大学的外在形态，而且也为其内涵提升奠定了基础。

---

① Charles Franklin Thwing. *The American and the German Universities*, *One Hundred Years of History* [M]. New York：Macmillan, 1928：39-43.

第一节　德国研究型大学理念与实践

　　20 世纪初，德国大学大师云集、硕果累累。根据当时的一项科学成果统计，1820 年至 1919 年间，40% 的医学发明是由德国人完成的；1820 年至 1914 年间，生理学中 65% 有创见的论文出自德国人；1821 年至 1900 年间，德国人在物理学（声、光、电子和磁）方面的发明超过英法两国的总和。①德国大学的兴起不是孤立事件，其背后有着复杂的政治文化因素。18 世纪中叶以后，欧洲启蒙运动在德国达到顶峰，"理性"和"自由"成为文化界挑战神学权威、唤醒民众思想的精神纲领。在启蒙思想家的影响下，学术自由在理念和制度上都成为德国新型大学的显著特征，席勒、康德、谢林等启蒙时代的学者都在批判旧大学的基础上探讨了学术的内涵与使命；洪堡、施莱尔马赫、费希特等人则在启蒙思想家的基础上进一步探讨了大学和学者的功能与职责。1807 年，普鲁士被如日中天的拿破仑击败，近一半的国土被割占，其中就包括欣欣向荣的新兴大学——哈勒大学以及其他六所大学所在的城市。面对巨大的国力损耗，普鲁士国王威廉三世批准了哈勒大学校长以及部分教授的请求，并大力鼓励学者们在柏林重建大学，因为"国家应以精神的力量来弥补物质上的损失"。由此可见，德国大学的崛起首先是在启蒙运动的影响下在理念上有了深厚的积淀，明确了大学的学术功能和学者的科研职责；其次是在民族危亡的特殊历史时刻，由深谋远虑的政治家给予大力支持，赋予了大学振兴国家的政治使命；最后，以洪堡为代表的教育领导者细致地规划了大学的体制机制和课程教学。一言以蔽之，德国大学的崛起有一套清晰的计划和完整的步骤，这一过程与欧洲社会的启蒙和德意志民族的复兴相互交织，在思想、政治

---

　　①　陈洪捷.德国古典大学观及其对中国的影响[M].北京:北京大学出版社,2002:1.

和制度等方面有全面考虑。

一、德国现代大学变革的理论根基

根据德国学者包尔生的说法："18 世纪 70 年代以来，在德国文化教育领域取得支配地位的两大思想运动——自然主义运动和新人文主义运动……它们充分地发挥作用，是 19 世纪之初的伟大教育改革时期的事。"[①] 新的大学理念的产生绝不是凭空想象，除了社会环境的驱使，在思想文化领域的学者们也早已蓄势待发。法国掀起的启蒙运动在德国发展出新的内涵，充满德意志特色的浪漫主义与新人文主义在大学理念的形成中产生了一定的影响。

（一）德国启蒙思想家的大学观

启蒙运动是西欧国家继文艺复兴和宗教革命之后的又一次思想解放运动，其最早出现在 17 世纪的英国和法国，但法国思想家将其发扬光大，使其成为宣扬理性精神、反对宗教迷信和打破君主制度的人类历史里程碑事件。18 世纪，伏尔泰、孟德斯鸠、狄德罗、卢梭等法国启蒙思想家集体涌现，他们高举启蒙旗帜，对旧制度和旧传统进行了彻底的批判，同时呼吁用理性思维和科学精神重新衡量和塑造欧洲社会。在法国思想家的影响下，西欧各国和北美殖民地都展开了启蒙运动。就德国而言，其启蒙运动与英法等国在理论内核上具有一致性，但在发展路径上又具有自身的独特性。

首先，18 世纪的德国并非一个统一的国家，而是城邦林立、诸侯混战的侯国联盟，有大大小小 300 个封建城邦，政治上四分五裂，经济上低效落后，各邦之间的联结靠的是民族传统和宗教信仰。因此，德国的启蒙不仅同英法两国相似，包含了反封建、反愚昧运动，而且与国家统一和民族团结运动交融在一起。这种特征首先为启蒙思想在德国的传播带来了一大利好，那就是统治阶层的大力支持和知识分子群体的积极参与。法国启蒙思想家固然伟大，但关于对统治者的影响力，无论是出身于手工业者家庭的卢梭和狄德罗，还是

---

①　陈洪捷. 德国古典大学观及其对中国的影响[M]. 北京:北京大学出版社,2002:12-14.

出身于中产阶级的伏尔泰，甚至拥有贵族背景的孟德斯鸠，都无法与德国启蒙思想家相媲美。在18世纪的德意志，贵族统治者多以国家统一和社会改良为己任，受英法启蒙运动的影响，他们不仅直接任命知识分子担任重要的政府公职，而且以学习谈论席勒、康德等平民文学家、思想家的作品为风尚，这一点与上层社会顽固奢华的英法两国完全不同。其次，由于政治局势的混乱和经济水平的落后，德意志知识分子群体难以像英法两国的同行那样凭借自己的才华积极向上层社会靠拢，并以此获得地位和财富。他们更多的是依靠自己的才干获得政府公职或以教学谋生，因此他们的研究更纯粹，成果更具有现实意义。最后，如果说英法两国的启蒙运动具有自下而上的反叛性，是教徒对教宗、平民对贵族的反抗，那么德国的启蒙运动在一定程度上具有自上而下的特点，是统治者和贵族阶层主导下的民族自强运动。因此，德国的启蒙运动破坏性较小，建设性特征较为显著，现代研究型大学就是德国政府自上而下领导知识分子阶层进行现代社会建设的一大成就。大学教师是学术研究的主体，也是启蒙运动的主力，启蒙运动所关心的"科学与理性"的问题也正是德国大学改革所追求的目标，因此德国的现代大学建设运动与思想启蒙运动基本上是重合的。

受启蒙思想的影响，18世纪末期的德国大学观在两方面做出了创新。首先，以席勒为代表，德国启蒙思想家提出了知识分子的两种治学方式，一种是为求谋生的学者，另一种则是哲学型学者，即为学术本身而求学者。① 1789年，席勒被耶拿大学聘为无薪教授，他在就职演讲中提出了两种类型的学者，一种是谋生型学者，他们的求知目的是为了学以致用，最佳发展路径是进入政府部门担任官职，以此改善自己的生活条件；另一种是哲学型学者，他们的求知动机是对知识的热爱，学术志向是不断地探索和完善知识。对于哲学型学者而言，物质奖励和社会地位不是他们最关心的，学问的拓展和新知识的发现才是最高奖赏。科学的进步将会使谋生型学者沮丧，却使哲学型学者振奋，谋生型学者的精神是静态的，只会固守其成

---

① 陈洪捷.德国古典大学观及其对中国大学的影响[M].北京:北京大学出版社,2002:23.

论，而哲学型学者则永不满足、不断进取。[①]大学就是培养和供养哲学型学者的学术园地，其应当发现、吸引和奖励那些天赋最高、意志最坚定的学者。席勒的两种学者思想为德国现代大学的办学理念提供了理论基础，大学教师纷纷以成为哲学型学者为己任。

其次，以康德为旗帜，德国启蒙思想家提出了科学研究的纯粹性与独立性观念。1793 年，为了论述如何让大学学者从事纯粹的学术研究，康德撰写了《哲学院与神学院的纷争》一文，其中明确指出，现代大学应当打破中世纪时代将神学当作一切学术研究的终极归宿的做法，应单独设立哲学院，使其成为纯学术研究的园地。康德指出，除了艺学这个初级学科之外，中世纪大学的高阶学科都是根据教会和政府的需要而设立，"政府的基本目标就在于让臣民首先得到心灵永恒的福祉，其次在社会中得到公民的幸福，最后拥有个人身体的健康，三个高级学院服务于政府的需要"。[②]在康德看来，上述做法是造成学术研究裹足不前的根本原因。为了昌明理性，探索真理，大学一方面要摆脱教会的钳制，另一方面也不能完全听从政府指令。因为科学研究自有其规律，因此研究者必须摆脱羁绊全力以赴。要想实现这一目标，就必须给予研究者自由宽松的环境，哲学院就是为此而设，"它只关心科学的利益，反映理性，追求真理，理性在本质上又是自由的"。[③]"哲学院可以独立于政府，它不以政府的指令为出发点，以探索真理为任务，是自由的，只服从理性的法则，不服从政府的立法。"[④]由此可见，康德已经明确提出了学术独立和自由探究的现代大学观，这是德国大学最宝贵的文化财富。

（二）洪堡的现代大学观

洪堡出生于 1767 年，成长于德国启蒙运动最活跃的时期，在青年时代接受了启蒙思想，尤其是康德的新人文主义思想，并用其指导自己的政治和教育生涯。1790 年，洪堡从哥廷根大学毕业，开始

---

① 陈洪捷.德国古典大学观及其对中国大学的影响[M].北京:北京大学出版社,2002:23.

② 陈洪捷.德国古典大学观及其对中国大学的影响[M].北京:北京大学出版社,2002:19.

③④ 陈洪捷.德国古典大学观及其对中国大学的影响[M].北京:北京大学出版社,2002:26.

在政府担任公职，曾先后担任过法官和外交官，在此期间与席勒、沃尔夫等著名学者联系频繁。1809 年，洪堡开始担任普鲁士王国内政部文化及教育司司长，掌管国内的所有教育文化事务，在任期间，他对普鲁士的教育体系进行了全面而彻底的改革，并主持创建了被誉为世界上第一所现代大学的洪堡大学。

洪堡的教育思想来源于德国启蒙思想家，尤其是新人文主义思想家。"新人文主义"脱胎于"人文主义"，起源于 14 至 16 世纪的意大利，代表人物有彼特拉克、薄伽丘等。人文主义者研读古典著作发现，人的精神和价值是古典文明的核心思想，解放人的主体性和创造性，有助于推进现实改造和社会变革。人文主义的思想特征主要体现在两方面：一是以人性和人的创造性而非虚构的神灵或福音为出发点构建起其理论与实践；二是致力于一种对个体的自我决断权利的坚定追求，让所有人（无论何种性别、出身、能力等）的自由个性得以展现。①在人文主义的思想基础上，以赫尔德、席勒、歌德为代表的德国思想家在 18 至 19 世纪发展出"新人文主义"，倡导对个体进行全面的精神与道德教育，从而实现人的完满与自由。基于新人文主义思想，洪堡阐发了德国现代高等教育思想。

洪堡早年曾经撰写过一篇名为《论柏林高等学术机构的内在组织与外在形式》的文稿，直至 19 世纪末期，这篇文稿才被付梓出版，但甫一问世便被视为重塑现代大学的传世之作。洪堡在文稿中写道："高等学术机构若想充分实现自己的目标……就只能运转在纯粹的科学理念之下。"对科学知识的追求，无论是属于宗教、生物还是历史等任何一个领域，都意味着永不停歇的系统钻研，以及持续不断地公开出版和讨论新的学术观点。科学研究是将大学与各种各样的中等学校区别开来的唯一特征。"高等学术机构一直行走在科学研究的路途上，因此教师和学生之间的关系也完全与众不同。在这里，与其说教师的存在是为了学生的发展，不如说他们共同携手致

---

① 甘绍平. 新人文主义及其启示[J]. 哲学研究，2011(6)：72.

力于知识的创新。"① 追求知识就需要拥有自由，不仅是学术成果出版审查的自由，还有按照学者群体最适合展开专门性学术研究的方式组织科研的自由。在此种大学观的照耀下，对研究成果实用性的渴求就必须让位于对科研模式进行保护的需要，只有这样才能够让知识探究按照自身的规律可持续地发展下去。如其不然，片面追求实用性的研究成果必将杀死其赖以存身的科研之树。科研之树——亦即科学自身——必须遵照它自身的规律生长才能枝繁叶茂。"最具决定性的问题是"，洪堡写道，"必须守护这样一个原则，即科学探究是永无止境的。"

在洪堡看来，教育要培养的不是社会大机器中的螺丝钉，不是致力于某项职业的人，而是一个大写的"人"，虽然他认为所有人都应该接受一般教育，即不以职业为目的、旨在培养人的精神生活的教育，但是在这种美好的理想背后却忽视了贫民阶层因为谋生的需要对职业教育的需求。这一忽视正是因为他的贵族身份不需要他学习生活技能用以谋生，所以在他筹建柏林大学的过程中，完全忽略了大学的工具性功能，而将注意力集中于追求科学和人本身的完满，在他的思维中，大学不应该成为岗前培训的工具，而应该培养人的灵魂、人独立思考和判断的能力，培养人本身是最重要的目的，职业教育不应该出现在大学当中。②在洪堡看来，新的大学的前提则是，"真理是一定会被发现的，教学的任务就是让学生具备发现真理的能力，并倡导他们完成这种使命。"③ 传统的学校只有传授知识的功能，所以他提出：大学不再是学校。因为在它那里不应再有教师和学生，而只有"受到指导的研究者"（大学生）和"独立的研究者"（教授）。④基于以上论述，洪堡提出了自己的大学观。

---

① Wilhelm von Humboldt, "*On the Inner and Outer Oganization of Berlin's Institution of Higher Knowledge*" [EB/OL]. trans. Thomas Dunlap. http://germanhistorydocs. ghi-dc. org/sub-document. cfm? document-id=3642(accessed July 2013).

② 徐丹. 德国大学理念发展研究：1810—1933[D]. 南京：南京师范大学，2012.

③ 弗里德里希·包尔生. 德国大学与大学学习[M]. 张弛，都海霞，耿益群，译. 北京：人民教育出版社，2009：47-48.

④ 彼得贝格拉. 威廉·冯·洪堡传[M]. 益杰，译. 北京：商务印书馆，1944：73.

其一，大学应该独立自治，自由与合作相统一。根据洪堡的观点，在寂寞和悠闲中从事学术研究的大学教师不受国家的管束，不受社会种种利益的牵制，完全服从科学的内在要求，自由自在地进行科学的探索。然而，在具体办学过程中，学校并非实行自治的，由于办学需要政府的政策、资金支持，在一定程度上可以说，大学与政府的关系是一种"合作关系"。除了学校自治和教授研究的自由之外，自由还体现在教师教学的教和学生的学之中。教学自由就是教授"教"的自由，这主要体现在教学过程中，教授们可以持有不同的观点，自主选择自认为合适的教材，制定教学计划，确定教学方法，引导学生从事研究，激发学生对于科研的兴趣。在洪堡看来，大学生与教师具有共同的任务，都是为了学术，均是"为科学而共处"。正是在自由而独立的大学中有了学术自由的教授，才能保障学生具有学习和研究的自由，通过对纯科学的研究，最终得以发展学生科学研究的能力。作为新人文主义思想的代表人物，洪堡教育思想的核心是"普通教育"，这种教育不是为了培养全才，只是为了要发展人的内在能力，具备发现客观世界的能力，使之成为自由的研究者和创造者，这也是洪堡教育理论的源点和终极。关于学生的学习自由，洪堡认为，在不同大学里，存在各种学派和思潮，学生们能够自行选择想要学习的课程、导师和学校，自行安排学习顺序和进度，学生也有权利从一所大学转学至另外一所大学，所修学分或成绩完全有效。在这样的环境下，学习成了学生的一项个性化的选择，自由的个性教育强调了人的个性和自我形成，学生能够通过普通教育最终成为自由的人。①

其二，科学研究成为大学的第二个职能，教学应与科研相统一。洪堡认为，现代大学应该以"追求科学"为首要任务，教师只有把教学看作是一种创新性的研究工作，才能发挥教学的最大价值。在柏林大学建立并明确研究与教学相一致的原则后，科学研究就成为德国大学教学活动和师生关系中的纽带，教师利用各种教学方式传

---

① 穆小燕.新人文主义大学观及其对19世纪德国大学改革的影响[D].保定:河北大学，2006.

授知识和研究方法，学生最终目的是要具备独立从事研究的能力，之后继续通过研究延续并进行新一轮的教育活动。研究职能的确立需要满足三个条件：第一，扩大哲学学科的规模，提升纯粹学术研究的地位，将培养研究能力和精神为目的的教学模式逐渐渗透到所有学科的教学理念和实践中；第二，重新界定高等教育和中等教育的职责，将大学预科的教学活动下移至中等教育阶段，要求学生在中学完成基础课程和工具课程的学习，保证学生进入大学时就已经具备了较高的知识水平，在学习者层面为研究职能的实现提供了智力基础；第三，19 世纪德国大学生入学年龄较之以前有所提高，因此教授和学生之间的关系开始发生转变，师生之间进行平等的思想交流成为可能，这种新型的师生关系更加有利于展开探索和研究活动，也为大学吸引了更多的优秀青年。①以上三个条件满足后，传授高深知识便成为大学的基础，但这种知识不是实用的、专门化的知识，而是一种"纯科学知识"，即一种脱离社会需要、超越社会现实的理念性知识。洪堡认为，受到纯粹科学的教育，是教育人们自发、创造性地思考，符合道德原则。洪堡所说的"纯科学"即哲学。纯科学不追求任何自身之外的目标，只进行纯知识、纯学理的探求。大学是从事纯科学的机构，其核心是科学研究和知识创新，其目的在于追求真理，而不是满足于社会的实际需要。②

二、德国现代大学的实践

18 世纪中叶以后，启蒙运动在德国达到了全盛，理性主义和科学意识成为一种强大的革新力量。理性成为革旧布新、祛除蒙昧的有力武器，宗教教条开始受到广泛质疑。在知识领域，启蒙主义思想家沃尔夫率先对神学提出挑战，认为哲学思考应该以理性为基础，自由探索真理，不受神学拘束。与此同时，新教改革后各教派之间

---

① 梁丽.美国学人留德浪潮及其对美国高等教育的影响(1815—1917)[D].保定:河北大学，2015.

② 穆小燕.新人文主义大学观及其对 19 世纪德国大学改革的影响[D].保定:河北大学，2006.

的冲突日益严重，甚至引发了严重的社会问题，宗教界的有识之士也开始主张停止宗教迫害、倡导思想自由。在这种情况下，哈勒大学、哥廷根大学、柏林大学先后诞生，为现代大学的发展指明了方向。①

（一）哈勒大学、哥廷根大学与现代大学的学术自由

从根源来看，德国现代大学的思想源流发轫于17世纪末，此时的欧洲大学基本上都是以巴黎大学和博洛尼亚大学为原型衍生出的中世纪高等教育机构，尽管16世纪以来的宗教改革已经对天主教会的神权统治形成了巨大的挑战，但欧洲大陆的教育仍然笼罩在中世纪学术传统的阴影之下。拉丁语是统一、标准的教学用语，神学的地位仍然不可撼动，人文学科充斥着被教会曲解的亚里士多德哲学，一切有关学术真理的讨论都必须遵循这位古希腊哲人的教诲。至于数学和自然科学，根本就无法进入大学的课堂，哪怕狂飙突进的工业革命已经在大学的围墙之外催生出诸多的科学创新和技术发明。一言以蔽之，源自中世纪的古老大学在此时已经成为不合时宜、日趋衰败的明日黄花。由于厚重的文化传统和强大的君主权力，英法两国的传统大学虽然已经开始没落，但仍然具有生存根基，而在长期动荡分裂的德意志诸联邦，高等教育机构却没有这样的待遇。由于无法为政府和社会提供助力，莱布尼茨、莱辛等德意志名人都以传统大学为耻。为了改变这一现状，"世界第一所现代大学"——哈勒大学于1694年创建。②哈勒大学汇集了当时全欧洲最富有远见的进步人士，包括被誉为"新大学学术的奠基人"的法学教授托马西乌斯、哲学与数学教授沃尔夫、东方语言和宗教教授弗兰克等。③在哈勒大学创建之前，托马西乌斯曾于1688年创办德文学术月刊，并在刊物上直指德国传统大学的弊端："大学的许多知识是无用的、卖弄

① 陈洪捷.德国古典大学观及其对中国大学的影响[M].北京:北京大学出版社,2002:18.
② 陈洪捷.德国古典大学观及其对中国大学的影响[M].北京:北京大学出版社,2002:19.
③ 易红郡.哈勒大学:现代大学的先声[J].内蒙古师范大学学报(教育科学版),2005(01):1-4.

学问的，并隐伏在过时的教学方法和一种废弃的语言之下。"① 1692年，托马西乌斯在国王授意下前往普鲁士贵族子弟学校——哈勒骑士学院（建于1680年）——讲授逻辑学和法学，两年后，他在国王和新教虔信派的支持下将哈勒骑士学院升格为大学。

哈勒大学建立后，托马西乌斯为此付出了毕生的心血，"他奋斗的唯一目标是粉碎老一辈学究所保持的像等级社会中科举制度般的使人麻木不仁的魔力，是使科学和大学教育与实际生活紧密地联系起来，是以开明思想和实用知识教育青年，借以清除陈腐的博学和崇古的学风。"② 托马西乌斯废弃了中世纪遗留下来了的经院主义教育传统，认为哲学应该摆脱经院主义的束缚，大学教育必须引入与现实生活有关的各门科学并加以运用，因此他亲自设计哲学、德育、法理学和自然法则学等课程，并坚持为学生授课。在教学模式上，托马西乌斯一洗空洞无物的说教之风，将学术讨论和研究引进大学课堂。托马西乌斯创建哈勒大学的举措以及后续实施的一系列改革措施奠定了德国现代大学的基础，对德国社会的思想启蒙和公民教化都具有极其重要的意义，因此被德皇腓特烈二世推崇为与莱布尼茨一样的"德意志贤哲"。在托马西乌斯的努力下，哈勒大学迅速吸引了一批当时最出色的学者，其中最著名的当数德国国民教育体系创始人弗兰克和德国启蒙运动的杰出代表沃尔夫。在托马西乌斯、弗兰克、沃尔夫"三巨头"的努力下，哈勒大学迅速成为德国乃至欧洲第一所具有现代意义的大学。③

哈勒大学的现代改革主要体现在两个方面。其一，对学科设置进行了符合社会需求的设计。中世纪的欧洲大学是不食人间烟火的"象牙塔"，大学师生都在教会体系下修习与世俗事务相去甚远的古典知识，唯一与社会实践相关的学科大概就是培养国家统治者的法学。而且即便是法学教育，也是以亚里士多德的哲学经典和教会法为主要内容。哈勒大学首先拓展了法律教育的范围，不仅为学生准

---

① 贺国庆.德国和美国大学发达史[M].北京：人民教育出版社,1998:83.

② 鲍尔生.德国教育史[M].滕大春,滕大生,译.北京：人民教育出版社,1987:80.

③ 鲍尔生.德国教育史[M].滕大春,滕大生,译.北京：人民教育出版社,1987:83.

备经典学习和绅士教育（如骑马、击剑、外国语等），而且为他们提供管理国家和城市必备的知识。除此之外，哈勒大学还将哲学从神学分离出来，并为其设置了以自然科学和数学为主要内容的"自由哲学讲座"。此举彻底打破了欧洲大学自12世纪以来的经院教育传统，孕育出现代科学专业和课程。其二，哈勒大学还开创性地提出了学术自由理念。由于校内虔信派信奉者（包括弗兰克）的抵制，哈勒大学出现了内部分裂并逐渐衰落，但其开辟的自由思想并没有因此断绝，反而在其继承者哥廷根大学那里发扬光大。1737年，汉诺威邦效仿普鲁士邦的做法建立了哥廷根大学，该校接过了哈勒大学的科学火炬，把思想宽容和研究自由视为现代大学的根本原则，坚决杜绝教派之间的斗争，努力为学者创造宽容自由的学术氛围。在学术自由理念的引领下，哥廷根大学取消了神学系的教学监督权，其他学科的教师再也不用像过去那样随时接受宗教检查和裁决，从此以后，他们可以自行商讨和决定本学科的课程内容与教学模式。基于学术自由原则以及相关章程，哥廷根大学的教师纷纷采取自由讨论、实验观察等现代教学方法，彻底抛弃了以朗读、模仿和背诵为主的传统模式。至18世纪末，哥廷根大学已经取得了辉煌的成就，几乎所有德国大学都以此为榜样进行改革，自此以后，德国大学全面突破了中世纪欧洲大学的窠臼，积极融入和引领德国的社会思想与文化生活，为德国的统一富强奠定了理论基础、提供了科技保障。

（二）柏林大学开创的研究型大学模式

19世纪初，英国的工业革命即将完成，而这时候的德国仍处于神圣罗马帝国解体后邦国林立的分裂状态。1806年，普法战争爆发，普鲁士被如日中天的拿破仑击败，被迫签订《梯尔希特和约》，将易北河以西的地区割让给法国，哈勒大学等七所重要大学均在此区域之内。战争失败的痛苦和割地赔款的屈辱激发了德意志人的民族意识，然而在拿破仑的法兰西第一帝国面前，仍处于分裂状态的德意志几乎没有反败为胜的机会。幸运的是，将近一个世纪的高等教育变革赋予了德国人从文化和科学上进行长远规划的理性思维，而哈勒大学等七所大学的沦陷也给德国制造了一个举全国之力创建一所代表世界最高水平的大学的契机。1807 年，哈勒大学校长带领一批失去校园的教授觐见主持朝政的普鲁士王国王腓特烈·威廉三世，请求以原哈勒大学的教师为基础在柏林创办一所新大学。威廉三世给出了这样的回答："好，有勇气！国家应以精神的力量来弥补物质上的损失！"①

1. 柏林大学的创建契机

1809 年，柏林大学成立。这所新大学不仅继承了哈勒大学的百年积累，而且在哥廷根大学的基础上再进一步，成为德意志民族复兴和国家强盛的文化图腾。1815 年，德意志联邦正式成立，主要力量是政治和经济刚刚走向现代发展模式的普鲁士公国。虽然实现了国家统一，但此时的德意志还十分落后，其工业水平仅仅相当于 10 个世纪之前的英国。但是，哥廷根大学和新建的柏林大学代表了当时世界高等教育的最高水平，培养了一大批杰出的思想家和科学家。正是在这些有识之士的带领下，德国统治者才有了建立"新政府、新军队和新教育"的魄力与实力。在外部强敌的压迫和国内社会的殷切期盼下，柏林大学全面破除了宗教束缚，以 18 至 19 世纪的西方启蒙哲学，尤其是康德哲学为指导，明确提出大学应为研究高深学问而生的理念，主张教学与科研并重。根据启蒙哲学的主张，知识是科学探究的结果，大学是知识探究的场所。除却精神层面的哲学基础之外，新的大学理念的提出还有赖于社会实践的变革。19 世纪初期，深受西欧工业革命震撼的德国政府官员和市场代言人对仍然处于蒙昧状态的学术体制不满之意日甚，于是联手实施改革以促进大学的现代化。在政府和市场的共同引导下，新型大学的学术实践开始向官僚化和商业化转变。柏林大学根据国家和社会的需要重新核准了新的大学功能：首先，教授不需要是教导多样课程的通才，可以在各自的领域进行教学和研究；其次，由于在传统（已确立的知识）和理性探究之间存在永恒的冲突，因此各学科都需要在理性之光的照耀下对已确立的知识进行再验并获得发展；最后，大学还

---

① 陈洪捷.德国古典大学观及其对中国的影响[M].北京:北京大学出版社,2002:23.

需要以专业训练的形式进行组织和管理，致力于学术研究和研究人员的培养。

研究型大学出现的根本原因就是工业革命的勃兴和资产阶级的上升建立起新的社会秩序，科技创新成为社会发展的原动力。传统的小作坊、学徒制的技术传授在数量和质量上都无法满足现代化生产的需要，因此，作为知识中心的大学必须直接面对国家的利益诉求和市场的发展需要。从此，新的自然科学知识和应用性经验开始进入大学课程，招生规模和渠道也有所拓宽，大学逐渐成为民族国家的科研中心，承担起科学研究和技术人员培养的功能。

2. 柏林大学的课程与教学

柏林大学致力于古典文化与思辨哲学研究，哲学院居于主导地位，致力于纯粹的学术研究。在初创时期，柏林大学哲学院的课程内容非常广泛，涉及天文学、生物学、植物学、化学、古典学、地质学、历史、数学、文献学、哲学、物理学和政治学等，不仅坚持了中世纪大学的人文传统，而且引入了自然科学方面的课程。①在教学上，柏林大学一改诵读经典的灌输式教育，推崇讲座课程和讨论式教学，教师的职能不只是传授一定数量的已知真理，更重要的是独立获取知识和发展知识，甚至把学生培养成为独立的思考者。

讲座教学制度起源于哈勒大学和哥廷根大学，柏林大学进一步将其发扬光大。柏林大学的所有学科和专业的课程都由若干讲座构成，每个讲座都由一位教授主持。讲座教授也被称为"正讲授"，他们能在很大程度上主导自己的讲座课程，并且是教授会的天然成员，有权参与学院治理。讨论式教学主要表现在两方面，一是研究班，二是讨论课。研究班既是一种教学模式，也是大学利用公共经费直接设置的基层教学组织。参加研究班的学生能够获得一定的经费支持。研究班设立的目的是将学生引入到科学研究工作中，其不以知识传播为主要目的，看重的是如何通过讨论与合作让学生了解科学研究的实质，以及获得求知能力。在研究班中，在教师的指导和帮

---

① 贺国庆,梁丽. 柏林大学思想及其对美国的影响[J]. 高等教育研究,2010(10):94-100.

助下，学生逐渐认识了科学工作，并学会如何从事该工作。研究班是保持科学工作连续性的基本要素，所有参加者都要承担一系列的规定任务，并接受硬性绩效考核，完成任务并取得合格以上的成绩后，学生便可以获得物质奖励。完成某学科研究班的所有任务之后，学生便可以申请教学资格，然后继续将这种教学理念和方法传承下去。由此可见，研究班教学模式实际上就是现代大学研究生教育的起源。

与研究班相配套的是讨论课，其又被誉为德国"科学研究的苗圃"。讨论课是指按照专题开展讨论的教学方式，其原词是 seminar，根据音译也被称为习明纳。一个习明纳一般由 1 名教师和 8 至 12 名学生组成，每次都围绕一个由教师事先分配的主题或问题展开讨论。每次活动的时间大约在一个半到两个小时，由一名或数名学生负责组织，所有人都需要围绕事先拟定的主题展开讨论和交流，有时还可以当场分组进行观点展示和讨论。①习明纳在两个方面对传统大学的教学法做出了突破和创新，首先是师生关系的变化，教师不再是居高临下的课堂组织者和领导者，而是学生的引导者与合作者。其次，教学内容也不再局限于既定的教学大纲，在讨论过程中，学生经常超出已有的知识范畴，他们更喜欢将思想的触须伸向尚待探索的未知领域。除了官方组织、定期举办的研究班之外，柏林大学的教师和学生还会经常性地成立各种各样的学会、协会、读书俱乐部和练习班。②这些私人性质的活动不定期举行，形式灵活多样，诉求也五花八门，但有两个不可替代的长处，一是能够随时针对一个或几个学习热点组成凝聚性较高的研究团队，二是可以让那些没有资格担任讲座教授的教师有机会组建自己的学习和研究团队，有鉴于此，这些非正式的学习组织与活动也常常会取得颇为出色的成就。

---

① 别敦荣,李连梅.柏林大学的发展历程、教育理念及其启示[J].复旦教育论坛,2010(06)：8-15.

② 弗里德里希·包尔生.德国大学与大学学习[M].张弛,都海霞,耿益群,译.北京:人民教育出版社,2009:212-213.

3. 柏林大学的管理体制

按照洪堡的设想，大学应当独立于政府和社会进行内部自治，但大学的发展仍然需要政府和社会的资金支持，因此也不可避免地需要与两者进行合作。在此情况下，如何界定三方的权责关系，就成了最重要的问题。这个问题在后来的岁月里曾经给许多国家都造成了巨大的困扰，但幸运的是柏林大学却有着相当有利的内外部环境。

首先，柏林大学成立时，德意志帝国正遭逢历史性的挫败和屈辱，举国上下励精图治，期待在精神领域实现突破，进而带动整个国家的实力提升。在此情况下，柏林大学获得了较为充足的物质基础。威廉三世赠出王室宫殿作为新大学的校舍，洪堡以普鲁士文化教育总负责人的身份筹措经费，这决定了柏林大学从一开始就有着很高的起点。其次，虽然政府提供了极大的物质支持，但在具体事务上却并不随意插手，给予柏林大学充裕的自治空间。柏林大学的自治传统的形成主要有两个方面的原因：一是普鲁士政府在当时并没有成立全国性的高等教育管理部门，柏林大学的建立在一定程度上是彻底打破传统学院制度的改革实验；二是启蒙思想的长期熏陶和德意志民族的强大希冀相结合，造就了柏林大学独特的自由气质和科学精神。鉴于以上因素，柏林大学初步形成了政府支持、内部自治、学术自由、教授治校的现代大学管理制度。

从外部关系来看，柏林大学与德国政府之间的关系是"合作协商关系"而非"行政领导关系"。确切地说，中央政府出面聘任教授并通过商谈来直接提供职位和待遇，而不是通过学校行政机构来执行此事。这种做法的目的是为了能够尽最大努力创建和保持一个由最杰出的学者组成的科研共同体，并为他们创造待遇优渥、不受干扰的学术环境，从而在最大程度上激发他们的创造力。在享受权利的同时，这些科学精英自然也要承担相应的义务。首先，他们必须放弃政治抱负，遵循"自由探索纯科学、甘于寂寞做研究"的学术道德。①其次，教授必须创造科研成果，并以此定期与政府进行待遇协商。从外部权责关系来看，柏林大学的最高管理机构是"大学

---

① J. D. Zimmermann. *Uber DieEinsamkeit*（Vol. 3）[M]. Köln：Frankfurt, 1785：212-232.

评议会”，由校长、行政领导和教授代表共同组成。每次评议会召开时，“部长的行政和财政代表被邀请出席所有评议会，而且可以带秘书”。①评议会主要对大学的重要决策、正教授的考核聘任等出具意见，但并不插手具体事务。各种校内事务都由全体正教授组成的教授会负责，包括校长的遴选、人员的选聘，等等。每一位正教授都具有开设专业课程的义务，学院事务也由本院全体正教授集体决定，包括正教授以外的编外教授和私人讲师的聘任、课程的开设、经费的使用、学生的招收，等等。

柏林大学创造了新的现代研究型大学模式，其推动力量是工业革命的勃兴和资产阶级的上升建立起社会新秩序。科技创新成为社会发展的原动力，传统的小作坊、学徒制的技术传授在数量上和质量上都无法满足现代化生产的需要，因此作为知识中心的大学必须直接面对国家的利益诉求和市场的发展需要。从此，新的自然科学知识和应用性经验开始进入大学课程，招生规模和渠道也有所拓宽，大学逐渐成为民族国家的科研中心，承担起科学研究和技术人员培养的功能。

第二节　美国大学对德国大学理念的引入

经过将近一个世纪的发展，19 世纪末期的德国研究型大学已经成为领先世界的科研中心。相比之下，已有三个世纪历史的美国高等教育则乏善可陈。“直至 19 世纪末，美国大学几乎未能培养哪怕一位执思想界之牛耳的伟大学者。”② 德国大学的出类拔萃和美国大学的黯然失色，自然会引起有识之士的关注。从 19 世纪初到 20 世

---

① 穆小燕. 新人文主义大学观及其对 19 世纪德国大学改革的影响[D]. 保定：河北大学. 2006.

② Abbot Lawrence Lowell. *At War with Academic Traditions in America*[M]. Cambridge：Harvard University Press，1934：46.

纪初，美国学者大量译介德国大学的相关信息，先后派出 10000 余人赴德留学。①留德学者归国后立即致力于传统大学的改造，并在独立战争胜利百年之际建立了美国第一所研究型大学——约翰·霍普金斯大学。学习德国最显著的意义，就是将原先封闭保守的中世纪本科学院模式改造成锐意进取的现代研究型大学模式。美国大学对德国大学的学习从 19 世纪初期就已经开始，在南北战争之后开始加快步伐，在 20 世纪初期基本完成了高等教育体系的现代转型，这一过程对美国大学来说意义非凡。

一、留学运动

柏林大学在建立后确立了科学研究和学术自由的理念，带动了德国大学整体实现向现代大学的转变，新理念得到不断传播，习明纳流传广泛，研究所数量明显增加，哲学院的地位不断升高，成为科学的摇篮，吸引了世界各地的学生。美国在建国之后，经济、政治发展落后于欧洲地区，高等教育水平不高，由于与英国的经济和政治纠纷，美国学者们纷纷转向德国进行学习。

（一）南北战争爆发前的留学运动

19 世纪，哈勒大学、哥廷根大学和柏林大学等德国大学的成功引起了欧美国家的注意，尤其是美国的德裔移民，基于对故国成就的自豪和建设新家园的需要，他们从理论上和实践上都迅速接受了德式高等教育。不过，最早向美国介绍德国大学理念和制度的并非德裔移民，而是两位法国人。第一位是长期关注欧洲思想和文化的斯塔尔夫人。斯塔尔夫人是作家和时事评论家，她生活在启蒙时代，对法国启蒙思想家了如指掌，尤其推崇卢梭。1789 年，法国大革命爆发，斯塔尔夫人亲眼目睹了浪漫主义的狂热以及迅速到来的溃败，之后便开始用冷静的态度观察西欧各国的文化和制度。1903 年，由于得罪了拿破仑，斯塔尔夫人被逐出法国，开启了一段在德国和英

---

① Charles Franklin Thwing. *The American and the German Universities*, *One Hundred Years of History* [M]. New York：Macmillan，1928：39-43.

国的流亡之旅。德国大学的建立与成功引起了斯塔尔夫人的注意，她在《论德国》一书中对德国高等教育改革取得的成就不吝笔墨。这部名著 1813 年出版于伦敦，之后迅速被留学生带回纽约再版，从而让美国人首次见识到改革后的德国大学。斯塔尔夫人认为，德国大学是当时欧洲最富生气和活力的文化中心，这让长期惯于前往英法两国留学的美国学生充满了好奇，逐渐开始有人前往德国考察和学习。第二位是法国教育家库森，他撰写的《普鲁士教育报告》让美国人对德国的教育体系和制度有了一个全面的了解。

1815 年，乔治·蒂克纳和爱德华·埃弗里特两位哈佛学者奔赴德国。在为期三年的欧洲游学生涯里，乔治·蒂克纳仔细观察和对比了英、法、德和西班牙等国的文化和教育，最后决定用德国高等教育的思想和制度改造美国大学，并在 19 世纪 20 年代兴起了轰轰烈烈的哈佛改革运动，德国大学模式由此在全美推行，越来越多的学生和教师前往德国考察和学习。在留学生的介绍下，德国大学的课程设置、教学模式、学术杂志甚至藏书量巨大的图书馆，都让美国学者充分感受到现代大学的魅力。越来越多的教育者和管理者倾向于把德国高等教育的先进经验带回美国，以柏林大学为模板创建或改造美国大学。

（二）南北战争之后

1861—1865 年，南北战争爆发，美国社会和高校都受到重大影响，这反而推动了青年学子走出国门到异邦求学。南北战争结束后，美国完成了实质上的统一，经济发展和社会改革都走上快车道，对高深学术和高素质人才的需求大大增加。随着大批留德学者学成归国，以及部分德国教授和学者前往美国大学执教，德国研究型大学思想和制度在美国的传播达到高潮。

1862 年《莫里尔法案》出台后，大批州立大学建立，这些高校必然会聘任更多的教师，并且迫切需要对传统的课程体系和教学方法进行重新设计，留德运动和大学改革都进入最活跃的时期。在整个 19 世纪 70 年代，留德的美国学者数量出现了十几倍的增长，总数超过 2500 人。赴德留学的美国学者大部分都选择前往柏林大学和莱比锡大学。^①至 19 世纪 80 年代，很多倡导高等教育改革的留德学者陆续成为美国大学的校长、教授或者董事会成员。他们或创办新的研究型大学，或在原有大学实施改革，尝试运用德国大学的模式和理念培养新一代的人才。在这一推动下，美国的高等教育机构更加多样化，该时期留德的美国学者中有很大一部分来自新建大学，他们中有大学毕业生，也有年轻教师，还有学校管理者。这样的留学者结构表明，除了追求先进的知识和学术训练之外，学习学科发展模式以及办学理念也是美国学者赴德留学的重要目的。"几乎所有新大学的建立者，以及大部分著名教授都曾在德国学习……他们是美国大学接受过正规学术训练、拥有先进人文和自然科学素养的最主要的一群人。"^② 在这群人当中，不乏吉尔曼、怀特、霍尔等在美国高等教育史上留下浓墨重彩的著名校长。

19 世纪 80 年代，德国大学的跨学科研究蔚然成风，越来越多的德国学者打破学科限制，在语言学、哲学、法学、医学等传统学科的基础上开创新的研究领域。譬如威廉·冯特创立了实验心理学，并于 1879 年在莱比锡大学建立了世界上第一所心理学实验室。新学科的创新性和实用性迅速吸引了来自新大陆的留学生，也对美国高等教育的发展改革产生了直接影响。譬如克拉克大学的创立者、校长，"美国青少年心理学之父"斯坦利·霍尔，就是威廉·冯特心理学实验室最早的美国学生之一，他回国之后立刻将自己在德国的学习经验转化成指导美国高等教育改革的基本导向。19 世纪 90 年代，美国的经济发展进一步加速，基本完成了工业化进程，至 1890 年，美国的工业产值已经跃居世界首位，在此情形下，越来越多的留德美国人开始选择自然科学和经济学专业，与此同时，美国大学的实用主义倾向也越来越明显。^③但令人意想不到的是，这一趋势对留德

① 梁丽.美国学人留德浪潮及其对美国高等教育的影响(1815—1917)[D].保定:河北大学,2015.

② Anja Werner. *The Transatlantic World of Higher Education*: *Americans at German Universities*, 1776-1914 [M]. New York: Berghahn Books,2013:58.

③ 梁丽.美国学人留德浪潮及其对美国高等教育的影响(1815—1917)[D].保定:河北大学,2015.

浪潮却起到了反向作用。进入到 20 世纪后，留德运动逐渐衰落。造成这一现象的原因有三个，首先，德国大学的学者们极为珍视纯科学的研究氛围，并以"自由""寂寞"的古典大学观为骄傲，对于应用研究的热情十分缺乏，这与 20 世纪初美国社会的实用主义风气完全不相符合。其次，德国研究型大学采取的是典型的精英人才培养模式，大学教师是高踞社会上层、不食人间烟火的成功人士，拥有丰厚的物质待遇和高尚的学术追求，与世俗社会颇有距离；而充满烟火气息的美国大学恰恰相反，无论教师和学生都热切希望参与到社会实践当中，应用自己掌握的知识和技能获得物质上的成功，并以此实现阶层上升。最后，1914 年，第一次世界大战爆发，美国和德国分属两个阵营，战争期间，美国的德国教师为本国服务，参与了情报工作，美国方面对此极为不满，产生日渐高涨的抵制情绪，政府开始在学校思想教育和学术研究领域同时开展"去德运动"。

二、新大学的创建与老大学的改造

留德学者带来的德国大学先进经验推动了美国高等教育的现代转型，全新的研究型大学开始建立，已有的高校也普遍引入了研究型理念，对办学体制、课程设置和教学方式都做出了根本性的改革。

（一）以德国大学理念创办新大学

1867 年，银行家约翰·霍普金斯希望建立一所新大学来提高马里兰州的高等教育水平，并亲自组建了董事会负责新大学的筹建工作。约翰·霍普金斯去世后，董事会继续按照他的遗嘱筹备新大学的建设工作，此时正值德国文化在美国大受欢迎，董事会全体成员越来越深刻地感受到德国研究型大学的先进性。经过多方学习和考察，董事会决定接受哈佛大学校长查尔斯·艾略特、康奈尔大学校长安德鲁·怀特和密歇根大学校长詹姆斯·安吉尔的联名推荐，聘任具有深厚德国学术背景的丹尼尔·吉尔曼为校长，在他带领下建立一所"纯正"的研究型大学。

1876 年，美国第一所纯研究型大学约翰·霍普金斯大学（简称霍普金斯大学）敞开大门迎接首批学生。吉尔曼在就职典礼上郑重宣布，霍普金斯大学最核心的任务是"鼓励研究；培养年青一代成长进步；帮助和促进那些有望推动科学和社会进步的优秀学者的发展"。霍普金斯大学与传统美国大学最大的区别就是不以本科教育为重，而是强调研究生教育，所有师生都致力于纯粹的、不涉及功利目的的学术研究。因为建校章程在很大程度上参考了哥廷根大学，因此霍普金斯大学也被称作"巴尔的摩的哥廷根"。除此之外，霍普金斯大学的人才招聘计划也淋漓尽致地展示了其"德国血统"。为了将致力于纯学术研究的办学理念贯彻落实下去，吉尔曼把目光投向了德国大学直接培养的青年学者。1884 年，在霍普金斯大学注册的教师共有 53 位，其中 13 位拥有德国大学的博士学位，剩下的也几乎都有留德经历。[①]霍普金斯大学的教授们拥有充足从事学术研究的时间和自由，在科研之外，他们的主要任务是培养优秀的研究生。所有学生都可以与导师一起参与研究，学校通过留德师生从德国购置了大量的学术著作，订购了德国各学科研究学会的期刊、会刊，同时也将研讨班、习明纳和实验室等德国大学的教学方式几乎原封不动地照搬过来。

吉尔曼对德国大学的学术协会设计和学术期刊出版制度极为钦慕，他认为现代大学的核心使命不是已有知识的传播，而是新理论的创造，大学必须为所有教师和学生提供公开探讨和交流学术问题的平台，学者协会和学术期刊便可以承担着这一重大使命。因此，吉尔曼一开始便着力组织学术团体、创建学术刊物。1877 年，霍普金斯大学创建了历史政治学会，1877 年 5 月创建了语言学协会，1880年《美国语言学期刊》创刊。在吉尔曼的倡导和支持下，不仅本校的学术团体和学术期刊先后建立，其他美国高校也纷纷仿效霍普金斯大学的做法，从而为全美的优秀学者提供了交流机会和展示平台，同时也丰富了研究生培养的方式和途径。

为了突出研究生教育的中心地位，霍普金斯大学在学位设置和学术激励两方面进行了大胆的尝试。首先，在学位设置方面，该校

---

① 梁丽.美国学人留德浪潮及其对美国高等教育的影响(1815—1917)[D].保定:河北大学，2015.

不仅引进了德国的研究生学位，而且结合美国的实际情况，开创性地设计出一套硕博分离、各有侧重的学位体制。在建校之初，吉尔曼完全采用德国大学的研究生学位制度，硕士和博士只是在学科和年限上有所区别，课程设置和研究方法没有什么区别。德国大学的研究生教育建立在根基扎实的中等教育和出类拔萃的本科教育之上，相比之下，美国社会由于文化积淀不足而缺乏德国那种底蕴深厚的文理中学，因此在高等教育基础上就有先天不足。到了本科教育阶段，传统学院过于保守，州立大学又过于实用，都难以培养出真正的学术型人才。有鉴于此，霍普金斯大学逐渐放弃了硕博一体的研究生教育模式，将硕士生教育降格为类似于德国大学本科教育的学术研究预备期，将博士生教育视作从事高深学问研究的真正平台。为了提高研究生教育水平和博士生培养质量，吉尔曼精心设计了一套培养方案，从课程设置、招生制度、考评制度等方面做出了全面而详细的规定。从课程来看，学校为研究生提供以下内容：①古典语言，包括希腊语、拉丁语和比较语言学；②现代语言，包括英语、法语、德语、西班牙语、意大利语；③数学，包括理论数学和应用数学；④物理科学，包括化学和物理学；⑤自然科学，包括地理学、矿物学、动物学和植物学；⑥伦理和历史科学，包括伦理学、政治经济学、历史、国际和公共法。①从博士招生来看，霍普金斯大学的要求堪称苛刻，申请者必须满足三个方面的条件，才可以拥有报名资格。其一，必须在著名大学获得学士或同等学位两年或两年以上；其二，必须在本校完成一年以上的全日制课程学习；其三，硕士在读期间必须完成主修和辅修科目各一门，主修科目要有足够的广度，辅修科目要有一定的深度，并与毕业论文的主题有关联。关于博士学位的申请与考核，霍普金斯大学主要从学术语言的掌握、毕业论文的水平、论文评审和答辩的方式等方面做出规定，这些规定奠定了美国现代大学博士学位制度的基础。

其次，霍普金斯大学在美国首创奖学金和研究生助教两项制度，

---

① Francesco Madorma Cordasco. *The Role of Daniel Coit Gilman in American Graduate Education* [D]. New York：New York University，1959：32.

以鼓励研究生追求高深学问。传统美国学院推崇英国的绅士教育传统，将大学生活视作一段文雅闲适的知识朝圣之旅。虽然教师们也要监督学生刻苦背诵古典知识，但目的在于陶冶情操、培养道德和训练心智，而非催促其进行知识创新。因此，教师和学生们的内心是"闲适"的，大家日复一日气定神闲、按部就班地度过自己的学习生活，没有激烈的学业竞争，除求知本身带来的快乐之外，学校也不会提供额外的奖励。南北战争之后成立了大量的赠地学院，这些高校致力于培养工农业实用人才，看重的是学生如何快速掌握实用技能。霍普金斯大学成立后，为了给那些潜心向学的优秀学生提供一个充满竞争的学术氛围，也为了给那些一心从事纯学术研究的学生铺设一条专业通道，吉尔曼建立了美国大学的第一个研究生奖学金，每年向 20 名学生提供金额为 500 美元的奖学计划，各个学科的优秀学生都有资格凭借自己的学业成绩来竞争这些宝贵的名额。设置奖学金的目的是学校要求奖学金获得者全身心地投入到专业学习和研究中，学生需要在学年末通过撰写论文、分享成果、举行讲座等方式来证明他们有资格享受学校提供的奖励。①与此同时，吉尔曼还为学生提供机会到国外留学，尤其是到德国。除此之外，霍普金斯大学还选拔优秀研究生担任教学工作，以此来检验和锻炼他们的教学技能和研究能力，也将其视作为研究生提供物质资助的另一种方式。

除了霍普金斯大学，1889 年成立的克拉克大学也是彻底践行德国理念的研究型大学。其至在纯学术研究环境的建构上，克拉克大学比霍普金斯大学有过之而无不及。不过，由于 19 世纪末 20 世纪初的美国经济已经快步走向大工业化，再加上越来越浓厚的实用主义社会氛围，霍普金斯大学和克拉克大学这样的纯学术大学并不占据主流。整体来看，美国高等教育对德国大学理念的学习随时根据形势和环境进行调整，其主要目的是促进美国大学的变革以更加适应社会的需求，而非单纯的移植与模仿。事实上，由于教育体制和

---

① Hugh Hawkins. Pioneer. *A History of the Johns Hopkins University* 1874-1889 [M]. New York：Cornell University Press，1960：80.

社会环境的巨大差异，美国也无法像德国那样将大学视为民族精神和国家利益的守护者，这个国家的人民更希望大学变成促进经济繁荣和个人发展的助推器。

（二）以研究理念改造传统大学

由于受到多元文化的影响，再加上新大陆一直以来都极为推崇开创进取精神，美国高等教育具有显著的包容性和多样性特征，它们善于将外来理念与本土精神融为一体。德国大学的理念对美国大学最显著的影响应当是研究生院的创建，其不仅体现在创建几所新大学，更体现在传统大学的改造。研究理念、科学课程、习明纳和研究班都被改革者欣然接受，而纯粹追求理论创新的办学模式却被改造成适应本土的"综合模式"。"在大学里，追求真理的研究者，掌握专门技术的专家，以及继承并掌握他人设计与构思的工匠相交甚欢。"① 与新建立的美国研究型大学相比，美国旧式学院是完全仿照英国大学模式建立的，在这里，英国大学传统早已根深蒂固，仿照德国大学模式几乎是不可能的。于是，留德学者另辟蹊径，从引进具体的研究型教学模式入手，研究理念逐渐被接纳，传统学院的职能也从单纯的教学扩展为研究与教学相结合，从而向现代综合性大学转变。

以德国理念改造传统大学的发展之路以教学法的引进为开端，因为这一点最具体、最易于模仿。1871 年，从柏林留学归来的亨利·亚当斯和查尔斯·亚当斯几乎同时在哈佛大学和密歇根大学两所学校开展历史学习明纳。1872 年，富有改革精神的校长查尔斯·威廉·艾略特在哈佛大学建立了研究生部，随后不少其他传统学院和州立大学也先后附骥尾。在 20 世纪上半叶，这些学校大多发展为实力雄厚的研究型综合大学，康奈尔大学、芝加哥大学、密歇根大学、耶鲁大学、伊利诺伊大学、威斯康星大学、加利福尼亚大学等蜚声世界的名校也赫然在列。

---

① Pmerzger Hofstader. *The Development of Academic Freedom in the United States*[M]. London: Columbia University Press, 1955:397.

第三节　美国大学模式的初步显现

20 世纪初，在德国大学的影响下，美国研究型大学逐渐成长起来。在此过程中，美国大学除了学习和模仿之外，还体现出鲜明的本土特色，并且慢慢形成了自己的研究型大学理念，这种理念典型地蕴含在两所大学的改革和创新历程中，一个是查尔斯·范海斯提出的"威斯康星精神"，一个是查尔斯·W·艾略特对哈佛大学的现代改造。

一、"威斯康星精神"

威斯康星大学初创于 1848 年，位于威斯康星州的首府麦迪逊，最早只是州政府为了解决本地教育的师资问题和技术需求而创办的一所地方学院，办学条件极为简陋，课程设置和教学模式都很落后。赠地法案颁布后，威斯康星大学于 1866 年成为赠地学院，从而获得了更多的支持。但直到 20 世纪初，威斯康星大学仍是一所平平无奇的农工学院，虽然在农业技术上偶有创新，但在学术研究上乏善可陈。1904 年，查尔斯·范海斯就任校长，对威斯康星大学的发展道路进行了大胆的总结和实践，创造出美国独有的研究型大学模式，造就了蜚声世界的"威斯康星精神"。简单来讲，"威斯康星精神"可以概括为一个核心思想和两条实施路径。其核心思想可以用范海斯校长的一句话来解释："只有大学的有利影响力达到国家的每一个家庭，我才会满意。"①简言之，就是大学必须为社会而服务，把教学、科研与社会需要相结合。为实现此目的，范海斯从理论和实践两方面推行改革。

---

① Van Hise. *Report to the regent*［M］. Madison：The University of Wisconson-Madison Libriaries，1906：12.

从理论层面来看，范海斯首先强调大学的公共性："人民所支持的大学是属于人民、属于全社会的，它要服务于全州的所有民众，服务于全社会。大学的责任不仅是为了促进学生个体的发展，而且是为了增进社会共同体的福祉。"① 为了让公共性得以体现，大学应当从三个方面进行发力：其一，把学生培养成有文化知识和能胜任工作的公民；其二，通过学术研究活动来发展实际有用的知识；其三，把知识传授给广大人民以便去解决社会政治和经济方面的问题。②要让大学充分发挥公共作用，不能只在象牙塔内做文章，必须走出校园与地方政府和企业团体合作，这就是"威斯康星精神"的第二重内涵——大学与政府、企业、公共团体共同努力寻求最大化的社会服务效能。范海斯不认为大学只是一个为教师和学生提供学习和生活的场所，同时更是一种促进社会进步的有力工具，大学有着无可替代的智力优势和技术资源，它必须好好利用自身的特长去解决公共问题，引领公共意识和满足公民需求。因此，威斯康星大学定下的办学宗旨是："从本州的客观实际出发，在教学、科研的基础上，通过培养人才和输送知识两条渠道，着力发挥大学为其所在地区服务的职能作用，积极促进全州的经济和社会发展。"③ 最后，大学虽然有服务社会的义务和责任，但与政府之间并非依附关系，与企业也不是纯粹为了经济利益而缔结的商业契约关系，大学必须保持内部自治和学术自由，必须全面探索科学知识，才能通过独立思考来服务社会。换句话说，这是一种不成文的"宏大契约"或"隐性契约"，不是为了某种单方面的、具体的、暂时的目的，而是为了整个社会的健康发展和长远利益。为了达成这个长远而伟大的目标，政府应当长期而稳定地向大学提供政策和资源，但并不具体过问大学如何使用资源。大学所要做的是帮助政府制定长期发展规划和短期经济目标，并派出专家与政府官员合作以改进农业、发展

---

① A. G. Bogue *The Wisconsin*: *One Hundred and Twenty-Five Years*[M]. Madison: University of Wisconsin Press, 1965: 23.

② 唐斌, 尹艳秋. 走出象牙塔: 从"威斯康星思想"到"相互作用大学"[J]. 辽宁高等教育研究, 1997(04): 92-93.

③ 王亮生. "威斯康星思想"述评[J]. 湘潭大学学报(哲学社会科学版), 1995(01): 119-121.

工业和解决社会问题。简言之，威斯康星大学建立了一个大学管理合作的新模式，成为一种独特的美国观念，大学一方面保留了学术自由，一方面为政府工作，让公民享受到政府资助大学研究的好处。①

从实践层面来看，"威斯康星精神"主要通过推广教育、创新技术和专家资政三条路径来得到体现。通过与大学董事会和州政府多次磋商，范海斯首先制定了推广教育工作的大致框架，那就是创建大学教育中心，在威斯康星州全面进行推广教育活动，以提升公众的知识文化水平。推广教育中心下辖三个系——函授教育系、辩论与公共讨论系和综合信息与福利系。

函授教育系主要提供五个方面的教育内容，一是常规的大学课程，二是研究型专业课程，三是预科教育，四是基础教育，五是职业教育。辩论与公共讨论系的宗旨是提出与当前社会环境和政治局势密切相关的重要议题，引发各阶层民众的关注和讨论。每提出一个议题，校方都会派出指导教师前往各个城市组织辩论协会和俱乐部，以训练公民的分析和辩论能力，培养辩论人才，同时也为居民社区生活注入活力。为了提出受人关注且意义深刻的议题，辩论协会和俱乐部广泛收集和分类整理各种有影响力的杂志期刊上的文章和信息，日积月累之下，竟形成了时事资料阅读中心，里面藏有大量的期刊杂志，为当地居民了解时事、增长见识和探讨问题提供了极大的帮助。经过以上努力，辩论和公共讨论系成为许多社会改革家的宣传阵地和代言喉舌，对活跃和提升公民文化生活起到了极为重要的作用。综合信息与福利系的功能是提出和回应全州关注的普遍性问题，在州政府和民众之间起到上传下达的桥梁纽带作用、解惑答疑的智库作用以及监察落实的政策督导作用。

在技术创新方面，威斯康星大学紧紧结合本州的支柱产业（乳业）开展科学研究，同时举办短期培训班以提升从业者的专业水平。一方面，威斯康星大学开设短期农学课程，向民众传授农业特别是奶牛养殖及乳品加工技术；另一方面，还开展农业生产技术研究，

---

① 贺国庆.从莫雷尔法案到威斯康星观念——美国大学服务职能的确立[J].河北大学学报（哲学社会科学版），1998(03)：91-97.

促进农业生产效率的提高。这些措施的推行取得了显著效果，既提高了民众的收入，又提高了大学的威望。①关于专家资政议政活动，威斯康星大学与政府各委员会都建立了良好的合作关系，鼓励教授们积极参与州立法工作，在19世纪末20世纪初主持制定了《铁路费率委员会法》《公共事业法》和《工业委员会法》等重要法规。②威斯康星大学也经常从社会各界聘任专家，如此一来，既保证大学的教学科研水平和资政议政能力，也加深了大学与社会的联系，更有利于培养社会需要的综合性人才。

二、哈佛大学转型

如果说范海斯打造的"威斯康星精神"是工业时代下催化出来的崭新的现代办学理念，那么艾略特主导的哈佛大学的全面转型，则淋漓尽致地展现了实用主义统领下融现实需求与历史传统为一炉的"美国大学模式"。

（一）改革目标

艾略特上任于1869年，卸任于1909年，是哈佛大学历史上任职时间最长的校长。艾略特就任前，哈佛大学还是一所传统的小型本科学院，注册学生只有500多人，教师只有不到30名。19世纪下半叶，德国研究型大学理念的风靡和赠地学院的兴起对传统学院造成了巨大的冲击，古典知识已经不能满足需要，自然科学和专业课程成为大家关注的焦点。艾略特就任哈佛大学校长后，对这所学校进行了全面改造，从而将哈佛大学从传统带入现代。

与新创建的研究型大学和州立大学不同，哈佛大学是北美大陆的第一所高等学府，承载了欧洲移民在新大陆创造新生活和新文化的期冀。因此，虽然哈佛大学一开始在办学模式上模仿的是英式书

① 王保星.威斯康星观念的诞生及对美国高等教育的影响[J].河北师范大学学报（教育科学版），2000（01）：50-54.
② 杨艳蕾.当代"威斯康星理念"的新发展及其启示——以威斯康星大学为例[J].外国教育研究，2012（05）：114-119.

院，但也蕴含着截然不同的民主精神和实用价值。德国大学崛起后，重视学术研究成为美国大学的普遍共识，但艾略特认为，哈佛大学应该成为美国的大学，不能一味模仿英式书院和德国研究型大学，要结合两者的精髓，造就美国的实用主义模式。①在此理念指导下，艾略特从三个方面提出了改革目标。其一，要求教师同时承担教学和科研任务，培养实干型的专家人才，致力于公共事业的发展。其二，扩大学校规模，艾略特任校长四十年，课程从 73 门增加到 400 多门，基金从 200 万美元增加到 2300 万美元，教师增加到 222 人；学生增加到 3692 人，来自全国各州。②其三，放弃传统的统一修课制度，实施自由选课制，大量开设现代科技类课程，同时营造学术自由氛围和促进科学研究。艾略特认为，现代大学必须将学术自由与科学研究作为核心要素，为此，他主张赋予教师甚至学生充分的学术自由，因此，哈佛大学在思想和言论上拥有不受政府、社会和学术权威等因素干预和限制的自由权利，在教学上享有开设新课程、选择教学内容和教学模式等各种自由，在薪水和退休金等方面也拥有充分的保障。对于学生而言，其自由权利主要体现在课程选择上，1909 年艾略特卸任时，哈佛大学的必修课程只剩下大一新生的语言课程，大二之后的课程完全是自由选修。

对于哈佛大学而言，艾略特的改革具有划时代意义。19 世纪 70 年代到 20 世纪初，科学技术为经济社会的发展作出了巨大的贡献，社会充斥着热烈的自由竞争气氛与浓厚的实利主义取向，大众对传统教育的排斥情绪逐渐高涨，现代课程和选修制度的实施符合了历史趋势。

（二）制度改革

在"创建美国大学模式"的目标指引下，艾略特强调，哈佛大学的定位应当是从国家和社会的层面来进行服务，而不是仅仅着眼

---

① 徐来群.哈佛大学史[M].上海：上海交通大学出版社,2012：10.

② Abbot Lawrence Lowell. *At War with Academic Traditions in America* [M]. Cambridge：Harvard University Press, 1934：124.

于某个地区，这一点让哈佛模式与赠地学院和新建研究型大学区分开来。哈佛大学的教学与科研不仅要直接参与职业活动和推动经济繁荣，更要为社会创造文化成果和精神财富，从而从深层推动民主社会的发展。这是一个基本的理念陈述和长远的发展规划，可以说是艾略特担任校长四十年的最大贡献，也奠定了哈佛大学向世界一流大学迈进的制度基础。从上任之初到1890年，艾略特用超过二十年的时间主持哈佛大学的机构改革，具体内容覆盖日常管理、机构人事、课程教学和学院设置等多个方面。

1. 教学管理改革

艾略特上任后首先作出的改革措施就是规范教学管理制度，减轻校长管理负担。1870年，哈佛大学设立教务长职位，其具体职责包括：协助校长处理大部分的学校日常事务，组织各系共同制定年度财务报告和校长报告，以及制定大学校历，统一安排学校的时间计划。除此之外，艾略特在上任之初集中解决的问题还包括学生日常管理和学校事务管理两方面。

在艾略特上任前，哈佛大学的学生管理延续了英式住宿书院传统，极为重视学生的德行修养，在语言使用、礼仪举止等方面有着烦琐的规定。但在学术考核和学位授予方面，传统英式书院却并不规范。艾略特上任后迅速筹办了教务长办公室，其主要任务之一就是督促学生集中精力提升学业表现，不再要求他们把过多的精力放在琐碎的学院礼仪和日常考勤上。[①]为此，艾略特主要采取了两项措施，其一是鼓励学生专注学业表现，并给予他们充分的信任，将学位成绩与考勤记录脱钩，更多地通过自主学习来提升学习的责任感和秩序意识。其二是打破以往校长在学生管理上浮于表面、缺乏权威和效能的状态，加强校长对学生事务管理的介入，直接参与学校的各类会议，以监督教学和管理。

在学校事务管理方面，艾略特着力提升办学水平，在入学选拔、毕业考试、学位授予、教学过程等方面进行全面改革，提高标准和要求。几年不到，上述改革措施便初见成效，学生整体素质和学校

---

① 刘春华. 埃利奥特与哈佛大学的改革[J].高校教育管理,2016(5):27.

社会声誉都在明显提高，越来越多马萨诸塞州家庭在听闻哈佛大学的改革措施后都愿意把自家子弟送到这所北美最古老的学校就读，哈佛大学的生源越来越好，影响力也越来越大，甚至外州也逐渐有家长将自己的孩子送来读书。声誉和生源的提升大大改善了哈佛大学的财务状况，来自民间的捐款迅速增加，在此方面，艾略特显示出高明的管理智慧。鉴于哈佛大学的办学性质和历史地位，艾略特对带有强烈目的性和公共性的政府拨款保持警惕，与此同时，却不遗余力地加强与社会名流的联系以获得慈善捐助，这让哈佛大学在筹集更多资金的同时充分保持了大学运行和学术研究的独立性，整个学校气氛逐渐变得自由亲切、令人振奋。①

2. 机构与人事变革

在完成日常管理改革之后，艾略特对大学最关键的机构人事问题进行了大刀阔斧的改革。在艾略特上任前，哈佛大学的机构设置是类似于牛津大学、剑桥大学的"学院联盟"，院系之间各自为政，且缺乏统一的教学指导，更谈不上有什么学术标准。为了从根本上解决学校的现代化发展问题，艾略特借助德国大学当时在美国的强大影响，同时利用个人影响力和校长权威启动了自上而下的机构改革。其具体措施包括两个方面，一是创建研究生院，二是改革人事制度。

哈佛大学研究生院成立于1872年，最初叫做文理研究生部，面向各个系科招收本科生，可授予艺术学和科学硕士学位，以及哲学和科学博士学位。在此之前，获得哈佛大学文学硕士的门槛极低，本科毕业生只需缴纳五美元且无犯罪记录，便可在一年后按部就班地按照相应程序获得学位。艾略特首先打破了这种毫无学术含量的学位制度，于1872年正式宣布只有在校学习一定时限，顺利完成所有学位课程并通过相应考试的学生，才有资格获得硕士和博士学位。研究生部初成立时并没有设计专门的研究生课程，1872年开设的74门研究生课程是从本科生的课程中挑选而来。学生获得学士学位后，

---

① 刘春华.埃利奥特与哈佛大学的改革[J].高校教育管理,2016(5):28.

需要选择自己本科阶段未曾学习过的课程。① 1873 年，艾略特开始着手打造研究生教育体系，一方面扩大教师队伍，先后聘任 20 多名新教师；另一方面开始改革教学法，鼓励教授为研究生和优秀本科生开设系列讲座和研讨课。1890 年，受霍普金斯大学的影响，哈佛大学研究生部正式更名为研究生院。但是与真正的研究型大学相比，哈佛大学限于师资和教师水平，只能为少数几个学科设置较为严格的研究生培养标准，其他大部分传统学科还延续着过去的培养模式。有鉴于此，艾略特不断提高教师聘用标准，同时完善教授和助理教授结构，打破本科生院和研究生院之间的壁垒，强化研究功能，哈佛大学的研究生教育日趋成熟。至 20 世纪初期，哈佛大学的研究生教育已经初成规模，虽然在教学水平和学术成果上乏善可陈，但已经显露出一些基本特征。第一，哈佛大学的研究生教育与本科生教育紧密结合，两者在教学方法和学习内容上并不存在显著区别；第二，学校鼓励学生具备广阔的知识根基，学生拥有普遍的学习自由，可以在自然、人文等多个领域选择自己喜欢的课程；第三，教学与科研同等重要，教师必须给学生上课，不存在专门从事科研而不参与教学的岗位。

关于人事制度改革，艾略特采取的措施主要有两点，一是提高待遇和地位，倾力延聘优秀教师；二是打破僵化的用人模式，提倡不拘成规、人尽其才。由于社会声誉的提高，学生规模不断扩大，社会捐赠也持续增加，从而大大改善了哈佛大学的办学条件，艾略特手中有了较为充足的资金来改善教师的生活水平。艾略特在任期间，不断提高教师的工资水平，增加教师的教学科研经历，至 20 世纪初，哈佛大学教师的待遇在美国各高校当中已经处于领先水平。不仅如此，艾略特还打破论资排辈的人才标准，大力提拔年轻有为的青年教师，将他们安置在重要的管理岗位上。艾略特在任期间，一大批富有创新精神和改革魄力的年轻人得到重用，他们为哈佛大学的发展作出了卓越的贡献。譬如，32 岁的查尔斯·斯普拉格·萨特金被任命为阿诺德植物园的首任管理者，他在短时间内便让新成

---

① 徐来群.哈佛大学史[M].上海：上海交通大学出版社，2012：10.

立不久的阿诺德植物园赢得了全球声誉；又譬如业余天文学家爱德华·查尔斯·皮克林，在 30 岁时被任命为哈佛大学天文台台长，之后的 42 年都为这个机构服务，对 19 世纪末的美国天文学作出了重要贡献，先后两次获得英国皇家天文学会金质奖章，以及亨利·德雷伯奖章、布鲁斯奖等天文学领域的重大荣誉；在哥廷根大学获得历史学博士学位，但却因为有犹太人身份而在美国难以获得教职的查理斯·格罗斯于 1887 年加入哈佛大学历史系，专门从事中世纪历史研究，此后数年，哈佛大学历史系迅速成为该领域的翘楚。除此之外，数学系的威廉·奥斯古德、马克西姆·鲍舍尔，化学系的西奥多·里查兹等人都是艾略特破格提拔的青年才俊，后来这些人都为哈佛大学的学术成就和社会声誉做出了杰出贡献，其中不乏诺贝尔奖获得者。[①]

3. 课程制度改革

与科研理念相配套，传统大学抛弃了沿用三个多世纪的统一课程制度，转而采用自由选修制。"课程改革是艾略特时期哈佛大学改革中最为关键，同时也是影响深远的。"[②] 艾略特的自由选课制度改革建立在三个方面的假设之上：第一，如果给予学生自由选择学习科目的自由，让他们不再被动接受教师的统一安排，这样激发了学生的主动意识；第二，学生自己选择的课程，要比学校的统一安排更贴近他们的真实需求；第三，学生自由选课实质上也是一种公民权利，如何教导学生正确运用自己的权利，也是大学教育的重要内容。基于以上观点，艾略特自 1870 年起决定改变美国第一所大学三个世纪不曾变化的统一必修课程，在任期间他一直都在不遗余力地对课程进行改革。

1870—1871 年，艾略特开始引进德国大学的选课制度，他主要从三个方面着手实施。首先，打破学校按照年级和班级制定固定授课内容和统一教学进度的传统做法，将全校所有课程都用阿拉伯数字进行编码，学生可以参照自己的喜好根据编码选择课程。其次，

---

① 刘春华.埃利奥特与哈佛大学的改革[J].高校教育管理,2016(5):29.

② 黎学平.美国高校选修制的早期发展[J].复旦教育论坛,2003(3):73-76.

按照学科对所有课程进行分类排列，方便学生进行选择，同时也让其能够了解各门课程之间的关系。最后，持续扩充课程内容，鼓励教师不断开设新课，尤其是跟社会发展息息相关的新课。1872 年，哈佛大学对大四学生不再设置任何必修课程。1873 年春，所有课程都向学生开放。1878 年至 1879 年，除修辞学、作文与辩论练习外，哈佛大学取消了二、三、四年级所有的指定练习。① 1885 年，学校进一步压缩一年级必修课，到 1886 年，选修制基本确立下来，四个年级的学生全面实施自由选修制。至 19 世纪末 20 世纪初，哈佛大学已经拥有广泛而驳杂的自由选修课程体系，内容覆盖当时的所有人文学科和自然科学，形式上则包括教授讲座、讨论会和实验课等。原来的必修课几乎全部被废除，只保留了少数语言类课程。至 1909 年艾略特卸任时，哈佛大学的必修课程只剩下大一新生的英语写作课和外语课，大二、大三、大四的学生可以完全自由地选择课程。

---

① James H. Charles W. Eliot. *President of Harvard University*, *1869 -1909* [M]. Boston and New York：Houghton Mifflin Company，1930：300.

第三章　新的危机：
转型后的理念冲突与质量问题

　　以德国大学为模板，经过近半个世纪的学习与改革，美国大学在 19 世纪末 20 世纪初完成了传统向现代的转型，除了少数坚守自己传统的小型学院，绝大多数高等教育机构都从原先的传统学院转变成现代大学。这次改造进行得比较彻底，过程也相对短暂，总体上对美国高等教育的发展具有十分重要的积极意义。但是，由于对德国大学理念的理解并不透彻，同时也缺乏与研究型大学相配套的教育体制设计，再加上实用主义社会价值的主导，美国大学在完成现代转型后出现了新的危机。

第一节　理念冲突

　　美国大学 19 世纪的现代转型，在一定程度上是出于实用目的而进行的器物式模仿。南北战争前，赴德留学的美国学者少有获得学位者，其留学多数都是带有参观性质的短期访学，因此对德国大学的理论基础和制度架构并没有多么深入的了解。曾赴德国访学的美国学者一方面钦羡于德国研究型大学的杰出成就，另一方面也对本国保守落后、脱离实际的传统教育极为不满，因此迫切希望对高等教育体制进行改革。南北战争后，美国学者在德国大学的总体规模和体验程度都有所提升，对德国高等教育制度的理解也更为深刻，其中一部分拥有财力者回国后创建了完全有别于传统学院的新大学。但是，德国大学毕竟是根植于本国的文化传统和社会环境当中，虽然美国学者能够移植机构和制度，但美国大学无法具备德国高等教育的社会根基。因此，美国学者在学习德国建立研究型大学后，第一个出现的重大问题就是理念的混乱。美国传统书院遵循的是虔敬刻苦的教会教育理念，南北战争结束后，民主平等思想和实用主义理念在美国社会蔓延，对教育界也造成了深刻的影响。尤其是随着德式研究型大学模式的引入，以教学为中心的古典教育理念与以研究为主旨的研究型大学理念形成了对抗，教育界对"道德与实用""通识与职业""精英与民主"等几组概念产生了混乱的理解乃至激烈的冲突。如赫钦斯所言，这一时期美国高等教育的一个重大问题就是"深受混乱的困扰"，"这种混乱开始于中学，并一直延续到大学的最高层次"。①劳伦斯·维赛也指出："学术界人士锋芒毕露，各执己见，尽管与官方最终达成了共识，他们也绝不轻易放弃自己的观点。相反，他们营造出一个竞技场，其中充满着不断的争论、与根深蒂固的观点的激烈斗争，甚至充满着党同伐异和尖锐的人身攻击。"②

一、心智训练与实际功用的冲突

19世纪初的美国社会慢慢步入日新月异的变革时期，铁路业、通信业和制造业都在以一日千里的速度迅猛发展，但是此时期的教育机构仍然停留在中世纪的落日余晖中，奉行陈旧保守的学院教育，大部分高校仍然与宗教团体具有隶属关系，并且仍将道德训诫和品质养成作为最重要的使命，尤其是那些历史较为悠久、与宗教纠缠较深的大学。在南北战争前，大学批评者矛头所指的主要问题，就是传统学院过于强调因循守旧的"道德养成"，忽视日新月异的真实

① 罗伯特·M.赫钦斯.美国高等教育[M].汪利兵,译.杭州:浙江教育出版社,2001:72.
② 劳伦斯·维赛.美国现代大学的崛起[M].栾鸾,译.北京:北京大学出版社,2011:序言1.

世界。这样的教育把学生与外部世界的生活体验相隔离，从而导致他们无法担负起社会发展的重任。"无数的事实证明，以陈旧的古典知识和琐碎的神学辩论为基础的教育模式是没有多少实际功效的。在这种教育模式下获得的学位，经常被人们嘲笑为有钱阶层赠送给子孙后代的奢侈品，其标识的与其说是出类拔萃的能力还不如说是上流社会的出身。"① 因此，批评者认为传统的美国大学"已经无法适应新时代的精神和要求；它们将迅速地荒芜，除非能够更好地迎合这个具有浓厚商业性格的国家的需要"②。为了打破旧传统，改革者决定大力创建和发展新大学。1800—1830 年，美国高等教育以每十年创建 10 所新大学的速度迅猛发展。1851—1860 年，更是有 60 所高等院校问世③。两次《赠地法案》为美国带来了一大批高等院校，其中大部分学校的创建者都是对旧体制心怀不满的大学教师或毕业生。

面对越来越高涨的批判声音，古典教育的守护者作出了针锋相对的反驳。以耶鲁大学为代表的传统教育者认为，实用主义教育必须要具备价值根基和知识基础，如果没有共同的价值和知识做基础，专门强调职业技能的传授对社会发展并无多大用处，这样的教育还容易让学生失去生活的方向。1828 年，耶鲁大学推出了著名的《耶鲁报告》，对这一问题做出了这样的判断："大学教育的目标不是培养学生具有某一种职业所需要的单一能力，而是帮助他们获得所有职业都不可或缺的基本能力。"④ 这种基本能力的获得不是来自观察正在发生的社会现实，而是需要通过心智的训练和道德的完善。要实现这一目标，就必须通过希腊文和拉丁文以及其他经典文本的习训，这些文化典籍不仅是人类文明的核心遗产，也是实施心智训练

---

① Michael S. Roth. *Beyond University*：*Why Liberal Education Matters*[M]. New Haven：Yale University Press，2015：76.

② David Potter. *Liberal Education for a Land of Colleges*：*Yale's Report of 1828*[M]. New York：Palgrave Macmillan，2010：6.

③ David Potter. *Liberal Education for a Land of Colleges*：*Yale's Report of 1828*[M]. New York：Palgrave Macmillan，2010：4.

④ David Potter，*Liberal Education for a Land of Colleges*：*Yale's Report of 1828*[M]. New York：Palgrave Macmillan，2010：14.

的关键。古典教育的传承者坚信，人类社会的确是在不断发生变化，但这些变化不是毫无理由和秩序的，其背后蕴含着厚重的历史。而对于那些致力于社会改革的领导者而言，完善的心智和高尚的道德是他们身上最不可或缺的品质。因此，大学教育必须牢牢把握自由教育这个根基，这是培养理性和德性的关键，是每个文明社会都不可或缺的宝贵财富。

19 世纪后半叶，由于大力发展工农业带来的实用主义价值观，以及从德国漂洋过海而来的研究型大学理念，美国大学开始全面改革传统学院的课程与教学。19 世纪末 20 世纪初，当工业化浪潮与研究型大学理念席卷整个北美大陆时，古典教育面临的是铺天盖地的声讨，虽然思想界还有一批功底深厚、目光长远的人在坚守，但在官员和大众眼中，以心智养成为目的的古典教育已经落后于时代，研究型大学和赠地学院才是美国高等教育的未来，专业教育和职业培训才是学生最需要的教育模式。随着工业生产的持续发展和教育规模的不断扩大，越来越多的家长将教育视作一场纯粹的交易，将孩子送入大学的目的就是接受实际可用的技术培训，以此获得未来从事某种职业的技能保障和从业资格。因此，一切有关工农业实用技术的课程不断增加，至于历史、生物和政治科学知识，则越来越门庭冷落。这种风气不仅在大学风靡，而且下延到中学教育。譬如 1906 年的马萨诸塞州，就制定了一个双轨制高中教育计划，其核心思想就是鼓励更多学生接受职业技术教育，少数学生可以接受为进入研究型大学而准备的自由教育。①在政府支持下，以职业培训为目的的高等教育理念进一步鼓励了社会公众对实际利益的追求。整个教育风气的改变，以及新成立高校的核心追求，对坚持以古典知识为根基、道德修养为目的的古典教育模式带来了巨大的冲击。

在此必须澄清的一点是，美国公众对教育实际效用的推崇，与实用主义哲学对教育的理解并不一致。以 20 世纪初美国实用主义最

---

① Michael S. Roth. *Beyond University*：*Why Liberal Education Matters*[M]. New Haven：Yale University Press，2015：77.

具影响力的人物杜威为代表，哲学家们对政府的教育措施也进行了猛烈抨击。杜威对将手工训练整合到学校课程中的观点深恶痛绝，他认为双轨制的教育政策必将进一步巩固社会关系的不平等。如此一来，必然会有一部分学生被设定为不适合接受自由教育，他们只能学习一些当下工业发展所需要的特定技能。杜威认为，学校教育并非只能向学生传授那些与他们的工作生涯毫不相关的知识。几乎所有的美国学生将来都必须设法找到一份能够养家糊口的工作，因此教育必然需要为每一个学生的职业发展提供帮助。"我们所处的世界是一个人人都负有使命、人人都需要从事某项工作的世界。有些人将成为管理者，另一些人则接受别人的管理。但是，无论于人于己，最重要的是，每一个人都需要了解在我们的日常工作中蕴含着更宏大、更具人文内涵的内容，我们必须接受此方面的教育。"① 因此，在杜威看来，教育的目标就是提高人们在自己的日常行为中寻找"宏大和具有人文内涵"之物的能力，如此一来，我们就可以通过接受教育摆脱在工业体系中被工具化的命运。"我心目中所推崇的职业教育，绝非那种将从业者牢牢限制在既有工业体系中的教育；我不喜欢这种工具化的教育模式。"②

除了公众、政府的实用主义理念与实用主义哲学之间的冲突，大学内部的声音也是多种多样的，即便是同样推崇实用主义、反对传统学院教育的大学改革者，对美国高等教育理念的阐述也差异颇大。譬如在 1869 年至 1909 年执掌哈佛大学的艾略特，就是一位热情拥抱实用主义教育的改革家。1869 年，艾略特在《大西洋月报》刊发了一篇名为《论新教育》的文章，文章针对下一代美国人的培养提出了一个具有强烈宣战意味的问题，由此引起了几乎所有美国大学的学者的讨论。艾略特在《论新教育》一文中写道："我应当怎样培养我的儿子呢？我有实力，也很乐意，给他世上最好的教育。

① John J. Mcdermont. *The Philosophy of John Dewey*[M]. Chicago：University of Chicago Press，1973：464.

② Robert B. Westbrook. *John Dewey and American Democracy*[M]. Ithaca：Cornell University Press，1991：176.

如果他能成为传道士或者博学之士，我会感到非常自豪。但我并不认为他会有此成就。因此，我宁愿选择让他接受实用性教育，至少这样可以让他在接管家族企业或者从事其他热门职业时，与我当初的教育相比更加有备无患。"① 艾略特的聪明之处就在于用一个父亲的身份表达自己的实用主义教育理念，从而获得了广泛的喝彩与支持，同时也给予传统的古典教育理念重重一击。艾略特认为，每一个父亲都希望为自己的儿子在这个快速变化的新世界中寻找一种能够面向未来的教育，但是"他们不相信，那种从 50 年前甚至数个世纪以前流传下来的教育模式，对今天的男孩们也是同样有效的；对此最无法辩驳的缘由就是，今日的父亲期望自己的孩子所达成的形象在 50 年前根本就是不存在的"。《论新教育》一文在《大西洋月报》发表后不到一年，艾略特便被任命为哈佛大学校长。艾略特入驻哈佛校长办公室的第一个十年，美国的高等教育改革一直呈现显著的上升势头。源自德国的研究型大学模式毫无悬念地赢得了更多的支持，越来越多的人希望能够将这种模式移植到美国高等教育中。

与艾略特形成鲜明对比的是，美国第一所研究型大学——霍普金斯大学的首任校长丹尼尔·吉尔曼却非常认同古典自由教育在现代大学中的价值。吉尔曼以斩钉截铁的语气指出，学生若要从事高层次学问的自由探究，必须首先完成根基宽广的本科教育，古典自由教育能够为学生"打下一个自由而充实的认知基础，由此大学教育便拥有一个卓越的知识平台"。②相对于当时疯狂追求实际效用的美国公众和政府，吉尔曼更关注如何提升研究型大学的内在根基。吉尔曼认为，现代大学与传统大学的教育理念在很多方面是共通的，但在制度设计上截然不同。新大学必须挣脱旧制度的桎梏，"如果我们想要让一所大学能够继续存在，那么就必须同时赋予教师和学生更大的自由……大学的自由不仅体现在教师拥有选择教研方法的自

---

① Charles Eliot. *The New Education*[J]. *Atlantic Monthly*, February 27, 1869. http://www.the-atlantic.com.

②③ Daniel Gilman, *Inaugural Address*, 1876, http://webapps.jhu.edu/（Accessed June 2013）.

由，同时还体现在学生选择课程的自由"③。但这并不意味着现代大学理念否认古典自由教育的传统，吉尔曼承认，在从事高深学术研究之前，教师和学生都必须先将"学院派的训练"内化为自己的学术习惯。只有这样，大学的学术自由才有可能实现。吉尔曼进一步指出，传统学院比较适合早期美国社会，但现代化建设需要的是研究型大学，就像不断扩张的市场需要产业化的工业体系一样。为满足社会发展的需要，美国大学应当实施一种所谓的"学者—教师模式"，在这种模式下，研究者因为需要同时扮演教师角色从而使研究成果的传播变得更有效率，而教育者须同时致力于积极创造新知，这样才能使他们的教学更具说服力。毋庸置疑，高深学术的研究必须专门化，但需要澄清的是，"几乎所有最出色的学者都是那些在宽广而深厚的博雅文化基础上做出某领域的特殊成就之人"①。

总而言之，从南北战争结束到 20 世纪初，古典教育理念、实用主义理念以及研究型大学理念都能在美国高等教育界找到广泛的共鸣，不同的声音交织在一起，构成了一曲略显嘈杂的交响乐，政府、公众、企业家和大学领导人分别以不同的方式参与到高等教育的大变革当中。但总体来讲，冲突的核心还在于心智训练和实际功用两种大学教育理念的冲突。围绕这个核心冲突，不同类型的大学都卷入其中、各有诉求。研究型大学希望免于政府的操纵和宗教的干涉，因此大多反对带有政治意图和宗教目的的"心智训练"教育理念。但随着综合型大学科学研究的专业化程度越来越高，大家也逐渐认识到优秀学者的培养也离不开心智与个性的养成。正因为如此，当美国大学应当切断与教会联系的声音日趋高涨之时，普林斯顿大学校长詹姆斯·麦考什却在 20 世纪初逆势而为，提出宗教影响必须成为大学教育最核心的影响因素。麦考什认为，美国的高等院校急切需要建立一套规约学术研究的道德框架。但是艾略特在哈佛大学却强烈抵制这种意见，他认为大学一旦与任何教会派别达成先决协议，都会严重阻碍学术研究的自由发展。之后的事实证明，艾略特的观

---

① Daniel Gilman, *Inaugural Address*, 1876, http://webapps. jhu. edu/（Accessed June 2013）.

点更具有说服力。在艾略特看来，一个致力于科学发展的研究者，必须"保持对真理的渴求……必须放弃考虑科学研究有可能对教会机构、个人信仰以及宗教传统造成的不利影响"。①就像其他学科一样，宗教也应当被纳入学术研究的范畴，而不是成为科学发展的禁区。但如此一来，宗教也就无法为科学探究从业者的精神生活提供齐整如一的共同意识。

二、通识传统与职业倾向的冲突

美国传统学院教育的主体特征是以通识教育为中心，以希腊文、拉丁文经典和数学、哲学等通史知识为主要内容。从 19 世纪 30 年代起，美国大学发起了教学革新，主要目标就是在大学课程中增加现代科学技术，减少拉丁文、希腊文等古典知识。1821 年，阿默斯特学院创建，这所学校在建校之初就完全抛弃古典教育传统，旨在为学生提供与现实社会密切相关的专业教育。阿默斯特引领的新教育之风受到广泛的社会认同，该校学生规模迅速增加，学校声誉不断提升。自此以后，高等教育职业化成为美国大学的新趋势，尤其是到了 20 世纪初，研究型大学理念的推广和实践，促使美国大学的教学模式进一步向职业化方向发展。

19 世纪美国高等教育职业化的发展趋势具有非常坚实的社会基础。初期，大部分美国人集中于东北部经济发达地区，广袤的西部几乎是未曾开发的处女地。为平衡东西部发展，联邦政府于 1784—1787 年颁布了三次土地法案，以优惠的土地政策吸引大批移民西迁。随着"西进运动"的推进，耕种面积不断扩大，迫切需要大量懂实用农业技术的农业劳动力，而当时美国的高等教育主要效法欧洲大学的模式，侧重于向上层人士及其子女传授经典学术科目和宗教课程，普遍轻视实用农业技术教育，造成各州农业技术人才严重短缺。为了使教育适应农业经济发展的需要，美国国会于 1862 年颁布了旨在促进美国农业技术教育发展的《莫里尔法案》。该法案规

---

① Julie Reuben. *The Marking of the Modern University：Intellectual Transformation and the Marginalization of Modernity*[M]. Chicago：University of Chicago Press，1996：82.

定，联邦政府依照每州参加国会的议员人数每人拨给 3 万英亩土地，并将这些赠地所得的收益用于每州至少资助开办一所农工学院（又称"赠地学院"），主要讲授有关农业和机械技艺方面的知识，为工农业的发展培养所需的专门人才。法案实施后，联邦政府共拨地1743 万英亩用于赠地学院的建设。其中有 28 个州单独设置了农工学院，其余的州将土地拨给已有的州立学院以便成立州立大学和在州立大学内添设农工学院。截至 1922 年，美国共建立 69 所赠地学院，众多的农家子弟开始涌入大学，为美国工农业的现代化打下了坚实的根基。

在历史潮流的裹挟下，一直以古典通识教育为核心的传统学院也在发生改变。19 世纪 30 年代，以留德学者、哈佛大学历史上第一位人文学教授乔治·蒂克纳为代表的一批改革者，决心对因循守旧的美国高等教育体制进行现代革新。蒂克纳与当时那些勇于打破传统观念的高等教育批评家同声共气，呼吁美国大学应当进行"颠覆性的创新"。"美国大学的学科设置和教学模式必须要进行一场伟大、彻底的改造"①，如果美国传统大学"不去批判性地审视自己的传统，不能带头引领即将到来的改革、调整自己的课程，那么它们必将成为时代革新精神的第一批牺牲品"②。蒂克纳试图在哈佛大学建立与学生职业生涯高度相关的专业教育体系，放弃原先大量的古典必修课程，引入现代语言、自然科学等学科课程，并实施选修课制度，扩大学生的选课自由。为此，蒂克纳提出了一系列具体的改革建议：首先，开设不以获得学位为目的，以促进职业发展为导向的现代学科专业；其次，压缩原先漫长而频繁的假期，提高教学工作的强度；最后，对管理制度和拨款制度进行重大改革。为了从制度层面确立专业教育的主旨，蒂克纳呼吁大学的各个系科重新建构自己的教育体系来代替原先全校统一的课程体系；学生至少在一定的

---

① George Stillman Hillard. *Life, Letters and Journals of Gorge Ticknor* [M]. London: Low, Marston, Searle and Rivington, 1876:357.

② George Stillman Hillard. *Life, Letters and Journals of Gorge Ticknor* [M]. London: Low, Marston, Searle and Rivington, 1876:364.

范围内具有选择课程的自由，此举"将增加学生对该行业的学习兴趣，并将有利于他们选择学习对自己未来的生活更有价值的知识"①。艾略特担任校长后，蒂克纳的建议基本上都被采纳，哈佛大学的教学模式日益职业化，其他传统学院大多也都走上了职业化的改革之路。

　　如果说老牌学院是在工业发展大潮的影响下不得不革新传统的通识教育，那么新成立的研究型大学从一开始就拥有了职业化的办学基因。19 世纪 60 年代末，以斯拉·康奈尔立志创建一所与众不同的高等学府，康奈尔大学应运而生。康奈尔在建校规划中明确提出，要走专业化路线，学校的教学与科研活动都要与劳工市场和社会需要紧密结合。由于很好地迎合了时代发展的需要，康奈尔大学的专业化办学模式在 19 世纪末被美国研究型大学普遍采用。人们越来越笃定地相信，高等教育并不需要建立在普世道德的基础上，探究真理才是大学师生的共同准则。伴随高等教育机构在规模和领域上的同步扩张，不同学科的教师和学生越来越难实现跨领域的合作，在"综合大学"名义下汇聚在一起的二级学院和研究机构基本上都是各自为政。尤其是在工业化进程的推动下，实用主义思想与专门化的学科建构相结合，导致了 20 世纪初的美国大学几乎成为职业教育的代名词。

　　对于美国高等教育的职业化，实用主义哲学的创始人之一威廉·詹姆士在 19 世纪后半叶就提出了质疑。目睹艾略特在哈佛大学大刀阔斧的改革以及研究型大学对美国高等教育的全面冲击之后，詹姆士发人深省地指出，美国大学正在面临过度职业化的危险，他对全盘复制德式研究型大学的现象极为不满，因为这种教育模式会让学生变成"科研工具"。詹姆士认为，缺乏通识教育基础的学科如同一个个孤岛，培养出来的学生视野狭窄却又自大偏执，这样的人或许能够"发现一星半点的新知识"，但"仅仅只是为该主题下已

---

　　①　George Stillman Hillard. *Life*, *Letters and Journals of Gorge Ticknor*[M]. London：Low，Marston，Searle and Rivington，1876：356.

经汗牛充栋的信息添加一点无足轻重的边角材料"①。这样的教育模式当然不值得模仿，其最根本的问题就是让学生放弃追求人生的意义和发现社会的全景，最终他们将会淹没在技术的细枝末节之中。毫无疑问，詹姆士对德国研究型大学教育模式存在的问题的洞察是具有前瞻性的。在经历一个多世纪的辉煌之后，德国大学在公民道德和社会责任方面逐渐变得麻木和堕落，当帝国主义和法西斯主义先后发动两次世界大战时，德国学者或主动或被动地成为帮凶，这必然会引起全世界教育者的深刻反思。

除了对教育职业化损害公民道德的反思，美国学者还从社会公正的角度探讨了通识传统与职业倾向的关系。20 世纪初，美国最有影响力的黑人知识分子杜波依斯出版了他的扛鼎之作，同时也是美国社会最有影响力的著作之一——《黑人的灵魂》。在这部书中，杜波依斯首先承认中世纪书院教育的僵化守旧和专业教育的时代意义，同时也肯定了职业教育对提高美国人——尤其是有色人种——的劳动素质起到的积极作用。但是，杜波依斯对美国高等教育最大的贡献还是敏锐地察觉到高等教育职业化会从根基上破坏社会公正。杜波依斯认为，自主意识和批判精神是公民社会最重视的个人品格，职业是个体在社会中追求政治地位和合法权益的最有力的武器，而自主意识和批判精神的培养则离不开根基宽广的职业教育。在杜波依斯看来，职业教育最大的问题是让人们对现实的理解变得浅薄和狭隘，并将人们对美好生活的追求降格为对金钱的崇拜，如此一来，大学必将慢慢沦为职业培训机构。"大学的功能绝非只是教会学生赢取面包的本领，也不仅是为公立学校培养教师，更不是成为文雅社会的中心；归根结底，大学的职责在于成为现实生活与不断拓展的人类知识的'精密调节器'，成为文明生发的策源地。"②

在从理论上阐述高等教育职业化对社会公正的不利影响之后，

---

① Michael S. Roth. *Beyond the university*：*Why Liberal education matters*［M］. New Heaven：Yale University Press，2013：115.

② Du Bois. *The Souls of Black Folk*［M］. New York：Tribeca Books，2013：19.

杜波依斯紧接着从美国社会的现实问题出发，进一步从长期视角分析了职业教育对有色人种的不利影响。众所周知，从奴隶贸易到20世纪初期，有色人种在美国一直处于社会底层，职业教育帮助他们获得了提高收入的能力，却不能帮助他们提高族群的社会地位。恰恰相反，当有色人种通过职业培训获得积累财富的手段，同时又因为缺乏对精神世界的追求而失去抵抗意识和反思能力，就将陷入更深层次的奴役。这种奴役不是社会强加于有色人种的，而是因为他们盲目追求物质消费从而主动放弃了对自由精神的探索。杜波依斯将高等教育视作人类取得进步和自由的必由之路，而职业化只会将高等教育降格为锻造劳动工具的必备程序。尤其是对有色人种而言，在一个长期存在种族歧视的社会中，他们不会仅仅凭借财富积累就获得真正的自由和解放。要想真正改善所在族群的社会境遇，最重要也是最根本的，是积极参与社会改造和不断促进制度变革。"白人在大学里培养了大量的教师、政客、律师和医生，难道黑人不需要吗？"[1] 经济状况的改善并不意味着社会地位的进步，更不意味文化身份的提升。因此，有天赋的年轻黑人必须接受根基宽广的高等教育，"不是所有人都应当进入大学但是有些人却必须如此，每一个被孤立的群体或民族都需要培植自己的酵母，必须拥有一些能够让自己最有天赋的年轻人接受培训的基地，在这里人们可以摆脱生活的困苦和迷茫，如果没有这种教育基地，被孤立者将永远无法走出汲汲于生、汲汲于死的无望状态，永远过着灵魂麻木、以食为天的生活"[2]。基于以上论述，杜波依斯总结了自己的观点——美国大学需要重新思考通识教育在现代大学中的定位和内涵。时代已经抛弃了中世纪的读经运动，但缺乏通识根基和自由灵魂的专门化与职业化教育同样无法塑造未来。

关于高等教育理念的讨论，最终还需要大学管理者来作出总结。第一次世界大战爆发后，德国大学的辉煌开始蒙上阴影，美国大学管理者开始从学术的角度重新思考大学的理念问题，曾担任芝加哥

---

[1] Du Bois. *The Souls of Black Folk*[M]. New York：Tribeca Books，2013：58.
[2] Du Bois. *The Souls of Black Folk*[M]. New York：Tribeca Books，2013：60.

大学校长的赫钦斯就是其中的代表。赫钦斯拥有良好的古典教育背景，对通识教育极力推崇。在赫钦斯看来，偏重职业教育是 20 世纪初美国大学最严重的问题。基于对通识教育价值和内涵的深入理解，赫钦斯从三个不同视角做出了回应。首先，赫钦斯从教育者视角反对学生将整个大学阶段都用来为就业作准备，在他看来，这样的行为不仅自私，而且对自身的长远发展有害。其次，站在学术研究者的视角，赫钦斯指出大学的最高使命是追求真理，研究型大学的学科设置不是为了构筑壁垒，更不是为了方便进行职业培训，而是为帮助学生迅速找到进入学术领域的切入点。职业化倾向将高等教育降格为技术培训，破坏了知识世界的统一完整和学科专业的相互联系，不仅有害于大学也不利于社会职业的可持续发展。最后，赫钦斯站在社会管理者的立场对高等教育职业化进行批判。赫钦斯认为，社会永远处于动态发展状态，人们积累的经验和技术也在不断地变化革新。职业教育的实施方式是传授已有经验，让人们熟悉当前社会环境，却不足以引领未来的发展。因此，技术越进步、发展越迅速，职业和专业教育的价值就越小，理智养成和理论教育就越重要。"人心非器，知识亦非教育。教育是学校所传授的知识被遗忘后余留的精华，诸如观念、方法和思考习惯等。这些都是教育留给个人光芒四射的结晶。"① 赫钦斯进一步指出，职业素养的提升只能在实践中完成，大学教育为从业者准备的最宝贵的东西就是发现和拓展自己的潜力。

简而言之，以学科专业为基本框架的研究型大学在 20 世纪初已经成为美国高等教育的主导模式，但由于教育体制和社会价值的差异，美国大学的专业化理念和水平都与德国大学存在较大差距，其更多呈现出以"职业"为导向的实用主义的职业化，而非以"科研"为导向的专业化。这种情形造成了道德与实用、通识与职业的理念冲突和现实困境，也激起了自由主义和人文主义的反弹。因此美国高等教育遭遇了两难困境，或者说大学存在两个目标的冲突："一个是纯粹对真理的追求，另一个是为学生的职业作准备，这不是

① 罗伯特·M.赫钦斯.美国高等教育[M].汪利兵,译.杭州:浙江教育出版社,2001:78.

教学与研究之间的冲突，而是两种教育之间的冲突。"① 根据英美古典教育一脉相承的理性主义教育传统，大学是探索高深学问的场所，大学的首要职能是对真理的永恒追求；自19世纪以来大行其道的实用主义或专业主义认为，大学要对学生进行专业训练，传授某一领域的专门知识，培养某一行业的专门技能，从而为学生的职业生活作好准备。以上两种理念本就存在一定的张力，在教育职业化的推波助澜下，两者的冲突在20世纪上半叶愈演愈烈。

三、精英思想与平民取向的冲突

自哈佛大学建校到南北战争爆发，美国大学一直秉承精英教育理念，以培养心灵高尚、言行优雅，不同于普通世俗民众的绅士和牧师为己任。19世纪初，德式研究型大学成为美国大学的学习对象，但这并没有改变精英教育的底色，只是换了一种表述方式。事实上，德国研究型大学也是一种不折不扣的精英教育，费希特、施莱尔马赫、洪堡等德国大学的塑造者是为了德意志民族的文化复兴而提出以"修养、科学、自由、寂寞"为核心概念的德国古典大学观②。尤其是德国大学理念的集大成者洪堡，他本人出身于贵族家庭，贵族身份决定了他不需要学习生活技能用以谋生，因此他自然也就对民众生活的技能需要缺乏通感。因此在筹建柏林大学的过程中，洪堡完全忽略了大学的工具性，而将注意力完全集中于追求科学和人本身的完满。"大学不应该成为岗前培训的工具，而应该培养人的灵魂，人独立思考和判断的能力，培养人本身是最重要的目的，职业教育不应该出现在大学当中。"③ 毋庸置疑，德国大学培养的绝非社会大机器中的一个个螺丝钉，也不是终身从事某项社会职业的普通民众，而是具有内在修养和创新精神的国家精英。至于平民和贫困阶层的谋生需要，根本不在德国大学的考虑范畴，这种社会需求的满足交给了从中学阶段就开始分流的

---

① 罗伯特·M.赫钦斯.美国高等教育[M].汪利兵,译.杭州:浙江教育出版社,2001:20.
② 陈洪捷.德国古典大学观及其对中国的影响[M].北京:北京大学出版社,2015:63-74.
③ 徐丹.德国大学理念发展研究:1810—1933[D].南京:南京师范大学,2012.

职业教育体系。

在英式书院的基础上接受德式研究型大学的改造，把高深的科学研究和专业化的学科框架嫁接到根基宽广的通识教育之上，这是19世纪后半叶，美国高等教育最为显著的改革。此模式于20世纪初慢慢成型，并迅速成为美国大学的基本参照系。但这绝非美国高等教育大变革时期的唯一变化，19世纪后半叶，美国高等教育的改革方案多种多样，这些方案对日后的美国高等教育体系起到了深远的影响。与建设现代研究型大学这种明显带有精英色彩的方案相对应，美国高等教育的另一个发展路径就是高等教育的平民化和世俗化，这与当时美国社会的整体进程息息相关。初期的大部分美国人口都集中于东北部经济发达地区，西部居民仅占全国人口的3%。为扩大疆域开发更多的资源，同时也为了平衡东西部发展，美国独立后继续向广袤的西部转移，并从18世纪末到20世纪初掀起了轰轰烈烈的西进运动。在这一个多世纪里，美国获得了数百万平方公里的广袤领土，国土面积从建国时的100多万平方公里扩展到今天世人熟知的930万平方公里，大量来自东北部老殖民地的移民和欧洲国家的新移民不断向阿巴拉契亚山脉以西迁移，无数荒野被开垦成种植园。新领土辽阔的面积和丰富的矿藏还吸引了大量的淘金客，一处处矿场和工厂也如雨后春笋般建立起来。在寻找财富和优惠的土地政策的双重刺激下，西部的人口、经济都以令人瞠目结舌的速度激增。不仅如此，开拓新边疆还使整个美国社会深深地烙上了冒险精神和平等主义思想，崇尚公平竞争、独立奋斗的"美国梦"便是在此过程中孕育出来的。

19世纪末20世纪初，持续一个世纪的"西进运动"逐渐落下帷幕，此时美国不仅拥有了从大西洋到太平洋的辽阔国土，更重要的是民主平等的精神进一步从精英阶层渗透到每一个参与到开疆拓土、攫取财富的西进者心中。新开发的西部各州潜藏着几乎取之不竭的资源和机会，随着耕种面积不断扩大和工业生产不断扩张，社会迫切需要大量具备实用工农业技术的新型劳动力。然而直到19世纪中期，美国的高等教育还是侧重于为精英阶层传授经典学术科目和宗教课程，实用农业和工业技术教育严重缺位，各州工农业技术人才极度不足。为了使教育适应农业经济发展的需要，美国国会颁布了《莫里尔法案》，1890 年又扩大了实施范围。法案规定，联邦政府依照每州参加国会的议员人数拨给每人 3 万英亩土地，并利用这些捐赠土地所得的收益在每州至少开办一所农工学院，即"赠地学院"。依据《莫里尔法案》成立的新大学，主要讲授有关农业和机械技艺方面的新知识，旨在为工农业的发展培养专门人才。法案实施后，联邦政府共拨地 1743 万英亩用以赠地学院的建设。

在农工学院向广大平民子弟敞开大门的同时，女性和少数族裔也在南北战争之后获得了更多教育机会。在南北战争之前，只有极少数上流社会或教会出身的女性有机会接受高等教育，而且必须要按规定在具有教会背景的女子学院中。南北战争后，新成立的农工学院开美国高等教育之新风，打破了男女不同校的传统，自设立之初就招收女性，给予女性同男子一样享有接受高等教育的权利。但由于各种因素的制约，在很长一段时间，农工学院并未迎来多少女性，而价值观的转变和发展的需要又迫切要求越来越多接受良好教育的女性参与到社会生产中来，在这种形势下，许多新的女子学院得以建立。1861 年，全美最早授予女性学士学位的瓦萨学院在纽约州波吉普西城建立；1870 年，著名的女子学院韦尔斯利学院成立；1871 年，史密斯学院成立。同年，纽约城市大学的亨特学院成立，成为世界上规模最大的主要面向女性和少数族裔的综合性学院之一。在较早成立的州立大学中，爱荷华大学率先倡导男女同校，随后美国北部的多数州立大学和市立大学也主张该理念①。在南北战争后不到三十年，不仅已成立的十几所女子学院在美国蓬勃发展，而且男女合校也日益成为美国社会的普遍共识。②

在女子院校迅速发展的同时，少数族裔的教育权利也日益受到重视，专门面向黑人和其他少数族裔的黑人学院在南北战争后得到

---

① 吕瑞.美国早期州立大学简论——独立战争前后至 1910 年［D］.济南：山东师范大学，2011.

② 塞缪尔·艾利奥特·莫里森，亨利·斯蒂尔·康马杰，威廉·爱德华·洛伊希藤堡，等.美利坚共和国的成长［M］.南开大学历史系美国史研究室，译.天津：天津人民出版社，1980：1048.

迅速发展。19世纪初期，黑人教育开始萌芽，教会在北部和中部地区建立了一系列慈善学校，为穷人和少数族裔提供免费的教育。少数教会团体建立了专门从事黑人教育的学院。但19世纪上半叶的黑人教育还停留在较低水平，只能提供教会知识和简单的职业训练。南北战争前，废奴主义者希望通过提高黑人的受教育水平来促进奴隶制度的废除，并捐款建立了黑人学院；南北战争后，黑人奴隶获得了公民权，黑人学院得到了迅速发展。1865—1890年，仅民间团体在南方创办的私立黑人院校就超过200所，黑人学生的注册数不断增长。随着美国民主运动的发展，许多州立大学开始面向黑人招生，高等教育的普及对象也开始扩大到黑人。1890年，《第二莫里尔法案》在国会通过，为黑人公共教育提供赠地，鼓励建立独立的黑人高等学校，那些在招生方面实行种族歧视的学校将无法获得政府资助。至20世纪初，面向少数族裔的高等教育已经成为一只不可小觑的力量，为工农业发展做出了巨大的贡献。

普通民众和少数族裔进入学校接受教育，这极大地促进了美国高等教育的平民化，同时也推动了美国社会的民主化进程。事实上，美国教育平民化与社会民主化的进程是相互交织的。南北战争结束后，美国工农业得到迅速发展，至1894年，美国工业总产值已经跃居世界第一。伴随财富的迅速积累，美国社会的公平公正问题愈发凸显。一方面，美国从农业国转变成工业国，在此过程中，大量平民从全国各地涌入几个主要城市，为工业化的发展和城市的繁荣带来丰富的劳动力和消费群体；然而资本家的野心和贪婪也在不断滋长，为了攫取利益，他们不遗余力地扩大生产、榨取工人的剩余价值，从而导致贫困人口不减反增，出现了社会财富不断增加与人民生活愈发贫困同时出现的发展悖论。另一方面，工商业的发展培养了一个以专门知识和技能——譬如管理、法律、医学等知识和技能——为谋生手段的新兴中产阶级，该阶层在19世纪后半叶迅速成长。1870—1910年，美国总人口增长了两倍有余，而新中产阶级却增加了将近8倍，人数从75万增为561万，至20世纪初，已成为美国社会不可小觑的力量。他们在很大程度上决定了产业发展和社会改革的方向，然而在当时却仍然饱受旧权贵和新垄断者的压迫。在政治诉求和社会身份上都有着强烈上进意识的新兴中产阶级必然会奋起反抗。在中产阶级的领导下，统治阶层的进步主义者、饱受资本家剥削的广大城市平民和长期遭受种族歧视的少数族裔和女性迅速集结，在19世纪末20世纪初掀起了一场轰轰烈烈的进步运动。这场运动的影响范围极其广泛，同时在联邦、州和市三个层面展开，涉及的内容也异常多元，从政治改革到反垄断运动，从贫苦大众救济到工人待遇改善，等等。这场运动对高等教育也产生了巨大影响，其最显著的表现就是从理念和实践上同时促进了高等教育的平民化。在进步运动的推动下，"美国宪法第十七条修正案"于1913年4月8日正式生效，各州联邦参议员的选举由州议会变为人民直接选举；随后"美国宪法第十九条修正案"又给予妇女选举权，各市和州也建立了直接提名候选人制度。以上民主改革极大地促进了美国高等教育的平民化，尤其是对州立大学起到了至关重要的作用。①与此同时，平等主义也开始以民主之名在大学校园中蔓延。

平等主义本是一种政治主张，其基本诉求是同一社会中的所有人都应当平等享有法律、政治、教育等各种公民权利，政府不因个人的性别、种族、宗教信仰和阶层出身而有所偏袒。19世纪末20世纪初，伴随高等教育规模的进一步扩大，美国大学校园内外都出现了平等主义的倾向，其主要体现在两个方面。其一，在入口处，越来越多的人认为公共高等教育资源应当向所有人敞开大门，而非设置较高的门槛、只培养那些出类拔萃的人。拥有上述观点的人坚信只要获得恰当的教育，每一个人都可以获得较好的发展。女性和黑人之所以长期处于社会不利地位，就是因为被剥夺了接受高等教育的权利。由于上述平等主义观点有利于促进高等教育的规模提升并因此刺激经济的发展，其一经推出便应者云集，在美国社会引起巨大的反响。为了博取民众好感和拉拢选票，政治家也有意无意地推波助澜。对于美国社会的这一现象，英国律师和作家詹姆斯·斯蒂芬经过仔细观察后给出了这样的评论："从长远来看，民主制度倾向

---

① 吕瑞.美国早期州立大学简论——独立战争前后至1910年［D］.济南:山东师范大学，2011.

于保障公平而非自由，当自由与平等发生冲突时，民主整体甚至还会煞费苦心地对前者进行压制以保证后者通行。关于何为民主，我从未听说也从未读到一个准确定义，但清楚地知道许多罪恶常常都以民主之名作为掩饰。我甚至可以预料，不久之后，这个民主社会将会公然谴责某些奶牛比其他同类产奶更多，因为这不符合民主。我们无须对此感到惊讶，如果平等已成为第一要义，那么出现上述情况又有何不可？"① 其二，平等主义对大学教育的过程和评价也产生了影响，成绩优异不再是学生孜孜以求的美德，反而被当作自私不合群的象征。参与体育赛事、组建兄弟会和姐妹会、建立以兴趣爱好为宗旨的学生社团，成为最流行、最受欢迎的事情。当学分修满之后，所有学生都毫无差别地获得学位，以显示对平等价值的推崇。对此现象，哈佛大学校长洛厄尔认为，此时的美国高等教育的确保证了平等，但其带来的后果是平庸之人大行其道、超凡之士湮灭无闻。②随着美国高等教育的类型越来越丰富，平等主义者与精英主义者的理念冲突越来越激烈，双方都不遗余力地攻讦对方，以至于精英主义在普通大众心目中成为带有贬义的嘲讽之语，而平等主义又在很大程度上被职业化和世俗化所绑架，将高等教育降格为职业培训，大学校园沦为"青年人的游戏场"。

第二节　质量问题

进入 20 世纪，美国社会对科学技术创新和农工专业人才的渴求日益增长，以心智训练和虔敬精神为导向的高等教育传统全面让位

---

① Abbot Lawrence Lowell. *At War with Academic Traditions in America*[M]. Cambridge：Harvard University Press，1934：143.

② Abbot Lawrence Lowell. *At War with Academic Traditions in America*[M]. Cambridge：Harvard University Press，1934：46.

于培养研究人员和专业人士的新型大学理念。尽管在理念上还存在诸多的争议和冲突，但实际上绝大多数美国大学都在切实推进专业教育和研究生教育的发展。为了强调实际功用，传统的通识教育课程从 19 世纪 60 年代起就不断被压缩，至 19 世纪末，大多数学校都实行了课程选修制度，部分高校甚至完全不设必修课程，全面赋予学生自由选课权。与此同时，研究生院也成为大学的新宠，尤其是那些老牌名校和新建的研究型大学，它们力图通过创建研究生教育体系来复刻德国大学的荣光。但踌躇满志的改革者却忽略了一个基本事实，那就是美国的中等教育体系极不完善。如此一来，本科教育质量的下降便不可避免，在此前提下打造高水平研究生院的计划也成为空中楼阁。综合来看，此时期美国高等教育质量下降的原因主要有三个：自由选课制度的实施、考试评价体系的不足以及大学文化生活的衰落。

一、自由选课制度的不利影响

从 17 世纪到 19 世纪中期，美国大学的课程设置基本上都是以必修为主、选修为辅，旨在"训练心智、陶冶情操"的博雅教育构成了高等教育的核心内容。但从 19 世纪 60 年代起，美国大学课程出现了两个显著变化，一是与职业训练紧密相关的专业类课程不断增多，二是以自由选修为主导的课程模式逐渐代替了原来的必修课程模式。促成自由选课制度广为流行的原因较为复杂，既与工业发展带来的教育职业化趋势紧密相关，而且牵扯到进步主义运动的民主呼求，同时也包含着高等教育平民化和高等教育多元化的影响。自由选课制度的进步意义十分明显，新的历史环境给予美国大学实施革新行动的自由，从而为其带来了继续前进的磅礴动力。自由选课制度打破了顽固僵化的传统古典课程对大学教育的垄断，予以学生选择的自由，同时也大大拓宽了课程知识的宽广程度，特别是有关科学技术知识的新课程的引进，对美国大学的科学化和现代化起到至关重要的推进作用。

但由于偏重学习德国大学和迎合社会需要，自由选课也存在诸多弊端。自由选修制度过分依赖学生的自我判断，选课完全以个人好恶和职业规划为依据，导致本科教育缺乏整体性和逻辑性，这又进一步造成竞争机制和评价标准的丧失，学生因此变得拈轻怕重、游手好闲。艾略特的继任者洛厄尔认为，自由选课制度的有效性主要基于三个方面的假设：首先，如果学生能够自行选择学习科目，而非被动接受教师的事先安排，那么他们就一定选择自己适合的领域，并积极主动地参与、付出努力；其次，相对于学院开设的固定课程，学生自主选择的学习内容更贴近自己的切身需要；最后，学生应当拥有学习选择权，行使这一权利的经历也是一种有效的教育元素。①但是，这三个假设并不完全成立，至少在 19 世纪末 20 世纪初的美国高等教育领域无法成立，因为有两个支持上述假设的基本条件并不具备。首先，高等教育的课程设置既广博又精深，若要从中选择适合自己的科目并进行优化组合，就必须理解大学教育的基本原则，并对自己心智的长处与短处有着清晰的认知。其次，即便越来越顺应时代潮流引入专业课程，大学传授的依旧是高深学问，需要学习者拥有较为扎实的通识教育根基，并愿意严肃认真地对待自己的选择。然而，当时美国的社会风气和教育现实，尤其是中等教育的真实水平，却根本无法满足以上两个基本条件。

南北战争结束后，美国的教育事业蓬勃发展，各州普遍设置中等学校，在世界各国中率先完成了中等教育的大众化，这为高等教育的扩张提供了基础。但是，规模的扩张并不意味着质量的提升。事实上，20 世纪初的美国中等学校存在两大问题：一是缺乏统一的办学模式与教学标准，不同类型、不同地域的学校差别极大，无法为高等教育的规模扩张提供大量的合格毕业生；二是绝大多数学校以就业为导向，追求实用价值，忽视基本理论，以致学术水平总体较差，与现代大学培养研究创新型人才的办学理念无法衔接。美国中等教育在 19 世纪下半叶的蓬勃发展与废奴运动、西进运动和进步运动息息相关，其更多是出于工农业发展和政治改革的需要，不同学校在课程设置和教学水平上存在着巨大的差异。

---

① Abbot Lawrence Lowell. *At War with Academic Traditions in America* [M]. Cambridge：Harvard University Press, 1934：52.

一则由于各州的发展水平和生产需要各不相同，全国缺乏统一的规程，导致中等学校的办学水平和课程设置大相径庭，"各州、各地、各校各行其是，各立其新"，"最优学校不啻是大专院校，最劣中学不啻是小学。这种高下参差，极不便于全国各业使用人员和大学院校录取新生"。①二则极端注重实用，并且急于开拓创新，忽视根基扎实的通识教育，违背了学术发展的内在规律。其结果就是"导致教学水平降低……无论就所学知识的广度或深度而言，美国中学都比不上欧洲学校……这将局限青年的科学眼光，扼杀它们的长足发展"。②在此情形下，大学实施自由选课制度和专业化教育表面上有助于提高学习兴趣，但对于缺乏知识根基的学生而言却是一种不负责任的行为。

由于中等教育水平的低下，初入大学的新生根本不可能像自由选课制度支持者所宣称的那样，在缺乏方向引导和外在监督的前提下能够找到兴趣所在，从此踏上最适合自己的发展道路。事实上，自由选课制度的施行往往会极大地削弱本科生的进取精神和竞争意识。因为所有学生都可以根据自己的意愿随意进行课程规划，以至于几乎没有任何两位学生的功课完全相同，这就导致大家的学习成绩完全不具可比性。针对此现象，洛厄尔做了一个形象的比喻："（美国大学生的学业表现）就像《爱丽丝梦游仙境》里的'考克斯赛跑'一样，参加者可以随便决定在哪开始、在哪结束；唯一的区别就在于后者的课程至少还要选够一定的数量。"③ 这样的选课制度必然导致学生轻视排名，表面上是在彰显自己的个性与独特性，但实质上只不过是拈轻怕重、逃避竞争，几乎所有人都会不约而同地选修那些看上去有趣、学起来轻松的"注水"课程。

不可否认，随着教育经历的不断丰富，学生理应能够越来越清晰地了解自身的心智水平和大学教育的本质特征，同时在未来职业

---

①　滕大春.美国教育史[M].北京：人民教育出版社，2001：359-367.

②　滕大春.美国教育史[M].北京：人民教育出版社，2001：373.

③　Abbot Lawrence Lowell. *At War with Academic Traditions in America*[M]. Cambridge：Harvard University Press，1934：53.

发展的激励下对自己的学业作出认真思考和慎重选择。然而，糟糕的中等教育根基和不负责任的新生选课制度已经让学生早早失去了对各门学科的整体理解能力，在这种情况下，他们即便拥有学习的愿望和决心，也无法在琳琅满目的课程列表中选出对自己真正有益的组合，更不用说学以致用。"想象一下，一个病人来到药剂师的店里，如何能够仅凭观察柜台上的瓶瓶罐罐就可以找到自己需要的药物？因此，如果选课制度想要获得成功，必须鼓励学生首先深入了解自己所要选择的课程；在学生做出选择之前，导师也应当为他们提供自己的经验和智慧。让学生主动行使权利和承担责任，是选课制度的一个基本特征，同时也是让学生一开始就陷入无助的主要原因。"①

除此之外，选课制度还致使大学教育制度倾向于机械主义，其具体表现就是学分课程的实施，这将导致学生重视学分的积累但忽视知识的获得。如果一位学生修习并通过了某门课程，哪怕对课程知识的了解并不深刻，或者通过之后就将所学知识抛之脑后，他仍然能够满足毕业条件；如果这位学生能够很好地掌握这门课程的整体蕴意，却未能在考试中证明自己，那么他将一无所获。毫无疑问，修课程、积学分是最简单的管理方法，但绝不是一种完善的教育制度。教会学生如何自我认知，如何获得知识，如何学以致用，这才是衡量教育有效性的关键指标。然而，自由选课制度却打破了本科学业的完整性和连贯性，将高等教育的中心从学生个体的成长变成了单科课程的实施。大学教育的最终目的究竟为何，这一关键问题日益被人忘记。越来越多的人认为大学的主要目的要么是培养专业的研究人员，要么是为学生从事某项职业提供前期准备；无论选择哪个专业，学生的大部分学习内容都应当是能够落到实处的应用性知识。如此一来，大学教育从理念上就被降格为专门的职业培训，通识探究在大学课程体系中的比例大大减少，学生的想象力和创造性无法得到舒张，从而导致教育质量大幅下降。

---

① Abbot Lawrence Lowell. *At War with Academic Traditions in America*[M]. Cambridge：Harvard University Press，1934：4.

二、评估制度的错位

当现代大学体制建立起来之后，美国大学的评价制度也发生了根本性变化，赫钦斯从 1923 年开始在耶鲁大学任教，1929 年执掌芝加哥大学并被称为该校历史上最著名的校长之一，据他观察，美国高等教育在 20 世纪初进入一个"混乱年代"，而造成这一问题的根本原因就是大学评估制度的堕落。赫钦斯认为，进入 20 世纪之后，美国大学评估制度出现了一个灾难性的转型，就是对"量"的热切追逐以及对所有无法转化成即时效益的事务的忽视。

按照赫钦斯的理解，20 世纪初，美国大学对"量"的追逐主要体现在三个方面。首先，为了获取更多的金钱和更大的名声而不顾一切地扩大招生规模，这直接导致了"学生数量"成为评价大学办学是否成功的重要标准。"对金钱的追逐导致大学注重所吸纳学生的数量，注重数量造就了美国的教育评估制度"①。由于学生规模的迅速扩张，大学无法再去维持原先小型学院时期的人文关怀和从容气质。面对日益庞大的学生群体，管理层根本没有时间认真思考和计划合理的考评方法，教师也无法详细掌握自己学生的学习进度。为了应付日益增多的学生群体，大学不断出台各种"武断和机械的测量指标"。在这种评估制度下，"年轻人在智力上的进步取决于他们在校的出勤时间、所修的课时以及在考试中展现对知识的记忆程度"。但可以肯定，"这些指标实际上测量的是顺从和记忆的程度，并未显示学生智力方面的提高"②。

其次，科研成果成为评价教师最重要的指标。教学任务，尤其是本科教学，成为大学教授的"副业"。然而，缺乏优秀本科教育的大学，必然也无法培养出卓越的科研人才，这导致美国大学在 20 世纪上半叶做出的学术贡献非常有限，世界级的学术大师更是寥寥无几。由于大学未能在学生反应较为灵敏的早期岁月里对其施以足够的影响，从而导致美国大学生在一开始就未能形成良好的学术品位和远大的学业抱负，教师也少有富有创造力的杰出学者。在片面重

---

①② 罗伯特·M.赫钦斯.美国高等教育[M].汪利兵,译.杭州:浙江教育出版社,2001:62.

视学术产出的评价体制下，即便有一些具有原创力的教授，他们也更喜欢为性格温顺的学生解读学科知识的发展历史，而不愿意亲自带领大家探求新知，更不会将自己最新的学术成果公诸于众。如此一来就出现了一个颇为讽刺的现象，"基本上没有哪个大学教师对本科学生的整体学术水平表示满意。也许一位教授会在公开场合宣称本校学生的学习成绩要优于其他学校，但私下里一定会暗自抱怨。事实上，大部分教授对本校学生的整体学术水平都是所知无几，所以更谈不上与其他院校进行比较"。①

最后，由于管理层和教师都对潜心学业的学生缺乏最基本的尊重，而有钱的企业家和校友又更喜欢把捐助花在更吸引眼球的大学体育赛事上，这导致体育荣誉被普遍视为本科学生最重要的个人成就，学习成绩优异者却成为同学们眼中不屑一顾的"书虫"。这种浮华现象在大学校园里十分盛行，年轻的学生们更喜欢将热血青春挥洒在运动场上，并以此来博得身边同伴的喝彩和有钱校友的青睐。为了给自己的这种行为寻找充分的理由，他们下意识地将努力保持清醒、刻苦攻读学业视作逃避竞争、缺乏胆气的怪异行为。因为学术排名早已取消，自由选课制度让大家根本不在一个跑道上，当然也就无法展开竞争。关于体育和学习的关系，当时的美国大学生普遍存在这么一种荒谬的认识："他们将自己比喻成野蛮人，体育对他们来说就像狩猎，而学习则像耕种。"②

三、文化生活的衰落

由于重研究轻教学、重实利轻思想，美国大学原创思想匮乏，甚至逐渐沦为实用知识和应用技术的"交易市场"。"学生的兴趣与大学的真正目的相偏离，成为最严峻的问题。"③ 直至 19 世纪末，"美国大学几乎未能培养哪怕一位执思想界之牛耳的伟大学者"，

---

① Abbot Lawrence Lowell. *At War with Academic Traditions in America*[M]. Cambridge：Harvard University Press，1934：50.

② Abbot Lawrence Lowell. *At War with Academic Traditions in America*[M]. Cambridge：Harvard University Press，1934：240.

③ Edwin Slosson. *Great American Universities*[M]. New York：Macmillan，1912：506.

"由于工业化的迅速发展和接踵而来的拜物主义浪潮，最具才华的年轻人大多不愿踏上求学问道的幽径"。①哈佛大学校长洛厄尔、芝加哥大学校长威尔逊等人认为，造成上述问题的根本原因就是大学文化生活的衰落，这种衰落又主要体现在两个方面。

　　首先，从 19 世纪 60 年代起，美国大学由于规模的迅速扩大和办学的实用倾向不再为学生提供校内住宿，从而在实质上放弃了对大学生文化生活的监护责任。在此方面，密歇根大学为始作俑者，其他大学紧随其后，就连两百多年来一直以英式住宿学院传统为豪的哈佛大学也在 19 世纪 80 年代停止提供住宿服务，学生们纷纷搬离校园。从表面上看，美国大学此举似乎也是对德国大学的仿效，希望以此来锻炼学生的自理能力。但深究下去，却发现事情并非如此。德国拥有根基坚实的中等教育，学生在进入大学之前能够获得良好的通识教育，而美国的中等教育整体上堪称糟糕。此外，德国大学有着浓厚的学术氛围，大学生不仅心智相对成熟，而且大多在学业上有更明确的目标。反观美国大学，管理者注重实利，学生根基浅薄，校方停止提供住宿的根本原因只是为了削减开支。修建和维护学生宿舍要花费不菲的代价，但却带不来多少"实实在在"的回报，校方更倾向于节省这笔"得不偿失"的开支，将其用在购买设备或增加课程等效果立竿见影的事情上。校方在校内住宿和文化生活上的"不作为"，必然带来学生群体的"乱作为"。为了寻找住宿，更为了打发课外生活，学生群体自觉按地域或出身组成了联谊组织，这些组织的主要工作就是组织大家"吃饭和休息，工作和玩耍"。正因为如此，20 世纪初的美国著名记者科宾认为，绝大多数美国大学都"迫切需要建立一套更加良善有序的寄宿生活"。②

　　如果说学校不再提供住宿是从内部放弃了对大学生活的引导，那么兄弟会组织的盛行和校际体育赛事的风靡则是从外部深刻影响了美国学生群体的文化氛围。大学里的兄弟会组织由来已久，其可

① Edwin Slosson. *Great American Universities*[M]. New York：Macmillan，1912：75.

② Paul Venable Turner. *Campus：An American Planning Tradition*[M]. Cambridge：MIT Press，1984：6.

以追溯到中世纪巴黎大学的同乡会。中世纪大学在建立之初，甚至还没有成为机构完整的社团组织之前，来自欧洲各地的教师和学生就按照地域出身集结在一起，共同租赁屋舍和缴纳学费。等到全体在巴黎任教求学的学者共同集合起来创办了世界上第一所教师大学——巴黎大学，同乡会又增加了联合起来共同管理大学事务的职责，12、13世纪的巴黎大学校长也是由四大同乡会的负责人轮流担任，其职责主要是代表全体巴黎学者处理大学与城市的财务问题，同时与地方教会争夺教师资格授予权，并尽力从国王和教皇那里争取学者特权。以巴黎大学为模板，牛津大学、剑桥大学等古老大学的历史记录中一直都有同乡会组织的存在，形成了一种古老的文化传统。美国大学的兄弟会组织在一定程度上借鉴了欧洲大学的同乡会传统，但却存在本质上的区别。首先，美国大学兄弟会全部在校外租赁房屋居住，这一点虽然表面上与最初的中世纪学者相似，但事实上却完全不可同日而语。中世纪的学者社群是为了求取学问而背井离乡聚集到巴黎或者牛津、剑桥，当时的大学只是一个松散的教师联盟，教师和学生共同居住在市民的屋舍里，因此他们的居所也是教学场所。而20世纪初的美国大学则是有意将教学和住宿分成两种截然不同的事务，前一种是职责所在且"有利可图"的，后一种则是"可有可无""得不偿失"的。在此情况下，美国大学生在课堂之外的时间基本缺乏监管。大家都居住在城市的不同区域，教师基本上住在中产阶级集中的小区，学生则根据家庭出身分别寻找属于自己的落脚地，无论是师生之间还是学生之间，都存在着巨大的隔阂。

其次，对于中世纪大学的学生而言，学业是将大家凝聚在一起的核心要素，而20世纪初的美国大学生却是因为娱乐聚集在一起。当时的著名记者科宾曾指出："兄弟会组织和体育运动是分散美国大学生注意力的核心要素。尽管许多观察家也承认兄弟会能为学生提供一个如家庭般舒适的组织氛围，但不可否认，该组织也是导致学生的兴趣爱好远离学术领域的罪魁祸首。"① 在所有的娱乐活动中，

---

① John Corbin. *Which college for the Boy*: *Leading Types in American Education*[J]. American Journal of Education, 1909：100-106.

富有挑战性的集体体育运动是最受欢迎的存在，尤其是对抗最激烈的美式足球。足球运动在 19 世纪末期就已经成为最受美国学生欢迎的体育活动，这项运动不仅深受学生喜欢，而且对本地居民也有着巨大的吸引力，重大赛事更是万人空巷的集体狂欢。因此，大学管理者非常乐意举办各种各样的体育赛事，一方面，这是为学校提高曝光度的绝佳机会，另一方面也是吸引社会捐赠的最佳途径。久而久之，体育赛事成为维系学生与母校情感的纽带，而课程和学业则成为不受关注的点缀。①

美国大学传统文化生活的衰落和体育文化的盛行有着深刻的社会原因，20 世纪之交的美国，甚至整个西方社会，都洋溢着急功近利的狂欢气息。欧美列强已将殖民地扩展到几乎整个世界，工业化时代已经完全到来，新的技术发明层出不穷。人们认为，资本主义的黄金时代已经到来，纵情享乐才是人生真谛，大学管理者只不过是顺水推舟、投其所好。在此时刻，虽然古典教育的传承者依然坚信书院文化传统才是大学最宝贵的财富，但他们必须承认，美国大学的文化生活几乎已经被功利至上的社会风气和办学方向破坏殆尽。支离破碎的课程设计、无人喝彩的学术追求以及热火朝天的娱乐活动，构成了美国大学教育品性不断堕落的有力证据。如威尔逊所言："一直以来，我们已经耗费了太多的精力进行高等教育改革，但最后的结果却是大学传统的分崩离析。"②

---

① John Brubacher. *Willis Rudy. Higher Education in Transition*；*A History of American Colleges and Universities*，1636-1968［M］. New York：Harper & Row. Cahill，1968：123-136.

② Abbot Lawrence Lowell. *At War with Academic Traditions in America*［M］. Cambridge：Harvard University Press，1934：72.

第四章　内涵发展：
美国大学的理念焕新与品质提升

　　第一次世界大战结束后，美国的综合国力已在世界各国中名列前茅。然而，此时的美国高等教育仍然相对落后，不仅国际地位与欧洲大学相距甚远，而且在国内的声誉和贡献也令人失望。为引领美国大学走向卓越，一批富有远见的改革者进行了自我剖析和反思，并在此基础上致力于内涵提升。20 世纪初的哈佛大学、芝加哥大学等著名大学管理者阐发了经验和探究对于个体发展和公共生活的重要意义，并面向社会各个阶层提出了"培养整全之人"的育人理念。全人教育理念兼具宽广视野和批判精神，同时又不失现实意义。在此基础上，以哈佛大学为代表的精英大学着力提升办学品质，从而为高等教育内涵发展奠定了基础。

第一节　美国大学的理念焕新

　　20 世纪初，美国社会在政治、经济和文化各方面都进入蓬勃发展时期，大学也迎来了"大变革时代"，各所大学不仅在规模上迅速膨胀，而且在教育理念上也不断成熟。基于对传统自由教育理念和现代研究型大学的整合与反思，以哈佛大学校长洛厄尔为首的教育

家提出了"培养整全之人"的"全人教育"观。

一、"全人教育"的理念与实践

"全人教育"是20世纪初的美国大学管理者基于本国历史和现实提出的高等教育观，堪称引领美国大学走向卓越的逻辑起点，甚至对整个美国社会的国民性格具有重要的塑造作用。"全人教育"理念提出后，不仅对美国大学的教育思想产生了深远的影响，而且直接引出了课程改革、书院建造、建筑设计、奖学金计划等一系列实践革新，时至今日其余韵犹存。

（一）"全人教育"理念的提出

关于何谓"全人教育"，洛厄尔有着精彩的论述。首先，其强调一个核心原则，那就是唯有学生个体，而非课程，才是教育真正的基本组织单位。这一观点既继承了自由教育的核心理念，又对中世纪以来的大学教学提出了质疑。其次，大学生活的核心要义也非锻造技艺娴熟的专业人员，这一步骤不应该发生得如此之早，尽管每一位本科学生都应当在一定范围内专攻某个方向以便于更加深入地掌握此方面的知识，但是他的主要目的应当是形成运用知识的习惯，培养准确敏锐的思维，以及获得清晰严谨的表述能力。这一观念则回应了当时美国大学的研究型和专业化倾向。在此基础上，洛厄尔进一步提出，大学生需要完善自己感知事物之间内在关联的洞察力，学会通过持之以恒、层层深入地思考各种难题，从而不断完善自己的想象力和应变力。人类的思维绝非各种彼此分离的散碎意识的简单叠加，而是一个极其复杂的综合体，其中每一种方法和每一个观点都对整体思维产生影响。譬如，"如果一个人掌握了微积分的运算法则，那么从此以后其可能喜欢从比例、运动和发展趋势的角度，而不是数量、位置和现有状态的角度看待所有问题。正因为如此，教育才必须以完善整体的思维能力为导向，各个学科虽然仍旧需要分解成一系列的课程知识，但却必须考虑每门课程与整体学科之间的关联整合。修习不同课程的目的也不在于将不同的意见按照某种相似性彼此叠加，而是学会成为一个'整全之人'"。①

"全人教育"理念提出后，美国思想界对其展开了旷日持久的争论，其赞同者虽多，但反对者也从社会实践和市场需求的角度进行了针锋相对的辩驳。在所有对"全人教育"的批判中，最核心的一个观点就是其缺乏"实用"价值。针对这一问题，实用主义哲学的领军人物约翰·杜威对"全人教育"表示了支持，从而进一步丰富了其理论内涵。

杜威堪称20世纪美国最重要的哲学家和教育学，他为美国教育所定的基调时至今日依然具有强大的影响力。在杜威看来，目标狭窄的现代职业教育与传统的经典教育都应当被批判，其共同的原因是"反民主"、人为地对知识探究设置界限。他所提倡的，是一种在宽广的知识根基上对现实进行批判的教育模式。教师的职责"并非简单的个体习训，而是培育正确的社会生活"。②通过接受教育，人们不仅仅实现自力更生，而且还通过实践将理想照进现实，从而共同实现"群体的社会意识"。③作为一个实用主义者，杜威首先从历史与现实的角度论证了教育的可能性与有效性。他指出，人们的行为和观念并非根据他人的期冀"生长出来"的，而是通过教育培养出来的。教育之所以有无限可能，就是因为年轻人能够敞开心扉相互依赖。"相互依赖"是人类的一个优势，因为其使人具有"适应性"或"可塑性"———"一种从过往人生经历中获得启发，寻找走出未来困境之方法的能力"。④因此，教育就是要通往更广阔范围内的再教育——即在相互依赖的背景下获得更强的持续学习能力。实现这一目标的途径就是不断质疑现在，勇于探索未知。但这并不代表教育要否定传统，对当前的探究必须建立在对过去的理解上，只有弄懂

① Abbot Lawrence Lowell. *At War with Academic Traditions in America*[M]. Cambridge：Harvard University Press，1934：30、41、46.

② John J. Mcdermon. *The Philosophy of John Dewey*[M]. Chicago：University of Chicago Press，1973：454.

③ John J. Mcdermon. *The Philosophy of John Dewey*[M]. Chicago：University of Chicago Press，1973：443.

④ John J. Mcdermon. *The Philosophy of John Dewey*[M]. Chicago：University of Chicago Press，1973：487.

过去之人如何应对那个时代提出的挑战，才能够更全面地理解现实问题。①在杜威这位实用主义者看来，有效理解能够引导人们尝试着从历史本身出发去了解过去，而试图理解过去的行为本身必然包含着为当下服务的目的。以历史和现实的辩证思考为基础，杜威又从哲学的角度提出要告别过去那种关于宏大问题的知识探究，转而关心人类问题的解决；不要再去追求那种作为世界映像的知识，而是要以积极向上的进取心，在个体兴趣和社会关怀的激发下致力于知识探究。

　　基于历史和哲学的思考，杜威阐发了他的大学育人理念。在杜威看来，关于教学主题，教师既可以怀着促进学生自由发展的目的而教，也可以为了完成简单的机械训练而教。在过去，人们曾经认为，有些人应当接受闲逸的自由教育，而另一些人则必须接受专门的岗位培训。如果现代人需要放弃这种观念，那么接下来就只有一个问题——如何教导学生通过探究自己的个体生活和公共生活实现求知的可持续性。探究能力的生成，不是单纯依靠某些传统学科的固有属性就能够实现，教育者必须将学科知识与其"人文源头和原始动力"相连接，才能促进探究能力的养成和发展。"在当前的社会背景下，大学必须大力发展技术类学科，在这种情况下，欲使自由教育履行其为民主社会服务的功能，大学就必须使技术教育能够有一个人文导向。对于自由教育而言，没有什么学科的知识是'内发原生'的，如果切断了学科知识的人文源头和原始动力，那么其无论如何也无法达到'自由'之目的。"② 易言之，大学教育的真正意义在于回答生活需要和反思现实问题，而非学会一系列方法和技巧。自由教育之所以能够使人自由，就是因为其能够将对人类社会历史背景和原始动机的理解，与"对当下世界生活需要和存在问题的评

---

① 　John J. Mcdermon. *The Philosophy of John Dewey*［M］. Chicago：University of Chicago Press，1973：64-65.

② 　John Dewey. *The Function of the Liberal Arts College in a Democratic Society：The Problem of the Liberal Arts College*［J］. *American Scholar*. 1944（4）：393.

价" 紧紧联系在一起。①

（二）全人教育的实践

为将理念变为实践，"全人教育"者主要在三个方面付出了努力：搭建文化平台、革新课程体系以及设置学术荣誉与奖励。围绕这三点，"全人教育"焕新了美国大学的整体面貌。

1. 建造住宿书院

场所是教育的物化载体，也是教育者和受教育者密切交流的文化空间。在经过长期的思考和讨论后，"全人教育"倡导者决定重新引入改良后的英国大学住宿书院制度。住宿书院实质上是大学的初始形态，大学创建伊始，并无固定的教室和宿舍，主要在教师租来的房子里进行，学生须自行解决住宿问题。12 世纪的欧洲大学，依然保留着知识献祭和虔诚清修的修院传统，因此，学生多为来自欧洲各地的贫困学子，住宿学院的前身就是高阶教士或贵族为贫困学生捐资建造的寄宿屋舍。②留学巴黎的英国学者回国创办大学后，也把这种寄宿教育形式带到了牛津大学和剑桥大学，并逐步发展成设施完善、理念独特、师生栖居一堂的住宿学院。

除却少数由托钵修士创建的学院，牛津大学、剑桥大学等数十所风格各异的住宿学院皆由寄宿屋舍发展而来。屋舍的创始人都是著名学者或社会名流，其中不乏英国王室成员。如剑桥国王学院便是英格兰国王亨利六世于 1441 年创建的；王后学院则是玛格丽特和伍德维尔两位皇后先后捐资建立的。在捐助者的支持下，屋舍逐渐形成学者社群。在中世纪大学章程的规约下，学者社群进一步发展为具有自治性质的住宿学院。1489 年，牛津大学教师团和各屋舍负责人联合拟定了《寄宿生规约》，标志着住宿学院制度正式确

---

① John Dewey. *The Function of the Liberal Arts College in a Democratic Society*：*The Problem of the Liberal Arts College*［J］. American Scholar. 1944（4）：394.

② Rashdall Hastings. *The Universities of Europe in the Middle Ages*［M］. Oxford University Press，1936：681.

立。①15 世纪后期，住宿学院制逐渐成为英国古典大学的主要办学模式。19 世纪，住宿学院开始承担起更多的教育功能，成为大学生活的核心领域，在学生入学的甄选、导师的指定、文化生活的创设等方面发挥重要功能。鉴于美国与英国的文化渊源以及英式教育传统的独特魅力，"全人教育"者决心模仿英式书院在美国研究型大学中创办学舍。经过长期的谋划，美国大学在 20 世纪初期开启了美国大学史上延续半个多世纪的书院建造运动，其主要在两个方面为建构大学文化共同体做出了实质性贡献。

　　其一，追随英国"哥特文化复兴"运动，在校园里设计和建造具有古典风格的建筑和景观，增强大学教育的文化氛围和仪式意义。19 世纪 30 年代初，英国建筑界和文化界兴起了"哥特文化复兴"运动，其最初的主旨是恢复文艺复兴时代以前的哥特式建筑，放弃当时欧洲流行的新古典主义风格。由于英国上流阶层的有意引导，"哥特文化复兴"运动逐渐发展成一场旨在全面弘扬民族传统，"在文学、美学、爱国主义和伦理道德等多个向度同时展开的文化运动"。②哥特复兴运动的倡导者认为，英国社会的文化传统不同于欧洲大陆，具有连续而完整的自身特点，哥特式建筑在一定程度上能够代表这种传统。19 世纪末，哥特复兴运动在英国逐渐偃旗息鼓，但美国大学管理者却刚刚发现其独特魅力，并将其视作治疗功利主义社会病的一剂良方。最初，只是一些小型学院通过外墙整修和雕塑景观等方式来为校园添加哥特文化元素。随着工商业的迅速发展，美国社会涌现出一大批商业巨头，其中相当一部分人的家庭背景或个人经历都与英国密切相关，这些人既有意愿也有能力推动英国文化在美国的传播。其中最具代表性的有矿业大亨塞西尔·约翰·罗

----

① Rashdall Hastings. *The Universities of Europe in the Middle Ages*［M］. Oxford University Press，1936：683.

② Clark Kenneth，*The Gothic Revival：An Essay on the History of Taste*［M］. New York：Scribners，1950：301.

兹、石油大亨哈克尼斯家族等。①事实上，20 世纪初的美国从上到下都弥漫着浓厚的亲英气氛，这与第一次世界大战中的结盟有关，但深层次的原因还是两个国家在历史上的共同种族关系，当时英美两国都有一批作家撰写了大量宣扬英国高等教育优越性的通俗文学作品。1902 年，罗兹奖学金的设立也为美国高等教育界培养了一大批拥有良好教育经历的英国文化拥趸，再加上第一次世界大战爆发后的政治盟友关系，美国各界对英国社会的好感上升到前所未有的高度。为了进一步推进两国的内在联系，更为了让美国社会向自己的文化母国靠拢，美国的知识分子不遗余力地宣传英国文化的迷人之处，经济巨子慷慨解囊向大学提供捐赠，大学创办者和管理者则利用这一契机大力建造带有哥特式风格的校园建筑和景观。从 19 世纪末到 20 世纪 30 年代初，哈佛大学、耶鲁大学、芝加哥大学、普林斯顿大学、密歇根大学等一大批著名大学都纷纷兴建了大量新大楼和庭院，哥特式建筑及其背后代表的英式古典文化成为美国古典大学的代表型风格。哈佛大学诸学舍皆分布在查尔斯河两岸，均以本校历史上的重要人物命名，落成后立即成为校园文化景观的集中代表。普林斯顿大学的书院建筑宏大壮丽，该校研究生院院长安德鲁·韦斯特曾由衷感叹："明媚的阳光将书院方庭的轮廓勾勒在草坪上，塔楼高高矗立，条条幽径通往宁静的寓所，爬满常青藤的外墙正对着精心修剪的花园……此情此景不禁让人思绪满怀，万千追忆像墙上密布的常青藤一样生长；建筑和景观为何值得关注？因为它能勾起我们对大学文化传统的历史追忆。"②

---

① 注:罗兹生于英国哈福德郡,1870 年赴南非,十年后创办了"戴比尔斯矿业公司",然后迅速发迹。1881 年起为开普殖民地议会议员,并成为狂热的帝国主义分子,鼓吹英国"真正的目标和方向就是要扩大不列颠在全世界的统治"。1902 年,罗兹创设"罗兹奖学金",资助出生于英美两国及其殖民地的"卓越、勇敢、仁爱以及拥有领袖气质"的青年精英赴牛津大学深造。在耶鲁大学的财务报告中,哈克尼斯这个豪富家族有着一长串的捐赠记录。爱德华·哈克尼斯的父亲,斯蒂芬·V.哈克尼斯,早年曾在美孚石油公司工作,是约翰·D.洛克菲勒身边一位沉默寡言的合作伙伴。在爱德华的哥哥查尔斯的统领下,哈克尼斯家族的资产迅速膨胀,这也是爱德华投身慈善事业的物质基础。

② Turner Paul Venable. *Campus*: *An American Planning Tradition* [M]. Cambridge: MIT Press, 1984:227-233.

其二，当"硬件"就绪以后，美国大学便可以进一步改良"软件"。为此，一部分戮力改革的著名大学主要从两个途径作出了努力。首先，由于建筑空间的拓宽，学校得以将游离在外的学生召回校园，并缩小家庭背景、地域出身和宗教信仰的差异，将他们有机结合在不同的学术方庭中。为了尊重学生个性，住宿书院建造者在遴选学生的程序上可谓煞费苦心。威尔逊、洛厄尔、安吉尔等人曾经频繁就此问题进行讨论和交流，他们都认为必须打破家庭出身和专业学科的界限，但也担心学生对学校的安排产生抵触心理。经过反复思考，洛厄尔提出了一个更具操作性的分配计划：首先将全体新生统一安排在新生寝舍，经过一年的共同生活后，再让学生根据自己的喜好对书院排序，然后各书院以此为据选择成员。[①] 该措施既保证了全体学生的交流和融合，又体现了学生的自由选择。学生入住书院之后，皆采取民主管理和混住模式，大家不分专业和出身，皆具有共同社群身份，平等参与书院治理，由此住宿书院的社群生活迅速繁荣。其次，当学生入住一个个学术方庭并组成住宿书院后，学校将会致力于为他们提供富有文化气息的住宿生活，教师与学生一样居住在书院里，并每周定期与每一位学生进行面对面的沟通。书院的运行体制与大学已有的学术科系相协调，与核心课程相配套；除管理人员和指导教师外，不另行成立教师团，不专门开设新课程，主要依靠学生和教师的个体接触产生教育力量。

住宿书院运动兴起后，美国大学首次将自身的文化传统与教学理念结合在一起，并将大学生活与学术研究相融合。对学生来说，他们从此之后拥有了能与同伴和教师交流互动的固定场所，不用再费尽心思加入兄弟会，新生也无须在老生的欺凌和嘲笑下逆来顺受。体育赛事依然是最受学生欢迎的活动，但也产生了显著变化，运动员们不再单纯为了展示个人天赋和英雄主义，而是为了集体荣誉而努力。简而言之，住宿书院的落成让大学生活变得更丰富、更亲密，更富有人文气息。默瓦特·弗雷泽认为，"书院体制的引入对美国大

---

① R. Smith. *The Harvard Century*：*The Making of a University to a Nation*［M］. New York：Simon and Schuster Press，1986：228.

学的最大影响，就是用宽广厚重的知识追求和连贯凝聚的社群生活，取代了原本自私偏狭的个人主义风格"①。哈佛大学《1949年校长报告》更是充满感恩地表示，20世纪前三十余年的住宿书院建造运动让这所学校成为一所拥有文化传统的大学，一个学生和导师栖居一堂，共同砥砺学问、享用美餐、虔诚祈祷和休闲娱乐的文化共同体。

2. 课程体系改革

为了彻底改变自由选课制度带给学生群体的散漫气质和懒惰习惯，20世纪初期，"全人教育"的倡导者决定全面改革课程体制。关于此次课程改革的指导思想，从1909年起担任哈佛大学校长的洛厄尔提出了三个基本原则：其一，"美国大学生应当接触更多领域的知识，做一个博学多闻之人"；其二，学生需要"选择一个主修专业深入钻研，同时也在相关领域选修一系列通识课程"；其三，"学生并不一定需要深入研究其他专业，但却应当能够对不同学科的基本原理和思维方式有所理解"。②这段话集中概括了课程改革的指导思想，那就是"专精"与"博约"并重，既强调专业深度，又注重宽广根基。为具体实现这一目标，洛厄尔提出了"集中与分配"的改革方案。所谓"集中"，是指从16门可供选择的课程中，必须选修6门本系的专业课，以保证重点；所谓"分配"，是指另外的6门课要从3个不同的知识领域中各选两门，以保证学生具有比较广泛的知识面。余下的课则由学生自由选择。③从1914年开始，哈佛大学正式实行"集中与分配"的课程体系，之后迅速被其他大学所仿效，并逐渐发展成全美通行的核心课程体系。

为了配合新的课程体系，"全人教育"者还设计了相应的教学方法。譬如哈佛大学不仅在每个学科领域都开设通识课程，而且要求通识教育课程的承担者必须是各个学科的领军人物。"关于基础理论的传授，只有那些站在树冠之上俯瞰整片森林的资深教师才能展开

---

① Mowat G. Fraser. *The Colleges of the Future*: *An Appraisal of Fundamental Plans and Trends in Higher Education*[M]. New York: Columbia University Press, 1937: 42.

② Abbot Lawrence Lowell. *At War with Academic Traditions in America*[M]. Cambridge: Harvard University Press, 1934: 274.

③ 徐志强. 阿伯特·洛厄尔对哈佛大学的改革及启示[J]. 现代大学教育, 2015(2): 34.

深入浅出的透彻解读。从事基础理论教育之人不仅必须拥有异乎常人的清晰思维，同时还要具备铿锵有力的讲解论述，以及循循善诱的教育热忱。"① 为了减轻主讲教授的负担，哈佛大学还专门为通识课程配备了助教，由他们协助主讲教授进行补充教学以及经常性地开展小组讨论和测试。如此一来，不仅所有学生在入门阶段就能获得思维强健、学问成熟的名师指导，而且教授们也在细枝末节的问题上省去了许多麻烦。

3. 学术荣誉与奖励

由于偏重学术研究和实施选课制度，19 世纪末的美国大学本科教育变得十分散漫；而兄弟会组织的影响又导致本科学生热衷体育运动，荒疏学术课业。经过多年的发酵，整个美国社会也对本科学生的学业表现不够关心，当时甚至流传这样一个谬论：最出色的人才一定不是成绩优秀者，只有天资不够出众之人才会奋发学习。这样的结果就是"美国大学在很长一段时间内几乎未能培养任何伟大学者，美国人因为忙于开发新大陆从而无暇探索科学和思想；这样的话语反复被提及，以至于已经成为这个社会的一个难言之痛……由于工业化的迅速发展，以及随之而来的拜物主义倾向，导致大部分最具才华的美国年轻人都不愿意选择求学问道"②。对此现象，"全人教育" 支持者深感担忧。为了激发美国学生的进取精神，更为了培养美国未来的伟大学者，秉承 "全人教育" 的大学管理者创建了学术荣誉制度和奖励措施，其中最具代表意义的就是洛厄尔在哈佛大学的改革。哈佛大学的学术奖励不仅包括单科奖，即对本科学生在各门课程的学术表现进行级别评定，而且还会综合他们全部课程的成绩以及学位论文的撰写情况，借鉴牛津大学、剑桥大学的荣誉学位措施，分别为毕业生授予 "荣誉""高荣誉" 和 "最高荣誉" 等不同级别的荣誉学位。除了各个学校设立的学术荣誉和奖励，美

---

① Abbot Lawrence Lowell. *At War with Academic Traditions in America*［M］. Cambridge：Harvard University Press，1934：41.

② Abbot Lawrence Lowell. *At War with Academic Traditions in America*［M］. Cambridge：Harvard University Press，1934：242.

国大学还集体引入社会力量的支持，设立了全国性或地区性的优秀本科学生奖励计划，譬如闻名世界的"罗兹学者奖学金"等。这些措施从根本上构筑了美国大学的学术根基，也为美国培养未来的伟大学者奠定了基础。

（三）"全人教育"的历史影响

从教育的角度来看，"全人教育"理念的最大功绩，就是整合由于一味学习他国经验而造成的彼此隔离甚至互相冲突的美国高等教育观，并创造出一套内涵丰富、外延宽广，既在原则上高度统一，又在方法上多维并进的教育理论。具体而言，"全人教育"主要在三个方面做出了改革。首先，进一步完善了均衡育人理念，其不仅继承了心智训练和生理成长并重的古典教育发展观，而且还创造性地提出了"专精"与"博约"兼重的教育模式，首次将工业社会中的职业发展与人格完善有机结合起来。其次，着重强调了民主社会中的文化意识与参与精神，以打造大学文化共同体的形式，塑造公民的文化身份，促进社群的交往和流通。最后，激发本科学生努力进取、追求卓越的求知意识，为美国培养具有创新思维的伟大学者。

从历史的视角来看，"全人教育"是美国大学首次独立提出的高等教育观。其不仅是美国大学独立发展的逻辑起点，而且对整个美国社会的国民性格具有重要的塑造作用。时至今日，该理念不仅在美国依然具有持久而广泛的影响力，而且也是一个在全世界备受关注的话题。更重要的是，"培养整全之人"并非一个阶段性的改革口号，而是一个开放性的高等教育理念。它既继承历史，又面向未来；既具有理想化的主张，又在具体措施上正视现实，为后来的改革者留下了操作空间。当然，"全人教育"理念也并非无懈可击。这项极具挑战性的任务，要将几千年来的人类文明精华输入学生的心灵，然而对于学生而言，接受这一教育的途径仅仅是一群人共同经历每周三小时的课堂教学。关于"培育整全之人"教育理念的必要性，学术界有着共同的坚持。然而，如何将其付诸于实践，学者们的观点常常莫衷一是。甚至还有不少反对者认为，所谓"全人教育"不过是精英主义陈旧观念的昨日重现，"是一个思想保守、反对进步、精英主义和去物质化的空洞文化符号"①。事实上，自"全人教育"提出以来，其支持者和反对者便各执一词，互相驳斥，展开了旷日持久的争论与反思，时至今日仍然余韵不绝，这也构成了美国高等教育的一个独特张力。

第二节　美国大学的品质提升

基于理念的焕新，美国大学在20世纪初开始了内涵式发展的道路。其主要步骤首先是在研究型大学模式下引入英国大学的文化生活，其次是立足本土文明，对美国社会的内在诉求和现实危机进行了深入反思，并在继承杰斐逊民主教育思想和爱默生"美国学者"教育观的基础上，创造了新的育人模式。经过不断的改革与创新，哈佛大学、普林斯顿大学、芝加哥大学等美国精英大学开始崛起。其中，洛厄尔领导下的哈佛大学尤其具有代表意义。

一、洛厄尔对美国大学功能的重申

20世纪初，洛厄尔指出美国大学必须进行根本改造。在洛厄尔看来，美国大学与世界上曾经出现的所有大学都有一个根本区别，那就是在一个"真正的民主社会"中，同时发挥民主功能和学术功能。

洛厄尔的论断并非只是对高等教育的关注，而是对整个社会面临的问题的剖析。在西方文明演进的历史视野下，洛厄尔一针见血地指出美国社会的深层危机在于缺乏思想和文化。"在过去的岁月里，美国人忙于开辟新大陆、征服大自然；我们大量开垦耕地、修建铁路、开发矿藏、修建工厂，忙于将辽阔浩瀚的荒蛮之地变成一

---

① Frederick Rudolph. *Curriculum*: *A History of the American Undergraduate Course of Study Since 1636*〔M〕. San Francisco: Jossey-Bass Press, 1978:174.

个个人潮汹涌的工业中心。一直以来，美国的思想观念都从欧洲漂洋过海而来，人们甚至还为此颇为满足。对于人类思想的进步与发展，美国人迄今为止尚未做出应有的贡献。"① 对于一个有志于摆脱桎梏走向伟大的移民国家而言，这是无法容忍的失误。美国人必须重新反思这个国家的存在意义，"我们渴望自己的国家能在各方面都变得更加伟大。在人类历史上，古典时代的迦太基城曾经作为商业之都而闻名于世，但却因为在思想上缺乏建树而湮灭不闻；反观另一个古典时代的海上商业城市雅典，却因为塑造了统御西方社会的思想模式，至今依然具有强大影响力"②。在反思历史的基础上，洛厄尔指出，美国走向伟大的关键措施，就是关注教育和教育机构，尤其是要重视高等教育的内涵发展。

洛厄尔对社会危机以及大学责任的思考亦非单纯的历史感悟，同时也蕴含了对世界局势的现实观察。1914 年 8 月，第一次世界大战爆发。这场给西方世界带来深重灾难并结束了资本主义第一个"黄金时代"的战争，对美国人造成了极大的心灵冲击，激起了他们自主发展、引领世界的雄心。战争结束后，洛厄尔认为，新的世界格局已经形成，美国应担负起新的责任和义务。"新的责任与义务不仅包括金融、商业和政治，更涉及知识和理念。我们（美国）必须尽力弥补人类世界此次遭受的巨大损失，而这一任务的完成有赖于高等院校的转型。"③ 关于如何转型，洛厄尔认为，首先要秉持一个原则——自力更生、追求卓越。"任凭美国大学怎么发展，都不可能像德国大学那样具有高度纯粹的专业性，同样也不可能像英国大学那样注重博雅教育。美国大学无需仿照任何别的国家，而是要适应本国国情；它们必须追求卓越，决不能为了模仿他国大学而歪曲高等教育的本意。"④

---

①② Abbot Lawrence Lowell. *At War with Academic Traditions in America*[M]. Cambridge：Harvard University Press，1934：124.

③ Abbot Lawrence Lowell. *At War with Academic Traditions in America*[M]. Cambridge：Harvard University Press，1934：80.

④ Abbot Lawrence Lowell. *At War with Academic Traditions in America*[M]. Cambridge：Harvard University Press，1934：218.

关于美国大学的民主功能并非洛厄尔的原创，而是杰斐逊的思想遗产。作为国家的缔造者和《独立宣言》的起草者，杰斐逊坚信"美利坚合众国的权力属于人民，新政权的健康程度取决于掌权者能否学会正确使用手中的权力；而这一切皆来源于教育。通过教育，尤其是高等教育，能够建立一个良性循环，帮助人们通过求知获得自我保护，并建立公民社会，防止公权力越界"①。教育的核心目的是培养公民，其核心要素有三个：首先，要教人学会一些为享受自由、自我管理和持续求知而必备的基本技能，譬如阅读、写作和计算；其次，全体纳税人通过政府负担教育支出；最后，每一阶段的教育都应选拔出十分之一最具天赋的学生，并将他们送入更高一级的教育机构。民主社会能否健康发展，关键就在于不断选拔和培养真正的卓越人才。为了实现这个目标，政府应努力打造一套让出身不好的年轻人也能脱颖而出的教育体制，从普通民众中搜寻英才，用公共支出对其进行悉心栽培，从而防止富有者固化社会阶层，将国家权力变成他们的私人利益。一言以蔽之，大学的主体功能，就是培养公民，同时从中选拔未来的国家精英。基于社会现实，洛厄尔提出，美国大学的民主功能主要体现在两个方面，一是教育内容，二是培养方式。关于教育内容，因为"民主社会的教育目标就是要帮助每一个公民全面发挥自己的潜能"，所以"应在更广阔的范围内充分传播通识知识，而非以职业为导向进行专门培训"。②关于培养方式，美国大学应当融合各个阶层，培养学生的集体意识和拼搏精神，然后在此基础上构建大学文化共同体，并为社会提供服务。通过以上措施，大学就能够成为打破社会出身和阶层分化的核心机构。"伟大大学的主要特征之一，就是将一个个来自全国各地的学生塑造成团结内聚的集体"，为了实现大学的民主功能，"我们建立的社群体系……应当致力于将来自全国各地、具有不同经历以及出身不同阶

---

① Richard D. Brown. *Thomas Jefferson and the Education of a Citizen* [M]. Washionton, D. C. : Library of Congress, 1999:94.

② Abbot Lawrence Lowell. *At War with Academic Traditions in America* [M]. Cambridge：Harvard University Press, 1934:104.

层的学生整合在一起"。①

在民主功能的基础上，洛厄尔提出了美国大学的学术功能，那就是尽力培养具有进取心和创造性的"美国学者"。在此方面，洛厄尔继承了被林肯誉为"美国精神之父"的美国文学家爱默生的观点。爱默生认为，要想成为真正的学者，就必须善于从三个方面汲取力量：一是充满蛮荒之力的自然力量，赋予个体最原始的好奇心和探索欲；二是饱含发展经验和反思精神的历史力量，能够让学习者学会从传统中获取理性；三是充满参与精神和创造意识的实践力量，能让人在接受社会馈赠的同时也回应现实的需求。②基于爱默生对三种力量的阐述，洛厄尔提出，真正的学者要善于从历史和自然中寻找灵感与启示，要成为富有创意的阅读者、积极进取的参与者和善于创新的劳动者。简言之，美国大学的学术功能，就是在一个崭新的、充满活力的国家中，塑造具有文化身份和原创能力的"美国学者"。

二、哈佛大学的改革措施

以培养公民品格、塑造"美国学者"为己任，洛厄尔上任后立即开启了哈佛大学历史上最具文化影响力的变革。洛厄尔的改革措施主要体现在四个方面：改革课程、鼓励竞争、构建学术文化共同体以及培养一流人才。

（一）课程改革：改自由选修为"集中与分配"

由于艾略特的改革措施，哈佛大学自19世纪后期开始推行自由选课制度，至洛厄尔就任时，除了英文和其他语言类课程，所有课程皆为选修。在促进美国大学从传统向现代转变的期间，选修制度的确曾经起到积极作用，但在培养"整全之人"和塑造"美国学者"的新教育理念下，自由选课制度的缺陷充分暴露。

自由选课制度的最大弊端就是导致教学过程"既不严谨，又不

---

① Abbot Lawrence Lowell. *At War with Academic Traditions in America*[M]. Cambridge：Harvard University Press，1934：30.

② Ralph Waldo Emerson. *The Essential Writings of Ralph Waldo Emerson*[M]. New York：Macmillan，1916：45.

连贯"，学生因此会丧失追求知识和从事学术的兴趣。基于社会发展和个人成长的双重考量，洛厄尔提出"美国大学生应当接触更多领域的知识，做一个博学多闻之人；尤其在当下社会……对于美国大学生而言，比较明智的做法就是既选择一个主修专业深入钻研，同时也在相关领域选修一系列通识课程……学生并不一定需要深入研究其他专业，但却应当能够对不同学科的基本原理和思维方式有所理解"。①这段话集中概括了洛厄尔的课程改革思想——"专精"与"博约"并重，在宽广的知识根基之上强调专业深度，培养"通百艺而专一长"的美国公民。为实现这一目标，洛厄尔设计了"集中"与"分配"并行的选课制度。所谓"集中"，是指所有学生都必须选择一个专业，然后在此领域课程进行集中探究。所谓"分配"，则是要求学生也要在其专业课程之外尽可能广泛地涉足其他领域。"集中"是为了"专一长"，"分配"则是为了"通百艺"。通识教育的目的在于熟悉各种不同学科的思维方式和思考过程，根据学习方法的不同，哈佛大学的所有本科课程被分为四个领域：语言与表达类课程，譬如语言、文学、美术、音乐等；自然科学类课程，如物理、生物与化学；社会学课程，如历史、政治、经济；第四大类则涉及各种抽象研究或推导方法，如数学和哲学。从1910年起，哈佛大学正式进行课程改革。所有学生在本科期间，都必须完成英文以及其他16门课程。其中至少6门课程集中在一个学科领域，另外10门课程当中至少有6门涉及专业之外的三大领域。②简言之，"集中与分配"是在保证课程设置整体性和连贯性的基础上，满足学生的选课自由。

为了配合"集中与分配"课程制度，洛厄尔专门设计了新的授课方式。在他的推动下，不仅每个系科都面向全校学生开设通识课程，而且必须由学术带头人承担授课任务。"关于基础理论的传授，

---

①　Abbot Lawrence Lowell. *At War with Academic Traditions in America*［M］. Cambridge：Harvard University Press，1934：274.

②　Abbot Lawrence Lowell. *At War with Academic Traditions in America*［M］. Cambridge：Harvard University Press，1934：43.

只有那些站在树冠之上俯瞰整片森林的资深教师才能展开深入浅出的解读。从事基础理论教育之人不仅需要拥有异乎常人的清晰思维，同时还要具备铿锵有力的讲解论述、循循善诱的教育热忱。"[1] 为了减轻主讲教授的负担，哈佛大学还专门为通识课程配备了助教，其主要任务就是协助主讲教授，进行补充教学，并定期组织小组讨论和学业测试。新授课方式推出后，短短几年内便起到了良好效果，并被耶鲁大学、普林斯顿大学、芝加哥大学、密歇根大学等大学所采用。至 20 世纪 20 年代，哈佛大学的课程改革与教学模式已经成为美国古典大学和研究型大学最常见的新方案。

（二）鼓励竞争：设立荣誉学位，推行综合考试

自由选课制度的普遍实施，以及对研究生教育的片面重视，致使 20 世纪初期美国大学的本科教学水平大幅下降。全国性的大学兄弟会兴起后，学生又被体育竞赛和社交活动所吸引，以至于美国大学普遍呈现出一个令人担忧的问题——无论是教育者还是受教育者，抑或社会公众，都不关心本科生的学业，甚至还有一部分人对成绩优异的学生抱有偏见。当时的美国教育界流传这样一个谬论：最出色的人才一定不是成绩优秀者，因为只有天资平庸的人才会努力学习。为了改变公众的偏见，更为了提升高等教育质量，洛厄尔自就任校长之日起便致力于提高本科教学水平。"集中与分配"课程是实施改革的起点，在此基础上，洛厄尔进一步提出通过鼓励竞争来激发学生的进取精神。为了实现目标，洛厄尔主要采取了两项措施：一是设立荣誉学位以及其他各种学术荣誉，以此刺激优秀者尽力追求卓越；二是设计综合考试，提高对本科学业的最低要求。

1. 荣誉学位制度

自 19 世纪中期以来，美国大学的学位制度一直以德国研究型大学为圭臬，所有符合毕业条件的学生都会无差别地获得学位。这种做法在德国大学行之有效，但在美国却大相径庭。由于美国的中等

---

① Abbot Lawrence Lowell. *At War with Academic Traditions in America* [M]. Cambridge：Harvard University Press,1934:41.

教育整体水平较低，再加上大学期间缺乏有效的竞争机制，导致美国大学生将好好学习当作死记硬背的代名词。从获得荣誉的角度来看，学生们更愿意将热血青春挥洒在运动场上，而不是枯燥乏味、无人喝彩的学业排名。有人对此现象做了一个有趣的比喻：体育就像狩猎，而学习则像耕种；美国学生是"野蛮人"，因此当然更愿意选择体育运动。为了鼓励学业竞争，充分激发学生的学习潜力和探究热忱，洛厄尔认为，有必要在保证达标成绩的基础上强调学术奖励。为此，他借鉴牛津大学、剑桥大学的学位设置设计了荣誉学位制度。哈佛大学荣誉学位制度的基本框架是将学位分为"普通学位"和"荣誉学位"两种类型，其中荣誉学位又分为"初等荣誉学位""优等荣誉学位"和"最优荣誉学位"三个级别。要想获得荣誉学位，除了通过课程考核，还必须撰写学位论文，最终根据课程成绩和论文水平进行荣誉学位级别评定，论文能在很大程度上决定学位级别。[1]

荣誉学位制度主要在两个方面为哈佛大学带来了显著改变。一方面，荣誉学位制度的设立激发了学生的竞争意识，有利于充分挖掘他们的潜力，并引导他们加强自我教育。洛厄尔将自我教育视作大学教育的核心特质，其主要标志是形成积极主动的学习意愿和勇于探究的刻苦精神。自我教育可以源自于兴趣爱好，也可以在努力中慢慢获得。兴趣可以促成努力，努力也能培养兴趣，这二者之间具有内在联系。无论出发点是兴趣还是努力，荣誉学位制度的实施都有利于学生形成自我教育的习惯。另一方面，荣誉学位制度也有利于增强公众对本科教学质量的认可，能够提升大学的社会声誉，扭转各方面忽视学生学业的不利局面。

2. 综合考试制度

如果说荣誉制度旨在激发潜力，那么综合考试制度的用意则在于提高标准。在自由选课制度下，每个学生的课程选择都不一致，因此无法进行统一的考评。为了促进学生对所学知识的整体把握，

---

① Abbot Lawrence Lowell. *At War with Academic Traditions in America* [M]. Cambridge：Harvard University Press, 1934：93.

形成一个共同的评价标准以鼓励竞争，洛厄尔设计了综合考试制度。

洛厄尔认为，好的考试应当同时具备三种功能：规训、评价和教育。关于考试的教育功能，是指通过考核来帮助学生了解自身的学习进度，然后有针对性地作出调整。根据功能差异，考试又可分为三种："训诫型"考试，用来考察学生完成学业任务的情况；"报告型"考试，在于了解考生掌握知识的范围和程度；"潜能型"考试，在于考察学生对知识的应用能力，并借此充分发掘自身的潜能。①显而易见，大学阶段的考试应在前两种类型的基础上着重强调第三种考试的设计。基于以上考量，洛厄尔推出了综合考试制度。

综合考试不只对每一门课程进行考核，而是综合考察学生对某一学科基础知识和基本理论的掌握情况与应用能力。洛厄尔为哈佛大学本科生设计的综合考试放在毕业前举行，内容覆盖学生四年来的所有课程。考核方式包括笔试和口试两种，所有学生都必须参加笔试；口试可以酌情选择，但申请荣誉学位以及未达到普通学位授予标准的学生必须参加。笔试的次数和口试的时间由各学科自行决定，多数学科通常都会举行两次笔试，一次主要考查综合知识，另一次侧重专业知识。1911年，哈佛大学医学院正式采纳综合考试制度。1919年，人文科学学院全体教师投票决定："（哈佛大学）应针对所有主修人文和科学各学科的学生统一实施综合考试，并在考试委员会的监管下对所有报名参加综合考试的学生进行统一管理。"

为了推进综合考试的实施，各学科都组建了一个考试委员会。考试委员会可以独立决定考试的内容和操作方式，但要与任课教师和指导教师保持经常性的联系，不能脱离教师的授课和指导内容。命题范围和基础读物一般比较固定，如有改动必须提前告知教师和学生。关于如何设计考题来评价学生的知识获取情况和理论分析能力，洛厄尔提出了一个观点："要想了解学生对一个宏大主题的掌握

---

① Abbot Lawrence Lowell. *At War with Academic Traditions in America*[M]. Cambridge：Harvard University Press，1934：298.

情况，最好的方法莫过于让他们围绕一个命题展开评论。"① 为了避免题目过于狭隘，同时又能激发学生的创造性思维，考试委员会常常设计一些挑战日常观念的命题。为了展开论述，学生必须引经据典证明自己的观点。以下是1926年6月哈佛大学历史学科的部分考题：

（1）【中世纪史】"自日耳曼蛮族征服欧洲大陆以来，迄今为止最具决定性的事件就是法兰克人与教皇结体联盟；事实上，这也是人类历史上最具重大意义的一次结盟。"请阐述这段话的内涵。

（2）【文艺复兴史】"由于多重因素的影响，16世纪的思想属于君主，而12世纪的心灵却是属于大众。"

（3）【现代法国史】"拿破仑所做的工作就是将旧世纪的法国与新时代的法国相熔合。"请阐述这段话的内涵。

（4）【美国史】"美国独立战争的核心问题乃是大英帝国的殖民体系。"

（三）培育文化，构建共同体

整体来看，洛厄尔的哈佛大学改革有一个重要特征，即从大学、国家与文明的宏阔视野来指导哈佛大学的发展，力图培养志存高远、追求卓越的文化共同体，从而为这所大学留下深厚的文化底蕴。

1. 建设住宿书院，营造具有文化内蕴的教育场域

文化独立于经济和政治，其作用机制在于构建和使用符号。符号既存在于人们的精神和头脑当中，同时还会渗透到"具有相对独立性的社会空间"之中。②大学最基本的功能就是通过操纵符号来传播知识和培育人才，知识和人才的生长规律共同决定了大学必须营造具有文化内蕴的教育场域。因此，洛厄尔认为，美国大学有责任将来自不同背景的本科生组织起来，形成一个融洽内聚的社群。基

---

① Abbot Lawrence Lowell. *At War with Academic Traditions in America*［M］. Cambridge：Harvard University Press，1934：168.

② L. Wacquant. *Towards a Reflexive Sociology：a Workshop with Pierre Bourdieu*［J］. *Sociological Theory*，1989（1）：26-28.

于此种考虑，洛厄尔提倡引入住宿书院制度，重建美国大学的教育场域。住宿书院源于中世纪，初现于巴黎大学，后在牛津大学、剑桥大学发扬光大，其特色就是具有师生共处、团结协作的文化生活。鉴于美国与英国的文化渊源以及英式教育传统的独特魅力，洛厄尔决心在美国研究型大学中创办英式书院，从而"用一种齐心协力的进取意识，将成员凝聚成一个文化共同体"[①]。书院建造的步骤应当如此安排：首先设计分配方案，将全体本科生、授课教师和课外导师一同安置在数个书院；然后鼓励学生在多学科背景下进行交流和互动；最后促进学术兴趣的激发和社群精神的培养。

洛厄尔一直认为所有本科生都应在校内住宿，上任不久，他就用购买方式将奥本山街上的房产并入哈佛大学校园，一举废除了盘踞多年的"黄金海岸"私人住宅区，迫使原先居住在此的学生回到校园。1914 年至 1926 年，在洛厄尔主持下，哈佛大学沿查尔斯河兴建了四个新生宿舍；1927 年，在经过十余年的准备和尝试后，洛厄尔联手耶鲁大学校长安吉尔，从慈善家爱德华·哈克尼斯手中争取了将近 3000 万美元的巨额捐助，实现了他毕生追求的一个梦想——在哈佛大学创建英式书院。1929 年，建院计划正式启动，洛厄尔认定这是"一项伟大的教育实验，甚至称得上哈佛大学教育史上最伟大的尝试"[②]。1930 年前后，各书院次第竣工。为了突出传统，所有学院都设计成富有历史气息的哥特式建筑风格，并皆以哈佛大学历史上的著名人物为名，譬如邓斯特学院、艾略特学院等。所有学院皆分布在查尔斯河两岸，落成后立即被视作美国大学文化的典型代表。建筑落成后，洛厄尔借鉴牛津大学和剑桥大学，为诸学院订立了三条运行原则："其一，学院应能为大多数本科生提供师生交融、连贯内聚的住宿生活，每栋学舍都应培育文化身份和个性特征，但不可与总体目标相悖；其二，学院应培养理想的师生交往模式，形

---

①② Abbot Lawrence Lowell. *At War with Academic Traditions in America*[M]. Cambridge：Harvard University Press，1934：328.

成亲密关系；其三，学院应为小型学者社群。"① 考虑到美国的社会现实，洛厄尔将学院的理念和制度做了变通，使其符合美国大众的观念。其中一点尤为突出，就是淡化英式学院的精英色彩，强调民主与包容。根据洛厄尔的阐述，哈佛大学应是"跨越社会身份和学科界限的学术社群"，其主旨在于"融合不同家庭出身、学术兴趣和宗教信仰的有为青年"。②

住宿学院的落成让哈佛大学的校园生活变得更加生动，并逐渐形成富有特色的文化传统。在显性方面，书院建造运动的最大贡献就是用哥特复兴式的建筑，为美国大学增添了厚重的文化氛围和历史底蕴。

2. 推行导师制度，促进师生交流

自"集中与分配"课程以及综合考试制度开始实施，为帮助学生理性选择课程、整体把握学科知识以及积极主动地进行课外阅读和学习，洛厄尔推出了导师制度，在大一期末为每个本科生配备导师。住宿学院建立后，导师又与学生一同入往，在学术与生活两方面加强交流。

根据洛厄尔的设计，导师辅导也是教学活动的一种。导师与助教、讲师和教授等职务皆不相同，是一种独立的教学职务，由专人负责。最初，哈佛大学导师的职责在于帮助学生通过综合考试，住宿学院成立之后，导师职责发生了一些变化，更加注重启发性的对话与交往，并以此促进学生自我教育能力的提升。为了保证交往的有效性，洛厄尔在调查访谈的基础上提出，导师同时辅导的学生不能超过 15 人，否则将会影响他们对学生的了解。关于导师与学生交流的时间和频率，可以视学科情况而定。通常情况下，导师每次辅导的时间都可设定为一个小时，大二学生每隔一两周就应当与导师进行一次交流，大三、大四的学生应每周都与导师进行交流。在撰写学位论文期间，师生之间的交流会更加频繁。导师与学生之间的

① Alex Duke. *Importing Oxbridge*：*English Residential Colleges and American Universities*，1894-1980 [M]. New Haven：Yale University Press，1996：109-110.

② Alex Duke. *Importing Oxbridge*：*English Residential Colleges and American Universities*，1894-1980 [M]. New Haven：Yale University Press，1996：112-115.

交流大多单独进行，有时会两人或三五人一组。学生与导师的交流是双向的，学生可以向导师提出任何与学习和生活有关的问题，但主要还是以学科课程为基础。导师可以设计主题，引导学生大量阅读课外书籍，并围绕阅读材料或研究主题撰写论文。最后根据对学生的了解，启发他们形成一套具有个人特色的发展规划。教师辅导以启发为主，提倡少教多学。课上所学的内容只作为基础知识，无需重复提及，除非学生存在疑问。

导师制的实施有利于师生交流，有助于形成潜移默化的学习氛围，改变学生的学习态度。尤其是住宿学院体系形成后，学生不仅能在个性发展上得到导师的关注，而且能在一个文化共同体当中学会自我教育。当然，由于科学研究从 19 世纪末期就成为评价大学教师的基准，导致学生导师的遴选存在诸多困难，这是哈佛大学以及其他实施导师制的美国大学都无法回避的问题。但导师制度也在不断完善，逐渐变得更有活力、愈发珍贵。

3. 设立"阅读季"，在学术共同体中鼓励自我教育

为培养学生的自我教育能力，洛厄尔在完成住宿学院和导师制度的设计之后，进一步提出要为学生留出纯粹的自学时间。1927 年 2 月，哈佛大学教学指导委员会在数易其稿后，向理事会提交了一份关于开设"阅读季"的报告。报告的具体内容是：每学年设置两个阅读季，全部时间为七周；在阅读季期间，除了基本理论或其他因特殊需要而进行的课程与指导，教师不再进行课程教学和课外辅导，学生可按照导师推荐的文献书目开展自主阅读与讨论。阅读季与讲座授课一样，都在常规教学计划内，在此期间，如无特殊原因，学生和教师都不得离开学校。①该计划获得了理事会的批准，随即在大部分系科执行。

"阅读季"的实施主要具有两个方面的价值。在教学方面，既可以适当减轻教师的压力，让他们腾出宝贵的时间专心从事学术研究，同时也为学生提供自主学习的机会，从而锻炼自我教育的能力。不

---

① Abbot Lawrence Lowell. *At War with Academic Traditions in America* [M]. Cambridge：Harvard University Press，1934：342.

过，阅读季最重要的价值还是在于文化方面。学院搭建了一个平台，让不同专业的学生有机会共处，但仅此还不足以形成创造性的文化生活，还需要成员在正式课程和辅导之外进行密切的互动与交流。而阅读季的设立，就是要为学生提供切磋琢磨的交流契机。

（四）培育英才：改革研究生教育，筹建学者协会

提高本科教育质量是哈佛大学改革的主要目的，但并不代表研究生教育因此被忽视。洛厄尔认为，美国大学需要培养的是具有原创力的卓越人才，这个目标实际上包含两重含义：一是多学科的知识根基和学术视野，二是专业性的创新思维与研究能力。前者主要与本科阶段的通识教育相关联，后者则主要体现在研究生阶段。

20 世纪初的美国大学虽然推崇科研，但由于本科教育根基不牢，导致研究生教育乏善可陈。洛厄尔认为，选拔和培养学术精英是研究生院的主要功能，但是由于研究生群体太多平庸之人，校方又施行毫无差别的统一教学，导致精英人才无法获得充分的发展空间。因此，大学应当对研究生院进行改革，为卓越人才搭建发展平台。关于具体措施，洛厄尔提出了三点建议：首先，提高入学标准，只招收知识根基牢固、毕业论文具有原创性，且展露出潜心向学品质的本科生；其次，研究生入学一年内必须接受多种方式的考核，院方以发展性的眼光评估研究生的学术发展情况，将缺乏深造能力的学生进行分流；最后，也是最重要的举措，就是在保证优秀生源的基础上，对美国研究生院的组织方式作出调整。①在此方面，洛厄尔的建议是打破德式研究型大学的学科界限，建立"学者协会"（又译为"哈佛学会"），并将其当作与博士学位并行的学术人才培养方案。

在洛厄尔的计划中，学者协会必须吸收最具创造力的精英人才。大学管理者的一个重要职责，就是从本科毕业生或研一学生中选拔英才，然后为他们提供一个充满创新激情的学习环境。"这里没有平

① Abbot Lawrence Lowell. *At War with Academic Traditions in America*[M]. Cambridge：Harvard University Press，1934：343.

庸之人，只有层层筛选的卓越之士；在此大家不仅可以自由自在地交流思想、互诉抱负，而且还可以获得成熟学者的鞭策和鼓励"，"在哈佛大学，我们将这样的组织称为'学者协会'。"① 学者协会的会员享有三重特权：第一，享受为期三年的高额学术津贴，在此期间无须修习课程，可以独立自主地进行学术研究，唯一的要求是必须居住在剑桥镇辖区内；第二，完全实施内部自治，高年级会员有权参与新会员的遴选；第三，协会成员的研究不受学科限制，大家关注的是根本的、宏大的学术问题，每位会员都可以根据自己的需要向任何学科最优秀的教授寻求指导。

在洛厄尔的设想中，进入学者协会是对求学者学术能力的最高褒奖，虽然协会成员在一个或数个三年任期内不会获得任何学位，但这种学术荣誉完全不亚于博士学位。1933 年，哈佛大学学者协会正式创建，洛厄尔的改革计划终于开花结果。协会首批选拔出 30 位天姿出众的学生，在之后的三年里，他们有机会与各领域的资深教授进行学术交流。此后学者协会日益发展壮大，被称为"哈佛里的哈佛"，培养出一大批杰出的学者。

三、哈佛改革的历史影响

洛厄尔领导下的哈佛大学改革是美国高等教育史上的一大创举，其不仅为哈佛大学树立了远大目标，增添了厚重底蕴，而且为建设美国特色的大学开了先河，为美国社会的民主进程做出了贡献。以大学为参照，哈佛大学改革的历史影响可以从内外两方面作出考量。

从内部效应来看，洛厄尔的哈佛大学改革既采取了行之有效的改革措施，也提出了原创性的教育理念，因此不仅提升了哈佛大学的办学质量，而且整体提升了美国大学的文化品位。以培养"整全之人"为理念，洛厄尔对哈佛大学进行了系统、整体的改革。"集中与分配"的课程改革调和了通识教育与专业教育，也为考试和学位制度的改革奠定了基础。荣誉学位、综合考试、导师制度、住宿学

---

① Abbot Lawrence Lowell. *At War with Academic Traditions in America*[M]. Cambridge：Harvard University Press, 1934：343.

院和学者协会等一系列重大改革，分别从管理、考核、教学和文化等多方面促进了哈佛大学的高效运转。荣誉学位和综合考试有助于激发学生的竞争精神和学习兴趣，进而敦促他们学会自我教育；导师制有利于师生交流，并帮助学生根据自身情况理性规划学业；住宿书院形成了富有活力的教育场域，学生在其中逐渐形成具有共同文化生活背景的学术社群，在共同体的影响下，促进"整全之人"的养成；学者协会的成立则打破了学科边界和制度束缚，为培养卓越学者提供了自由、纯粹的学术环境。洛厄尔离任后，科南特校长继续致力于发扬大学的"民主"和"学术"功能，进一步鼓励学术竞争、培养杰出人才。至20世纪中期，哈佛大学已经成为享有世界声誉的顶尖大学，吸引了世界各国的学子。时至今日，洛厄尔当年采取的许多改革措施依然在发挥作用。住宿学院和导师制度已成为哈佛文化的典型象征，学者协会乃是世界公认的顶级人才摇篮，"培养整全之人"更是美国大学独立成长、多元发展的理论根基。

就外部影响而言，洛厄尔的改革不仅影响了大学，同时也促进了美国社会的民主进程。此方面的代表性改革措施主要有三个，其一是荣誉学位和学者协会的创建。这一举措的直接目的是为那些敏而好学、学业优异的学生提供优质教育资源，同时鼓励学术竞争，提高教育质量。但深层次却蕴含着典型的美式民主理念——只有最具天赋和竞争力的人，才有资格享受最好的学术资源。其二是对学生住宿的安排。住宿学院不仅可以培育大学文化，同时也可以打破地域、阶层和种族的界限，促进学生之间的交流与协作。洛厄尔将全体新生统一安排在新生寝舍，共同生活一年后再进入学院，而且在学院中大家拥有共同的社群身份和平等的治理权，这对公民人格的养成具有重要意义。其三，"集中与分配"的课程设置淡化了大学教育的职业性，这对维护民主也具有积极意义。单纯强调职业能力的教育塑造的是现代社会的技术劳工，这种人除了自己的工作之外，对其他事物一无所知，因此在实质上乃是岗位和职业的奴隶。如果说古代的奴隶被制度所奴役，而现代的技术工人则是精神上被奴役，他们缺乏自主性和原创力，既不想也不能改变生活状态。因此，洛厄尔强调兼顾通识和专业，这不仅是为促进学生的发展，更是着眼于民主精神的彰显。

概括而言，洛厄尔改革的最大特点就是在扎根本国的文化传统和社会实践的基础上，融会贯通地学习和借鉴外来经验。改革之后的哈佛大学迅速在国内成为精英人才的摇篮，在国际上成为学术和文化重镇。第二次世界大战后，美国逐渐成为西方世界的领导者，并在全世界强势推行本国文化，对此，哈佛大学功不可没。

第五章 现实反思：
美国大学历史转型的当代思考

　　"观今宜鉴古，无古不成今"。中国大学起步较晚，属于典型的后发外生型大学，这首先意味着必须深入理解和积极借鉴原生大学的基本特点、核心理念与先进经验；其次也要认真吸取发达国家的历史教训，把握高等教育发展和大学机构演进的基本逻辑和规律；最后，也是最重要的，就是在学习借鉴、内省反思的基础上，寻找自身的发展路径。对美国高等教育的研究绝非仅仅是对该国大学的历史好奇，更是对当今世界高等教育现状的深度剖析。对于所有关注中国大学发展的人而言，研究美国大学至少具有两方面的重要意义：一是破除迷妄，二是内在省思。

第一节 破除迷妄：高等教育变革的逻辑起点

　　所谓"破妄"，即破除对他国模式的盲目崇拜，更是要破除对某种发展思路的刻板印象，美国高等教育的崛起淋漓尽致地阐释了这一观点。时至今日，美国大学又成了新的模板，而崛起中的他国大学同样需要破除迷妄。

一、美国模式下的"一流大学"内涵解析

"大变革时代"过后,美国大学告别了纽曼的"乡村"模式,并由弗莱克斯纳心目中的"市镇"逐步发展成五光十色的"城市"。①在此过程中,民族国家的文化传统和寂寞钻研的科学精神逐渐被热闹喧嚣的现代大学服务理念所替代,由此出现了纯粹遵循市场逻辑的"一流大学指标"体系。但切莫忘记,西方大学的主导者从英国模式到德国模式再到哈佛模式,高等教育世界领导权的每一次交接都不是理所当然的"禅让",而是在批判继承的基础上,以社会实践为动力、以未来价值为导向进行的突破与创新。因此,与其简单模仿当前的美国一流大学,不如深入分析美国大学的崛起历程及其蕴含的价值导向。

近年来,随着世界局势的不断变化,美国在政治和经济上的统治地位逐渐被打破,但在高等教育领域却一直保持着无可替代的统治地位。关于这个问题,克拉克·克尔曾经不无自豪地说道:"外国经济竞争对手似乎在一个接一个的领域里超过我们,但可以再次确认一点:美国毫无疑问地主宰着世界的一个重大产业,那就是高等教育。世界上2/3到3/4的最好大学在美国。这个事实是最近对美国高等教育展开批评的许多人所忽略的……我们处在高等教育质量表上的高端地位是非同一般的,它可能是一项特殊的国家资产。"② 的的确确,在近半个世纪,美国高等教育一直保持着不可撼动的地位,吸引了来自全球各地的学子。根据国际教育协会(IIE)发布的报告,在2014至2015学年,美国大学国际学生人数达到974926人,比上一学年增长了10%,其中中国留学生总数突破30万人,同期增长10.8%。③美国大学的崛起主要靠两点:一是兼收并蓄、多方学习,二是结合实际、自力更生。但美国高等教育能获得

---

① 金耀基.大学之理念[M].北京:生活·读书·新知三联书店,2008:7-9.

② 克拉克·克尔.高等教育不能回避历史——21世纪的问题[M].王承绪,译.杭州:浙江教育出版社,2001:1.

③ IIE. *Open doors*[EB/OL]. http://www.iie.org.

今日的统治地位并非单单只靠这两点，对此，全球化的推进起到了至关重要的作用。凭借超级大国的身份和强大的经济、文化影响力，美国大学已经成为一种对世界具有普遍影响力的"特殊国家资产"。伴随全球市场的发展，高等教育已经成为一种跨国产业，而美国毫无疑问地站在产业链的顶层，在世界各国拥有大批崇拜者和模仿者。然而，"美国大学"只是一个笼统的概念，其中既包括私立大学，也包括公立大学；既有以学术为导向的研究型大学，也有以教学为中心的文理学院和以技术为中心的应用型大学。那么，究竟哪一种"美国大学"才能代表美国，成为世界各国的学习对象呢？对此，国人比较熟悉的一个概念是"一流大学"。至于何谓"一流大学"，大家都会不约而同地想到哈佛大学、耶鲁大学、斯坦福大学、麻省理工学院等名校，但一流的标准究竟是什么，却没有一个共同的答案。闻名世界的几个大学排名组织——QS（Quacquarelli Symond，英国一家专门负责教育及升学就业的组织）、泰晤士报高等教育增刊、美国新闻以及上海交通大学的世界大学学术排名——在此方面并不一致，但无论如何，美国大学都会占据全世界前五十名或前一百名的半壁江山。为何美国大学的"一流地位"如此不可撼动？对此，可以从加拿大学者比尔·雷丁斯对"一流"大学排名的描述中略见端倪：

> "一流"是通用的等级标准。由各种不同的内容所做的各种分类，如学生类型、班级的大小、资金情况、馆藏量等，都可放到一起，用"一流"这个唯一的标准来衡量……学生类型的划分标准是入学分数（越高越好）、学习过程中每学年的平均分数（越高越好）、非本州学生的数量（多为好）、标准时间期限内毕业率（达到正常标准为好）。班级的大小和质量是以师生比（应该低）和终身制教师与兼职或研究生助教（应该高）的比例为标准。对教师队伍的评价是看具有博士学位的数量、获奖者的数量、获得联邦奖金的数量和次数，所有这些都被认为是价值的标志。"资金"类评价是以大学财政是否健康为标准，如用于日常

费用、学生服务和奖学金支出的预算比例是否合理。馆藏量是以学生人均占有图书量、大学财政预算里图书馆所占的百分比以及图书馆预算中用于购买新书的比例为标准。最后一项是声望,它把本校校友进入高级大学官员调查表的数量和在各大型公司担任首席执行官的数量结合起来作为衡量标准。一流的最终标准就是把各个数字的比例结合起来:学生占20%,班级大小占18%,教师占20%,资金占10%,图书馆占12%,声望占20%。①

从上述观念看来,"一流大学"似乎已经成为标准化流水线上的产品,而打造和评价"一流大学",似乎已经成为一种技术,或者一门生意。只要拥有充足的经费,参照上述标准有目的、有针对性地进行"规划和建设",哪怕是一所毫无历史底蕴的新大学,也完全可以在几十年、十几年甚至几年内成为本国、本地区甚至世界级的"一流大学"!但是,这种明码标价、"公开透明"、只有结果没有过程的"一流",究竟能否当作通用标准来对不同国家的不同文化、不同历史、不同规模、不同类型的大学进行评判?抑或这就是一门生意,只不过是"世界一流大学"利益相关集团抛出的"大学八股",为永远保持自己的霸权地位,从而让世界各国的高等教育举办者"如吾彀中"?对此,美国本土学者早有质疑:

> 分数是学生成绩的唯一标准吗?为什么效率享有特权,因而就自动地认为按时毕业是件好事情?需要多少时间才算是受了教育?调查认为,最好的老师应具有最高大学学位,能争取到最多基金,并忠诚地保持大学系统的正常运转。但什么是好教授呢?好大学一定是最富有的吗?图书馆堪称储藏知识的地方,那么它与知识是什么关系呢?图书量是馆藏量的最好的衡量标准吗?知识是简单地从仓库再生产出来,还是在教学中生产出来的?为什么高级大学

---

① 比尔·雷丁斯.废墟中的大学[M].郭军,等.译.北京:北京大学出版社,2011:23.

官员和大型公司的首席执行官是"声望"最好的判断标准？
他们有什么共同点，这种协调一致是否令人担忧？声望这
一项会不会提高对价值水平的偏见？人选是如何确定的？
为什么"声望调查"是以已有的声望为评价标准？①

　　学者刘东曾言，如果按照这种商业化的"一流"标准，西南联
大无疑要黯然失色了，因为这所学校的毕业生更令人熟悉的是学者，
而不是高级官员和亿万富豪。甚至培育了"宋氏三姐妹"、奥尔布赖
特和希拉里的卫斯理学院，享誉全美的威廉姆斯学院，以及常春藤
盟校的早期成员达特茅斯学院，这些致力于本科教学的文理学院也
无法拥有一席之地，尽管这些高校的声誉在美国一点都不逊色于哈
佛大学、耶鲁大学等长期位于"世界一流大学"排行榜之巅的名校。
更不用说那些以应用型人才培养为主旨的大学、规模较小的大学以
及欠发达国家经费不够充足的大学。对此问题，美国国内自有一套
分类评价体系，立足于本科教学的文理学院和致力于地区发展的
应用技术学院无论在贡献和声誉上都可以不输研究型大学。然而，
不知是有意忽略，还是出于其他方面的考量，无视差异的"世界
一流大学排行榜"仍然成为风靡全球的"金榜"。为了能够在这张
榜单上占据一个好名次，许多高等教育后发国家不惜集中人力物
力支持少数代表性大学，努力在学术和师资等方面提高"世界声
誉"。如此便出现了一个皆大欢喜的局面——作为中心的美国大学迎
来了熙熙攘攘的人群和源源不断的资金，统治地位由此更加稳固；
后发国家的顶尖大学也在世界一流大学排行榜上排名不断攀升，
办学者在收获虚幻的成就感和满足感的同时，也得到了更大的政策和
经费支持。至于本国高等教育的真实内涵究竟有没有提高，综合布
局能不能得到优化，是否真正能够满足国家战略和社会发展的真实
需要，则又另当别论。
　　一言以蔽之，"一流大学标准"绝非"美国标准"。从美国这样

---

　　①　John Israel：*A Chinese University in War and Revolution*[M]．Stanford：Stanford University Press，
1998：24.

一个标榜多元价值的社会衍生出一种具有"普世意义"的"一流大学标准"，这件事本身就颇为蹊跷。更具讽刺意义的是，这种所谓的"一流标准"竟堂而皇之地成为其他国家高等教育的参照物。当然，美国大学的理念和制度的确值得其他国家研究和学习，但不是简单机械地照搬照抄和直接模仿。且不说美国历史和美国社会的特殊之处，美国大学自身的最大特色也是多元立体、各行其是，即便哈佛大学、耶鲁大学等闻名世界的顶级名校，虽然在一定程度上能够代表美国大学追求卓越的"一流精神"，但其理念和制度绝非完美无缺。事实上，美国独立之后，高等教育最大的特点就是不断地进行变革，直至今日依然如此。而且，美国大学的变革在不同的历史阶段也各具特点，大致可以分为学习与模仿、独立与创造、引领与调整三个阶段，第一阶段横跨16至19三个世纪，时间最长但却乏善可陈；第二阶段从19世纪末开始一直延续到20世纪中后期，在此期间美国大学产生了质变；第三阶段始于20世纪70年代，丹尼尔·贝尔撰写的《后工业社会的来临》开启了人类社会的新视角，也创造了一种新的知识观，对美国高等教育造成了极大的影响。自此以后，以"理论知识"为中轴，以"控制技术发展，重视技术鉴定"为未来方向，美国社会一步步建构起引领全球的文化资本市场与高等教育体系。

二、学费上涨：当前美国大学的突出问题

第二次世界大战后，美国政府的国际地位和国内声誉都达到顶峰，社会上升通道也前所未有地向底层敞开，公众普遍希望政府通过发展公共事业来帮助个体增进知识和技术，从而提高收入和地位。基于人民的信任和期望，政府继续沿用集中干预的战时经济政策，并利用充足的税收在20多年间打造了一个"公平与卓越"并举的高等教育体系。但随后由于国际战略的失误和国内分配的不平衡导致利己主义和平等主义泛滥，美国政府的公信力大不如前，原先的经济政策无以为继。随着推崇"小政府，大市场"的自由主义经济政策成为主导，政府对高等教育的财政支出大幅削减，高校为平衡开支不得不提高学费。在市场机制的支配下，大学的学费持续增长，不仅导致美国高等教育"核心悖论"的出现，而且成为突出的社会问题。

（一）美国大学学费上涨现象

自殖民地时期一直到 19 世纪中期，美国大学的经费主要来自教会和私人捐赠，政府基本上采取自由放任状态。南北战争后，中央政府开始插手高等教育，1862 年和 1890 年的两次《莫里尔法案》拉开了联邦资助高校办学的序幕。进入 20 世纪后，第一次世界大战、1929—1933 年经济大萧条以及第二次世界大战的先后爆发，促使美国政府集中干预公共事业，中央政府宏观调控和法制规范下的高等教育财政资助制度逐渐成型。1944 年《士兵权利法案》颁布后，联邦政府设立军事科学研究资助项目，并以此为基础逐步完善对大学的学术资助模式。1958 年《国防教育法》通过后，联邦政府拓展了之前的财政资助范围，确立了以研究资助和学生资助为主，以机构资助为辅的联邦政府高等教育财政资助体系。20 世纪 60 年代，联邦政府先后颁布了《职业教育法》《高等教育设施法》《高等教育法》等一系列政策法规，政府资助制度逐渐完善，高等教育入学率大幅提升。战后二十余年，公立大学的学费低廉而稳定，私立大学虽然学费较高但长期处于平稳状态。政府经费来自于税收，主要包括个人所得税、消费税和财产税等，其中财产税是地方政府支持高等教育的主要来源。州立大学一般能够得到各州对高等教育直接划拨经费的半数以上，社区学院和私立大学也能获得适当比例的拨款，联邦政府则在科研项目、图书设备以及学生补贴等方面提供资助。①

20 世纪 80 年代之后，政府对高等教育的财政支持力度开始降低，大学的学费开始上涨（详情参见表 5.1）。1987—2017 年，全美公立大学年均学费（含交通住宿费）从平均 8403 美元涨至 16757 美元。②公立大学有两个学费标准，分州内和州外：州内大学收费较低，

---

① 刘旭东.美国联邦政府高等教育财政资助发展研究［D］.保定：河北大学.2013：66-70.

② College Board. *Changes in Family Income over Time*［DB/OL］. https://trends. collegeboard. org.

州外大学收费较高。至 2017—2018 学年，就连公立四年制大学的州内学生年均学费也增加了 6560 美元，增长数字几乎是 1987—1988 学年的两倍；州外收费的增加幅度更是惊人，至 2017—2018 学年已经达到 25620 美元。①从年均增长率来看，公立四年制大学最高，尤其是从 1997—1998 学年到 2007—2008 学年，十年间年均增长率达到 4.4%。私立大学的学费增长速度虽然稍低于公立大学，但由于基数较高，再加上连续三十年的快速增长，数额已经让普通美国家庭感到"高不可攀"（参见表 5.2）。尤其是一些久负盛名的精英私立大学（参见表 5.1），其巨额学费更是令绝大多数家庭望而生畏。从 2018 年的《美国新闻与世界报道》中获知，仅 2017—2018 学年，美国排名前 50 的私立大学平均学费上涨了 3.6%，部分甚至达到 4%。根据美国劳工部 2017 年 10 月的统计，过去一年的通货膨胀率为 2.2%，大学学费的涨幅却是通货膨胀率的两倍。②

表 5.1　1987—1988 学年至 2017—2018 学年美国大学学费
年均增长率（扣除通货膨胀因素）③

学　年	学费及其他费用			学杂费及住宿交通费	
	私立非营业性四年制大学	公立四年制大学	公立两年制大学	私立非营业性四年制大学	公立四年制大学
1987—1988 至 1997—1998	3.3%	4.0%	4.2%	2.8%	2.3%
1997—1998 至 2007—2008	2.7%	4.4%	1.2%	2.4%	3.4%
2007—2008 至 2017—2018	2.4%	3.2%	2.8%	2.2%	2.7%

① College Board. *Annual Survey of Colleges*. [DB/OL]. https://trends. collegeboard. org,October 1, 2017.

② USA TODAY College. *Private College Tuition Is Rising Faster Than Inflation Again* [DB/OL]. https://www. usatoday. com,June 9,2017.

③ College Board. *Annual Survey of Colleges* [DB/OL]. https://trends. collegeboard. org,October 1,2017.

表 5.2　2016—2018 年美国大学平均费用①

年份	公立两年制学院	公立四年制大学（州内收费）	公立四年制大学（州外收费）	私立四年制大学
2016—2017	$3571	$9670	$24820	$33520
2017—2018	$3570	$9970	$25620	$34740

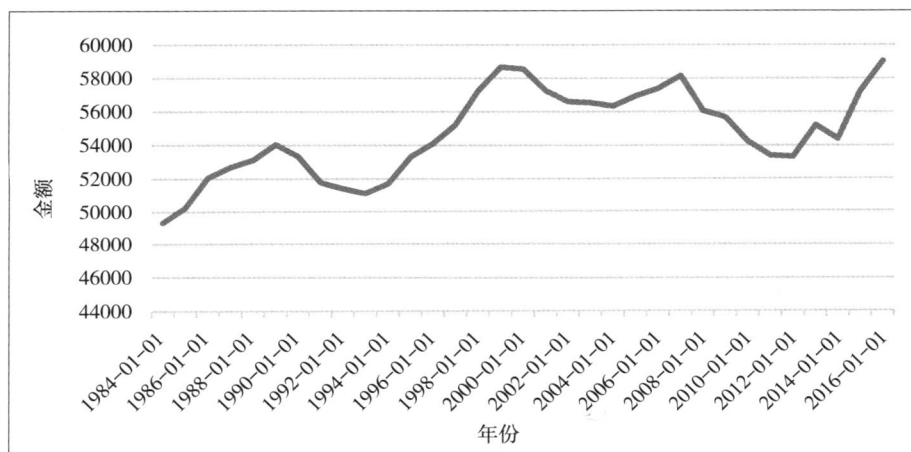

图 5.1　1984—2016 年美国家庭实际年收入中位数统计②

与不断上涨的学费形成鲜明对比，美国普通家庭的实际收入自 1998 年起增长十分缓慢，甚至一度呈下跌趋势，社会收入分配的不平衡更是从 20 世纪 80 年代中期开始呈迅速扩大趋势。根据美国人口普查局的数据统计，美国家庭实际收入中位数自 1998 年开始呈整体下降趋势，2006 年更是一度呈断崖式下跌（详情见图 5.1），直至 2014 年才稍有好转，但始终未超过 1998 年的水平。当经济大衰退在 2008 年至 2009 年突如其来时，收入不平等的势头曾在短期内受到抑制，但大衰退一过，贫富两极分化的趋势就重新抬头，甚至变本加

---

① College Board, *Annual Survey of Colleges*［DB/OL］. https：//trends. collegeboard. org/，October 1, 2017.

② U. S. Bureau of the Census. *Real Median Household Income in the United States*［DB/OL］. https：//fred. stlouisfed. org/，August 31, 2018.

厉。位于财富金字塔最顶层的富豪们越赚越多，穷人则越来越穷。截至 2017 年，美国有 20% 的较低收入家庭尚未达到 2008 年经济衰退前的实际收入水平（经通胀调整后的收入），事实上三十年来，这些家庭的年均收入占全部家庭年均收入的份额一直在下降：从 1986 年的 4.7% 降至 1996 年的 4.2%，再从 2006 年的 4.0% 降至 2016 年的 3.7%；前 5% 的高收入家庭则从 1986 年的 16.5% 升至 1996 年的 20.3%，并在 2016 年达到 21.4%。①仅 2009—2012 年，位于金字塔最顶端前 1% 的美国家庭收入就增长了 31%，余下 99% 的家庭收入仅仅增加了不到 0.5%。②

对于普通家庭而言，学费是影响高等教育入学选择至关重要的因素。富裕家庭可以为子女提供上大学的巨额费用，来自低收入家庭的孩子只能依靠学生贷款，沉重的债务又会进一步限制毕业后的就业选择和家庭经济。时至今日，美国大学学费已经上涨到普通美国家庭不堪重负的程度，目前在攻读本科学位的学生中，90% 以上需要通过贷款来支付学费，半数以上的在校本科生主要靠贷款维持生计，人均欠债额达 2.3 万美元，部分人欠债更达 6 位数，远远超出一般人能够承受的范围。③巨大的还款压力，导致越来越多的中低收入家庭子女主动放弃接受高等教育的机会，2010—2016 年，美国大学总入学率下降了 7%。④在过去四十年，美国社会收入分配不平等的矛盾正在凸显，大学学费的上涨使其进一步激化，代际传承的家庭财富通过高等教育机构的文化资本转化成阶层固化的核心要素，由此带来了更严重的社会对立。

---

① College Board. *Changes in Family Income over Time* [DB/OL]. https://trends. collegeboard. org/.

② G. Duncan, R. Murnane. *Whither Opportunity? Rising Inequality, Schools, and Children's Life Chances* [M]. New York: Russell Sage, 2011:299-315.

③ 2015-2016 *National Postsecondary Student Aid Study* (*NPSAS*:16) *Data File Documentation* [DB/OL]. https://nces. ed. gov/, May 15, 2018.

④ National Center for Education Statistics. *The Condition of Education* [DB/OL]. https://nces. ed. gov/, July 24, 2018.

（二）高等教育内部透视：从"总体规划"到"核心悖论"

美国大学学费上涨，与高等教育体系的调整直接相关。从第二次世界大战结束到 20 世纪 70 年代，是美国高等教育的"黄金时代"。[①]在此期间，美国高等教育创造了"大学为社会服务"的新理念，建立起促进社会进步和个体发展的完整体系，其特征集中体现为 20 世纪 60 年代的《加州高等教育总体规划》（简称"总体规划"）。

20 世纪 50 年代，美国高校已呈现多种层次和风格，但彼此各行其是、缺乏协作。随着高等教育规模和功能的拓展，大学与市场和公众的联系加强，政府希望将各级各类高校结合成一个彼此协作、内部贯通的体系。与此同时，加州进步论者为了战后世界的重建，提倡通过大力发展高等教育以促进学术卓越与社会公平，此观点被称为"加州理念"。"总体规划"便是基于"加州理念"于 1960 年推出的，其实施途径主要有两个：扩大规模和完善体系。基于这两个途径，"总体规划"在就学机会、支付能力、公平与质量四个方面，拟定了一个基本的政策和规划框架。各级各类高等教育机构都在这个框架内运作，有利于层次内竞争与层次间合作的良性互动，也可以在结合精英主义与大众化的前提下兼顾公平与效益。基于以上设计，一个含括研究型大学系列、州立大学系列和应用技术大学（及社区学院）系列的三级院校系统建立起来。第一层级致力于学术卓越，第二层级促进市场繁荣，第三层级则保障社会公平，三个层级相互配合、彼此贯通，为个体上升和社会发展提供支撑。[②]随着"总体规划"在全美推广，美国形成了具有稳定的层次性功能结构，

① 约翰·赛林.美国高等教育史［M］.孙益,林伟,刘冬青,译.2 版.北京:北京大学出版社,2014:1.

② Simon Marginson. *The dream is over*:*The crisis of Clark Kerr's California Idea of higher education* ［M］. Oakland:University of California Press,2016:14.

兼顾"上升机会公平"与"劳动市场分类"的高等教育体系。①

以"总体规划"为标志，战后美国高等教育体系的建构取得了四大成就。首先，由于联邦政府和州政府"空前的财政支持"，美国高等教育"史无前例地快速发展"，建立了世界上第一个大众化高等教育系统。②其次，不同性别、种族、阶层的适龄青年都获得了越来越宽广的接受高等教育的机会，高等教育成为个体实现社会阶层上升的有效途径。基于教育机会平等，在分层的高等教育体系中兼顾精英主义和教育普及的加州理念，逐渐成为世界高等教育的主导模式。再次，学术地位大幅提升，美国大学从第二次世界大战前欧洲大学的学习者，一跃成为世界高等教育的领导者。最后，重新定义了现代高等教育的理念和功能，促使美国大学和学者通过科技研发和智力支持直接参与社会生产和改革。"高等教育可以通过科研、教学和服务，以各种不断推陈出新的改革方式，成为推进社会生活和改进政治民主的力量。"③

然而，"总体规划"构建的高等教育体系在20世纪70年代遭遇了重大挫折。由于在越南战争、水门事件等国际、国内重大问题上的失策，美国政府的公众信任度下降，高等教育也受到严重冲击。20世纪60年代风起云涌的学生运动让政府和社会对高等教育的角色产生了怀疑，中东石油危机爆发后，经济滞涨和劳动力市场紧缩带来的巨大压力又导致税收减少，政府逐渐无力也无心再去支持规模愈发庞大、就业却不再乐观的高等教育体系。"繁荣时代"就此终结，发展缓慢而多元的"调整时代"开启。④"调整时代"的美国高等教育充满矛盾，其中最能反应其本质的就是"核心悖论"。

---

① Levine Arthur. *Clark Kerr and the Carnegie Commission and Council*[A]. In Sheldon Rothblatt (ed.). *Clark Kerr's World of Higher Education Reaches the 21st Century*[C]. Dordrecht, NL: Springer, 2012:43-44.

② 於荣,张斌贤. 繁荣与调整:战后美国高等教育发展的历史轨迹[J]. 清华大学教育研究, 2017(8):20.

③ Kerr. *Higher Education Cannot Escape History*[M]. Albany: State University of New York Press, 1994:160.

④ 於荣,张斌贤. 繁荣与调整:战后美国高等教育发展的历史轨迹[J]. 清华大学教育研究, 2017(8):19.

20世纪80年代以来，通信和交通行业的发达在技术上极大地促进了人们的交流。1991年，冷战结束推动了全球对话与合作。随后，网络时代的到来真正实现了信息的即时传播，国际学术交流和评价成为现实，全球性的学术竞争和大学排行开始出现。由于拥有学科集群上的规模效应和学术研究上的先发优势，少数处于高等教育系统顶端的大学成为"世界一流大学"的模板，不仅在各种"世界大学排行榜"上占据统治地位，在国际学术交流中居于人才流入的中心，而且建立起国际性的学术评价体系。但与此同时也产生了一个突出的问题：政府持续削减教育支出，大学为了生存多方寻求资助，资本市场趁虚而入，由此加剧了公立和私立、盈利型和非盈利型高校的分离。为了追求学术产出和国际吸引力，人力和物力资源皆向少数科研实力强大的大学集中，由此导致了"研究型"与"非研究型"大学的差距不断扩大。以上问题带来了两大后果：一是"马太效应"在高等教育领域内的凸显，少数大学风光无限，大部分高校举步维艰；二是学费普遍上涨，不仅精英大学令人望而却步，州立大学和社区学院也不再"亲民"。及至20世纪90年代，美国高等教育体系的分裂已经难以愈合，"核心悖论"终于出现——国际地位不断上升，国内评价却日趋恶化。1990年，哈佛大学教务长罗索夫斯基曾自豪地宣布：世界上"三分之二到四分之三的最好大学位于美国……美国大学模式在全世界处于支配地位"[1]。20余年后，美国研究型大学模式的支配地位进一步提升："迈入21世纪时，美国研究型大学正处于史上最强的状态"[2]。但美国高等教育也存在着严重的危机："在国家层面，相对于其他国家的稳定上升，美国显然处于教育衰退状态。来自高校学者研究和亲身经验的书籍显示，大学正在走向破产。"[3]

"核心悖论"是总体规划建构的高等教育体系被严重破坏的典型

---

①　Henry Rosovsky. *The university*: *An owner's manual*[M]. New York: W. W. Norton, 1990:29.

②　罗杰·盖格.大学与市场的悖论[M].郭建如，马林霞，译.北京：北京大学出版社，2013:1.

③　克莱顿·M.克里斯坦森，亨利·J.艾林.创新型大学：改变高等教育的基因[M].陈劲，盛伟忠，译.北京：清华大学出版社，2017:2.

特征，学费上升则是必然后果。市场机制带来了马太效应，精英大学越来越受追捧，普通大学在科研至上的环境中门庭冷落。由于资本市场和私人捐赠的青睐，政府资助的总体削减并没有对美国的精英大学——尤其是私立精英大学——带来太大的影响。政府、市场对科研成果的侧重以及高收入家庭对文化资本的渴求，使精英大学在科研资助和学费收入两方面同时水涨船高。真正受到困扰的是大多数以政府拨款为主要财政收入来源，意在提升入学率和保障社会公平的大学。况且，"统治"了全球大学排行榜的美国精英大学能吸引大量愿意支付高额学费的海外留学生，学费上涨甚至成为它们在高等教育国际化背景下标榜身份和攫取财富的有利手段。而那些致力于国内实践和就业的大学，显然难以分享到国际化的红利。正因为如此，在世界平均水平不断上升的背景下，美国的高等教育入学率趋于停滞甚至下降。

（三）经济透视：从凯恩斯主义到新自由主义

高等教育体系的调整与政府拨款息息相关，而拨款机制又取决于政府采取的经济理论和政策，因此对美国大学学费上涨现象的进一步分析必定要涉及经济。

南北战争前，美国政府在新教伦理和资本主义精神影响下实施古典自由主义经济理论，对高等教育财政政策采取自由放任的态度。伴随着南北对峙的结束和西进运动的兴起，政府的控制力不断加强，对公共教育的财政支持开始增大。20 世纪上半叶，两次世界大战和经济大萧条促使联邦政府实施积极集中的经济政策，凯恩斯的国家干预主义备受推崇。战争的胜利和应对经济危机的经历提升了政府的公信力，因此第二次世界大战结束后，联邦政府继续采取扩张性经济政策，通过提高税收和扩大公共支出来刺激需求和拉动增长。杜鲁门和艾森豪威尔政府着重通过增加就业来促进生产和刺激消费，之后，肯尼迪开拓"新边疆"，约翰逊营造"伟大社会"。战后连续四任总统皆采用积极的经济政策，提高政府开支，加大对公共事业的支持。直至 20 世纪 60 年代末，凯恩斯主义一直在推行。国家以法律的形式大力支持高等教育的发展，战时经济的延续取得了辉煌的成就，塑造了战后二十余年的繁荣，但也隐藏着深刻的危机。在强调公民权利和个体自由的美国社会，推行国家干预主义需要两个必要条件：一是民众对政府的高度信任，这是提高税收的基础；二是财政支出能够取得即时效益，能对个体发展迅速起到效果，这是扩大政府支出的保障。第二次世界大战期间，美国洋溢着英勇作战抵抗外敌的激情，人们勇于为了自由和荣誉牺牲经济利益。战后社会格局的重建促进了高等教育和公共事业的繁荣，也为公众提供了上升动力，扩张型的经济政策适逢其会，造就了高等教育的"黄金时代"。然而，随着激情的退却和新格局的形成，种族和阶层冲突日益严重，个体的上升动力和通道都与战争刚结束时不可同日而语。与此同时，愈发庞大的高等教育体系也让政府难以负担。伴随着越南战争罪行的披露和水门事件的爆发，美国政府的公信力大幅下降，民众开始抵触以高税收为基础的扩张型经济政策。随之到来的1973年石油危机进一步加剧了美国经济的恶化，国家干预主义在经济危机的风雨中摇摇欲坠，弗里德曼的新自由主义经济学风靡开来，越来越多的民众重读哈耶克，将集中的中央计划视为"通往奴役之路"。[1]

　　1981年，里根当选美国总统。在竞选时，里根用通俗易懂、充满激情的语言向民众传播了新自由主义经济理论：政府只要减少税收和干预，市场就会活跃，经济总量和就业机会随之增加，从而实现政府和个人收入的同时提升。由于凯恩斯主义在20世纪70年代的失利，再加上里根的煽动力，美国民众迅速拥抱新自由主义经济学。当选后的里根毫无保留地支持自由市场，控制政府预算，削减社会福利开支。为了刺激投资，里根政府大幅降低高收入者和大企业的税率，同时放宽企业管理规章条例以减少生产成本。上述政策实施后，在短时间内成功扭转了美国经济的颓势，兑现了在低税收状态下同时提升政府和民众收入的诺言。由于里根取得的成就，人们将他在任期内采取的新自由主义经济政策称为"里根经济学"。但"里根经济学"的成功背后，却隐藏着巨大的问题——"1973年石

---

①　米尔顿·弗里德曼.资本主义与自由[M].张瑞玉,译.北京:商务印书馆,2009:6.

油危机发生后，美国国民生产增长率迅速降低；及至 80 年代，贫富差距开始增大"①。据国会预算局统计，里根时代前 1% 的富人所获得的收入从占总收入的 9% 上升到 13.8%，而后 90% 的中低收入者占总收入的比例与 1979 年相比却大幅下降。②

在崇尚新教伦理和资本主义精神的美国，新自由主义经济学重新占据统治地位具有必然性，但"里根经济学"的成功却具有很大的偶然性。马克斯·韦伯认为，资本主义精神就是个人把努力增加自己的资本以及以此为目的活动视为一种尽责尽职的行动，其强调的是个人的道德意识和职业责任。"一个人对天职负有责任乃是资产阶级文化的社会伦理中最具代表性的东西，而且在某种意义上说，它是资产阶级文化的根本基础。"③ 易言之，资本主义的发展建立在个人道德操守和职业精神基础上，政府干预只会损害这种个人奋斗的文化。这种深入人心的资本主义精神是美国社会的底色，也是自由主义经济学卷土重来的根本原因。而里根经济政策的成功，一方面要归功于特殊的时代背景，另一方面则是依靠扩大政府开支刺激经济增长。这种增长模式虽然在短期内制造了繁荣，但却给政府留下了一大堆债务，而且扩大了社会贫富差距，导致政府声誉进一步下降。

"里根经济学"衍生的金权政治极大地冲击了公立高等教育的发展，致使教育体制和管理方式从过去的"政治行政模式"转化为"经济市场模式"。在盈利模式下，政府大额补贴有运营障碍的营利性大学，降低甚至停止对公立社区学院的资助。2008 年，次贷危机发生后，严重的财政赤字和自由放任的经济政策导致政府对高等教育的资助大幅下降。以开创了"公平与卓越"理念的加州为例，从 2008 年到 2013 年，在大学入学人数增长的情况下，州政府对加州大学和加州州立大学的财政拨款从 63 亿美元下降至 43 亿美元，下降

---

① CBO. The Budget and Economic Outlook：2018 to 2028[DB/OL]. https://www.cbo.gov/，April 9,2018.

② CBO. The Distribution of Household Income，2014[DB/OL]. https://www.cbo.gov/，March 19, 2018.

③ 马克斯·韦伯.新教伦理与资本主义精神[M].阎克文，译.上海：上海人民出版社,2010.

幅度超过 30%。① 此时的高等教育在州财政预算中已无保障，高等教育已成为"服务—收费"市场运行模式的积极实践者。由于政府资助下降，资本市场又不愿为大学的公共性质买单，因此公立大学的财政收入一路下跌，学费却疯狂上涨。

2016 年，房地产商特朗普当选美国总统。在银行家和大商人的支持下，降低税收、刺激经济以提升增速的自由主义经济政策在美国达到新的顶峰。"水涨会将所有船抬高"是特朗普政府经济政策的典型思路，其具体策略是依靠资本最雄厚的公司带动经济发展，从而提高最底层人民的生活水平。出于营利思维，特朗普政府倾向于将一切产业市场化，包括公立教育、医疗等本应该属于国家公共福利的产业。套用新自由主义经济理论的一句名言："如果政府必须要在以下两个策略中选一个——是维护自由市场竞争机制还是保证最底层人们的生活水平，唯一正确的答案是前者。"② 易言之，相比于社会公平和社会福利，崇尚新自由主义的政府更在意的是竞争机制和经济效益。如此一来，公共事业的发展自然会大打折扣，大学学费的普遍上涨也就实属必然。

（四）政治透视："美式民主"的内在缺陷

美国大学学费上涨表面上看是因为教育体系及经济政策的变迁，但归根结底还是自由主义政治哲学不断走向激进的结果，其真正映射的是美式民主的内在缺陷。

19 世纪上半叶，托克维尔就曾指出，美国民主最核心的特征在于强调个体自由，人们无比警惕"多数人暴政"，时刻防范政府越权。正因为如此，以赛亚·柏林将托克维尔视为消极自由的先驱，哈耶克则将其阐释为社会主义和福利国家最早的批判者之一。事实上，托克维尔同时也是偏向平等主义和个体主义的美式民主的批判者。出于对欧洲政府盘剥殖民地人民的反感，抑或对贵族政治的矫

---

① Higher Education Center. *California's Higher Education System* (2016) [EB/OL]. http://www.ppic.org,2016-09-09.

② 亨利·勒帕日.美国新自由主义经济学[M].李燕生,译.北京:北京大学出版社,2016:41-43.

枉过正，平等主义和个体主义自美国建国起就具有强大的号召力。20 世纪初的哈佛大学校长洛厄尔观察到："长远来看，（美国的）民主制度倾向于维护平等而非自由，当自由与平等发生冲突时，政府甚至会煞费苦心地对前者进行压制，保证后者通行。"① 在此方面，托克维尔早有洞察。托克维尔赞扬个体性，同马克斯·韦伯一样将个体自由视作民主的基础，但他认为美式民主抹杀了个体性。"一方面，卓越的个人不能发挥他们的影响，其个体性的独特没有得到承认并发挥有益的影响；另一方面，更为糟糕的是，社会造就了大量单调和驯服的个体，他们事实上缺乏个体性。"② "个体主义会打击和破坏所有其他德行，最后沦为利己主义。"③ 由此可见，由于在根源上缺乏对政府的信任，同时又无法克服个体主义的自私和软弱，本以"民主和自由"为目标的美式民主，却难以避免地异化为"平等与利己"，这就是美式民主难以克服的内在缺陷。

追本溯源，美式民主的缺陷根植于现代自由主义政治哲学。关于此问题，在 20 世纪下半叶引发了巨大关注的"美国新保守主义之父"列奥·施特劳斯，有着十分深刻的分析。基于古典政治哲学的立场，施特劳斯批判了西方"现代性"的进程，认为这是一场"造反运动"——青年对老年的反叛，奴隶对主人的反叛，低贱对高贵的反叛。这场运动起源于马基雅维利，因为其首次将政治独立于伦理和道德，推崇用权术和谋略获取政治实效性，甚至"为了达到一个最高尚的目的，可以使用最卑鄙的手段"④。随后，经卢梭、尼采一路发展下来，现代自由主义政治哲学越来越激进，越来越走向个人优先。与古典政治哲学相比，激进自由主义最大的特点以"自然权利"代替"自然法"，以"进步"代替"善"，以"平等"祛魅"高贵"。自由主义政治哲学的演变与西方社会的"现代性"进程是一致的，二者的共同背景是西方历史观的演变。从古典时期到 19 世

---

① Abbot Lawrence Lowell. *At War with Academic Traditions in America* [M]. Cambridge：Harvard University Press, 1934：143.

② 托克维尔. 论美国的民主[M]. 董果良，译. 北京：商务印书馆，1991：71.

③ 托克维尔. 论美国的民主[M]. 董果良，译. 北京：商务印书馆，1991：77.

④ 马基雅维利. 君主论[M]. 潘汉典，译. 北京：商务印书馆，2010：2.

纪，西方人一直相信历史是可以观察和总结的。但随着西欧社会的剧烈变动，历史主义者转而"强调属于特定时空的东西比之普遍物具有更高的价值，他们只得承认，无法从历史中得到任何规范——根本就没有什么客观的规范"①。"不存偏见"的历史学家必须承认，"历史过程"本身是由人们的所作所为和所思所想织成的一张毫无意义的网，纯粹由偶然造成。唯一能够继续存在的标准，乃是那些纯属主观性的标准，它们除了个人的自由选择之外别无其他依据。正因为对历史的否定，自由主义走向激进，用"进步还是反动"的区别取代了"好与坏"的区别。②

在激进的自由主义者看来，"善"和"高贵"已经无法被认知，就索性降低目标追逐伸手可及的利益。当社会习惯了追求物质利益时，所谓的"崇高"和"美德"都已经变得空洞无意义，政府唯一的正确选择就是履行与人民订立的"契约"，实现现实利益最大化。然而，既然"历史过程"是毫无标准的，也就不存在什么"社会规律"，在此情形下，个人的选择必然是善变的。再加上民主生活中的人们不存在所谓高低贵贱之分，公众在权利上平等，在利益选择上趋同，这就给政治家和资本家留下了煽动和操纵民意的充足空间。在物质利益的诱惑下，市场逻辑无情地冲刷着人性的深度与厚度，物化人的追求。正如托克维尔所言："在贵族统治下，会有闪光的东西出现，即一切精美、宏伟但费钱的东西；而在（美式）民主制度下，出现的却都是些丑陋但实用之物。"③

当然，自由主义的贡献是巨大的。自由主义解放了人性，但与之相伴的是解放甚至放纵了人的欲望。由于历史与自然形成的不平等，自由主义的光辉并不足以完全照亮人性的晦暗，而其自身的理论缺陷更是进一步纵容了人性的阴暗面。法国学者塞奇·莫斯科维奇认为，现代社会史无前例地进入"群氓的时代"，形成了一个个

———————————

①　列奥·施特劳斯. 自然权利与历史［M］. 甘阳，译. 北京：生活·读书·新知三联书店，2006：14-19.

②　列奥·施特劳斯. 自然权利与历史［M］. 甘阳，译. 北京：生活·读书·新知三联书店，2006：9.

③　托克维尔. 论美国的民主［M］. 董果良，译. 北京：商务印书馆，1991：77.

"由平等的、无名的以及类似的个人组成的变化中的集合体"，出现了一群群"摆脱了社会束缚的社会动物"。①在这个经济越来越发达、"文明程度越来越高"的社会中，三大因素导致了缺乏自我意识与独立人格的"群氓"出现："第一，平等的价值观和不平等的社会结构的紧张，这带来了欲望的解放和攀比的普遍化；第二，社会的个体化导致对个体道德约束解除的同时，也导致了个体的软弱化；第三，理性公共话语的禁锢式微和表达门槛的下降，这导致了非理性表达的泛滥。"② 显然，群氓社会是美式民主必然导致的结果。价值观的平等和个体道德约束的解除唤醒了物欲，资本和市场又不遗余力地放大和美化欲望，对人性的反思成为迂腐而奢侈的事情。在这种功利化和个人本位的社会框架中，民众更倾向于为了个人利益而漠视公共责任，政府则不遗余力地制定能够刺激消费和提高效益的政策。

基于自由主义理论的政治和经济政策，导致美国高等教育一步步沦为利益角斗场。在效率和利润的导向下，高等院校也如同企业一般遵循市场法则，人文精神逐渐萎缩，马太效应却越来越明显。艾伦·布鲁姆曾在《走向封闭的美国精神》一书中大声疾呼："大学不应当仅仅只是一个为了发展新技术而在政府资助下进行研究的地方，也不仅是一个旨在保护学术探究免于遭受政府随意干涉的地方。"③"大学应当是一个能够鼓励年轻人高瞻远瞩提出重大问题的地方，一个能够探寻人类核心议题的殿堂。在这里，人们将诘问日常生活的实践现象和深层价值，并由此探寻'我是谁''我要成为什么样的人'等基本命题……人类基本问题的答案既非显明的亦非不可知的；如果不去持之以恒地探讨这个基本问题，那么我们的人

---

① 塞奇·莫斯科维奇.群氓的时代[M].许列民,薛丹云,李继红,译.南京:江苏人民出版社,2006:7.

② 王小章.群氓是怎样炼成的[J].读书,2018(8):36.

③ Alan Bloom. *The Closing of the American Mind*[M]. New York: Simon and Schuster, 1987: 240.

生必将轻浮浪荡。"① 但在美式民主下，个体非常容易放弃对人生基本问题的追求。政府则为了经济效益和社会进步而淡化对社会公平的承诺，日渐削减的公共开支和不断攀升的大学学费便是最显著的标志，这在很大程度上意味着政府不再将高等教育的公共性当作首要目标。而高等教育一旦丧失其公共性，也就意味着被利益所裹挟，难以保持其独立性和自反性，最终必将沦落为阶层固化的工具。

自 20 世纪 80 年代以来，不断走向激进的自由主义政治哲学引导美国政府在实践上更加重视上层利益，中下阶层利益难以得到保障。因此，极少数富人越来越富，绝大多数人却原地不动甚至不断倒退。克拉克·克尔曾经指出，"公共利益"是一种精英阶层自愿为集体利益做出贡献的社会结构，而高等教育必须成为实现这类公益的社会结构之一，从而实现社会层级向上流动并增强社会民主和公平性。②然而，在"黄金发展期"结束后，上涨的学费和下降的入学率已经无情地打破了克尔对美国高等教育的美好构想。激进的新自由主义政治理论过度强调个人利益，市场逻辑纵容上层社会对中下阶层利益的掠夺，从而加剧了经济、文化和教育等全方位的不平等。极左民粹主义也就此反弹，这又进一步导致反智主义的蔓延。美国高等教育就这样在极右和极左之间震荡内耗，逐渐与"公平与卓越并重"的承诺渐行渐远。

站在欧洲基础之上，美国在战后打造了领先世界的高等教育系统，其取得如此成就的根本在于博取众家之长，在于不断的学习与自省。今日，美国高等教育依然拥有无可匹敌的国际影响力，但成就其卓越的社会根基却不再牢固如初。冷战结束后，美国作为唯一的超级大国在国际上"习惯性"地扮演领导角色，美国研究型大学也成为世界高等教育的中心。但在独领风骚的背后，也潜藏着严重的危机。学费持续上涨现象反映了美国高等教育体系的断裂，也揭示了美国经济和政治的深层问题。对于中国大学而言，美国大学的

---

① Alan Bloom. *The Closing of the American Mind* [M]. New York：Simon and Schuster, 1987：382.

② Simon Marginson. *The dream is over：The crisis of Clark Kerr's California Idea of higher education* [M]. Oakland：University of California Press, 2016：128.

成就值得学习，其潜在的问题更值得警惕。中国自高校扩招以来，在近二十年的时间里，中国大学在规模飞速扩大的同时，还能普遍保持学费的低廉而稳定，这值得自豪和坚持。在建设高等教育强国的道路上，中国大学需要虚心学习、博采众家之长，但不可丧失自身特色。

三、中国建设走向伟大的基本逻辑

大学走向现代的标志之一，就是摆脱教会的普世教义，以彰显和传承民族文化为己任。伟大的大学必然体现一个国家和民族的性格与传统。英国近代哲人霍尔丹将大学称为"民族灵魂的反映"①。由于后现代思潮的兴起，该理念曾受到质疑。比尔·雷丁斯认为现代大学理念历经了三个阶段：康德的理性大学、洪堡的文化大学和当代的所谓一流大学。随着经济全球化的进程以及民族国家的衰微，现代大学，即洪堡意义上以承担国家和民族文化使命为己任的大学已经走向黄昏。在对现代大学进行大规模诊断之后，雷丁斯提出了一种以"思想之名"办学的理念，也就是以培养学生的反思、质疑和批判的能力为旨归的教育。②雷丁斯的观点值得关注，但其论说实质上具有吊诡之处。雷丁斯的理论基础是近现代的西方高等教育主流价值，遵循的是英国—德国—美国的文化殖民逻辑，所以这套论述还是"西方中心论"大学理念的变种。

自20世纪末期以来，齐格蒙特·鲍曼、安东尼·史密斯、德里克·博克、哈瑞·刘易斯、罗杰·盖格、比尔·雷丁斯、迈克尔·罗斯等一批欧美学者和大学管理者密切关注了全球化和大众化对大学的冲击，并对大学逐渐放弃民族文化理念与传统的生产、保护和传播这一趋势，进行了激烈的批判。从他们的著作名称中就可以直接推测其对待所谓"一流大学"的态度：《失去灵魂的卓越——哈

---

① Abraham Flexner. *Universities*：*American*，*English*，*German*[M]. New York：Oxford University Press，1930：4.

② 比尔·雷丁斯. 废墟中的大学[M]. 郭军，陈毅平，何卫华，译. 北京：北京大学出版社，2008：1-6.

佛大学是如何忘记教育宗旨的》《回归大学之道——对美国大学本科教育的反思与展望》《废墟中的大学》《高等教育市场化的底线》《不止于大学——自由教育何以重要》……类似的学者名单及其著作可以不断罗列下去。这些具有反思精神的学者不约而同地提出了一个发人深省的问题——大学一旦放弃自身的民族性格和文化担当，便会在经济全球化和教育大众化的裹挟下，沦为"跨国官僚政治联合体"，这是现代大学必须克服的深层危机。"如果大学在市场的压力下，完全屈从于这种来自'一流'标准的量化评价，那它就跟寻常企业再没什么两样了，它的学生也不再是传统意义上的求学者，而只是光临'学店'的现代顾客。同样，如果大学在排行榜的压力下，一门心思去攀爬朝向'一流'的阶梯，这个空洞的标准也会逐渐抽空大学的内涵，直至世间压根儿就不再有大学这回事！"① 相隔将近一个世纪，现代学者对大学的忧虑与当年洛厄尔、威尔逊、哈珀等人的观点如此之相似，这充分说明西方大学一直在警惕大学因为市场原教旨主义的侵袭而失去灵魂，以及量化评价指标和大学排名对文化想象力和学术共同体的伤害。

通过对美国大学现代化历程的简单回顾，不难发现理念的生成乃是一国大学走向伟大的逻辑起点。决定大学理念的要素主要有两个，一是历史传统，二是社会实践。历史传统既包括文化传统也包括学术传统，社会实践则涉及国内和国外两个方面。中国的文化传统丰富而多元，并且也形成了相当完整的学术传统，在历史上，这两种传统曾经在一个流传千年的教育机构中得到很好的融合，就是自隋唐延续至明清的传统书院。清末民初的西学东渐带来了现代教育思想，建立了现代学校体系，淘汰了保守陈旧的封建教育制度。但遗憾的是，在此过程中书院体系也被连根拔除，致使中国文化和学术传统失去了落脚之处，从而在之后百年的改革中逐渐凋零。引入新思想的目的并不是要完全抛弃老传统，而是弥补缺失和纠正错误。事实上，只有与传统文化的特质相结合，新思想才能得到普遍

---

① 比尔·雷丁斯.废墟中的大学[M].郭军,陈毅平,何卫华,译.北京:北京大学出版社,2008:19.

认可和顺利推行。中国文化传统中本就具备革故鼎新、包容开放的一面，作为民族国家核心凝聚力的文化传统和知识创造力的学术传统，尤其不能采取斩断根基的做法，如此一来必然导致文化身份出现危机、民族精神无处安放。洛厄尔主持下的哈佛大学改革就淋漓尽致地体现了这一原则——即使英美两国的文化传统渊源深厚，但美国本土文化的民主精神和独立意识才是生成美国大学理念的指导思想。只有先回答"是什么"的问题，才有资格和能力提出"做什么"和"如何做"；只有在传统文化的土壤中寻找出最具凝聚力和竞争力的核心价值，才能够真正深入地理解当下、引领未来。因此又要回到最初提及的问题上来——伟大的大学必有伟大的理念和深厚文化，而理念和文化的生成首先是对历史传统的继承与反思，其次对国内实践以及国际环境的分析与解释，最后才是对现实的革新和对未来的策划。

具体而言，中国伟大大学的理念创生应从三方面展开思考：其一，对于纵向的历史传统和使命仍然需要进行认真的整理和反思，并在此基础上凝练核心价值、构建文化身份。大学理念与民族性格具有内在一致性，二者相辅相成。伟大的大学必然善于吸收和弘扬本民族的文化精髓，用于凝聚和激励大学之人才；而国家和民族的创造力和影响力，也需要通过大学的人才培养和文化传播来实现。因此，中国大学必须继承民族传统，同时弘扬社会主义国家的建国理想与核心价值。其二，对于国内国际的社会发展与变革，中国大学应当保持主动的关注和密切的关联，并在本土情怀和国际视野的双重视角下，反思教育如何致力于"全球共同利益"的实现。①其三，对于未来社会的发展方向，中国大学应保持审慎的批判态度，为不同的思想和理念提供交流平台。

---

① 联合国教科文组织.反思教育:向"全球共同利益"的理念转变[M].联合国教科文组织总部中文科,译.北京:教育科学出版社,2017.

第二节 内在省思：高等教育强国建设的守正与创新

所谓"省思"，即站在自身的立场观察和思考建设高等教育强国的选择路向。美国大学一直在变革，而且这个过程仍在持续。"变化"与"改革"是南北战争之后美国大学的唯一特点，以变革促发展，是美国大学的最大特色。当然，这种改革也绝非任意为之，美国大学在每个阶段的变革过程中非常鲜明地体现了大学文化传统与社会公众需求之间的纠缠，因此重要变革阶段都充分维持了历史传统与现实需求的平衡，这一特点在"大变革时代"体现得尤为淋漓尽致。以基督教新教为灵魂，以牛津大学、剑桥大学的文化为理念，再加上德国大学的研究精神，"大变革时代"之后的美国大学呈现出十分鲜明的杂糅特点，而这一切又在"服务社会"的实用主义哲学下形成了富有张力的调和。理念与实践并重、历史与现实共存、学习与创造同行，这才是美国"一流大学"真正的立身之本。

一、建设高等教育强国的理念守正

对于今日处于转型期的中国大学而言，需要学习的不是美国大学精心炮制的"一流标准"，而是兼容并包的学习精神以及自力更生的实践理念。更重要的是，就像美国大学在"大变革时代"毅然从简单移植德国大学的迷梦中醒来，从而注重文化共同体的创生一样，当前的中国大学也需要在对外学习的同时更多地进行自省和反思。内涵空洞的"一流标准"和市场原教旨主义的大学排行已经严重地破坏了大学的学术生态和文化生活，这在美国已经引起了广泛的忧思和深刻的探讨。事实上，自从宗教教育传统在19世纪逐渐没落，实用主义逐渐在美国大学蔓延开来之后，针锋相对的声音和措施也一直相伴而行。从《耶鲁报告》提出大学必须坚持古典课程的价值，致力于"训练"和"装备"学生的心灵，到维布伦1918年发表

《美国高深知识》，维护大学的学术价值和研究环境不受"工业巨头"的污染腐蚀，到洛厄尔 1909 年至 1933 年在哈佛大学校长任上提倡"全人教育"、重建大学文化生活，再到芝加哥大学校长赫钦斯出版引起轰动的《美国高等教育》，反思教育的价值与理想，以及 20 世纪后半叶陆续出版的赫斯顿·史密斯的《高等教育的目的》、乔治·马斯登的《美国大学之魂》、艾伦·布鲁姆在全美引起轰动效应的《走向封闭的美国心灵》，乃至迄今络绎不绝的对现代大学理念与功能的反思，都表明了美国大学具有一个延续两个世纪的主要传统——在理性与实用的张力之间不断地调整姿态、寻找平衡。换句话说，美国大学从来都是矛盾不断、问题重重，但也正是因为美国高等教育的研究者、管理者和参与者能够清醒地认识到这些问题，并从理论和实践两方面不断寻求突破和改革，这才造就了美国大学的发展。

　　20 世纪末 21 世纪初的中国大学也已进入"大变革时期"，走到了由外而内、由表及里的品质提升阶段。当前的中国大学对内面临转型社会的多元人才需求和本土文化的传承创新使命；对外则亟须提高国际话语权，以体现大国地位甚至影响和引领世界文化发展。虽然在时代背景和社会环境上都具有很大的差异，但是作为两个同样从落后和战争状态中挣扎而出并不断崛起的大国，中美两国的发展之路却具有一定的可比性。更重要的是，大学有可能是人类历史上最具国际性格的文化组织，其长达 800 年的漫长历史跨越了国家和民族的时代界限，也留下了许多具有普世意义的精神和理念。有鉴于此，一个世纪之前美国大学的崛起之路和改革之道，对当前的中国大学当有所启发。通过美国大学的革新历程可以发现，学习世界先进大学的优秀经验是崛起中的大学不可逾越的必经阶段。但在此过程中要注重两个关键问题：一是连续性，二是全面性。所谓连续性，指的是自大学诞生起，8 个世纪以来的主体教育功能需要被传承，不能因学术创新和服务社会而有所削弱。所谓全面性，是指学习对象不可以偏概全。自有哈佛大学以来将近 400 年，美国大学至少体现了三种不同类型的历史经验：首先是殖民地时期源自中世纪欧洲大学的宗教虔敬气质和经典教育课程，历史渊薮在法国的巴黎大学；其次是 19 世纪末 20 世纪初以柏林大学为代表的德国现代研究型大学，以知识创新为鹄的，崇尚自由和寂寞；最后是国教改革之后的英国古典大学，以牛津大学、剑桥大学为代表，提倡培养人格完善的绅士学者和社会领袖。而这三种理念皆是大学的核心要义，几乎每一个现代大学都或多或少地对其有所继承和发扬。正是通过广泛的学习，美国大学才建立起多元共生的高等教育体系，也正是基于对德式研究型大学的反思，美国大学才生发了"培养整全之人"的新理念。因此，中国大学对于理念的承继和制度的学习也要注重全面性。兼听则明，偏听则暗，我们需要针对中国社会的多重需要广泛引入世界各国著名大学的先进经验，构建多元共生的高等教育体系。

此外，美国大学的理念焕新也提醒我们，大学文化的传承和创生必须结合社会诉求和本土价值，要在共通性的基础上寻找独特性。卓越的大学体系与良善的社会诉求密切相关："历史表明，社会大变革的时代，一定是哲学等社会科学大发展的时代。当代中国正经历着我国历史上最为广泛而深刻的社会变革，也正在进行着人类历史上最为宏大而独特的实践创新。"经验可以借鉴，制度可以学习，但是文化生活却无法进行简单的复制或移植。橘生淮南则为橘，生于淮北则为枳；学习他者只是手段，自我完善和超越才是目的。中国大学应当在特有的文明传统、时代背景和社会体制下，独立自主地思考自身存在的意义和目的，而不能将手段当目的，以制度代理念，更不能将量化的物化目标和数据排名当作创建"卓越大学"的核心标准。功利主义和工具理性的确能够提高效率、缩短过程，但却无法指明方向，无法解决个体和社会自我提升和自我实现的根本诉求。文化生活和精神理念才是生发卓越大学、锻造伟大社会的根本动力。美国大学在一个世纪前焕新了教育理念，繁荣了文化生活，不仅以技术和知识服务社会，更力图在"全人教育"理念下培养"美国公民"和"美国伟大学者"，以促进社会健康、改善社会品性。今日，同样处于"大变革时代"的中国大学，理应从中获得深刻启迪。

改革开放以来，中国的综合国力和国际地位持续上升，但大学的国际影响力和学术话语权却与理想相去甚远。虽然近年来中国大学的世界排名不断攀升，但与真正的卓越大学相比较，最根本、最关键的指标——吸引和培养卓越人才——仍然差距明显。时至今日，大学对国家综合实力和国际影响力的重要作用已无须多言。无论是从社会发展还是国际影响的角度考虑，中国大学都需要进行根本性的变革。因此，研究洛厄尔的哈佛大学改革，就是在大国崛起的视野下，寻找历史与现实的重合，审读过去对未来的启示。

二、建设高等教育强国的契机把握

中国大学自兴建以来的一百多年中，经历了晚清、民国和中华人民共和国三个不同阶段。晚清时期的中国大学只是简单复制西方大学的教育内容，没有形成现代性的体系和制度，更谈不上理念和文化。民国时期的大学处于中国社会新旧交替的特殊阶段，出现了蔡元培治校下"思想自由、兼容并包"的北京大学，以及"内树学术自由，外筑民主堡垒"的国立西南联合大学等一系列具有深远影响的高校，因此一度被奉为中国大学的"黄金时代"。不可否认，民国时期的大学取得了令人赞叹的成就，但这并不意味着其真正形成了中国特色的理念和文化。事实上，民国大学和知识分子"神话现象"的出现，"既有回忆的不准确，也有田园牧歌式的小说为人们提供的浪漫憧憬"，同时也"出于现实的需要或是对现状的不满和诉求，而片面提取历史"。[①]民国大学的成就主要取决于两个因素：一是社会的大动荡、大变革创造了前所未有的思想自由之空间，二是新旧交替的特殊年代造就了一批学贯中西且富有改革精神的知识分子。但从组织的角度来看，由于国家积弱、政局不稳、战乱频仍，民国大学虽有不少富有传奇色彩的杰出人物，却不具备稳定的文化生活，未能形成系统完整的制度和理念，更不必说向世界宣扬本国的文化传统。从本质上讲，民国大学的领导者和改革者大多是以西方教育理念来改造传统，但这种改造又因时局的特殊性而具备了某些不确定、不拘泥，或者说不规范的特征。也正因为如此，后人才常常"只

---

① 田正平,潘文鸯.教育史研究中的"神话现象"——以蔡元培和国立西南联合大学为个案的考察[J].高等教育研究,2017(4):72.

见树木，不见森林"，或能缅怀前辈之风范，却难延续大学之荣光。

中华人民共和国成立后，高等教育曾有过短暂的改造与发展，但由于意识形态因素的过度干预，大学一度陷于停滞。直到改革开放以来，国家的强大、社会的繁荣和大学的发展才真正携手而行。2016 年，中国经济总量突破 70 万亿人民币，居世界第二位，并不断接近位居榜首的美国。与综合国力的上升不相协调的是，中国大学在人才培养、知识创新和体系构建等方面，离"世界一流"仍有较大差距。由此便出现了一个极具张力的局面——国家层面的财政支持、经济领域的人才需求以及个人层面的发展需要与日俱增，而大学在知识创新、人才培养和个人提升方面的回报却严重不足。更严重的问题是，在大国崛起的历史背景下，中国大学在世界知识体系中仍处于依附地位，无助于文化话语权的提升。社会秩序的长期稳定和经济生活持续繁荣为中国大学提供了发展根基，不断提高的综合国力和国民素质又对大学的内涵提升提出了更高的要求。政府和公众对大学的支持和期待到了一个前所未有的高度，对现状的不满也越发强烈。如果忽略历史和文化的歧义纵深，单纯关注大学与国家之间的实质关联，基本可以认为当前中国大学与洛厄尔时期的美国大学在发展契机和历史使命上具有一定的相似性，都处于亟须自主提升内在品质的大变革时期。

三、建设高等教育强国的问题澄清

在中国，从未有一个时代像今天这样，从上至下都对大学有着如此殷切的期盼；也从没有一个时代，像今天这样对大学的现状如此焦灼。"为什么我们的学校总是培养不出杰出人才？"这个质问让所有关心中国大学的人士都如鲠在喉。事实上，中国大学培养不出"大师"或"杰出人才"只是问题的表象，其深层原因在于缺乏文化内涵和反思精神。

首先，中国大学的教育理念、知识体系和评价方式曾经一度过于强调学习模仿，自主创新能力严重不足。甚至直到今日，以他者之标准衡量自身之长短的现象依然在中国高等教育界大行其道，SCI、SSCI 学术论文在大学学术评价体系中的显赫身份就是一个明证。20 世纪末，阿特巴赫曾经指出工业化国家和第三世界国家的大学是一种"中心与边缘的关系"。随着全球化的推进和高等教育后大众化时代的到来，"中心大学"的学术创造与评价标准不仅能够在知识体系上统御第三世界大学，甚至还会对第三世界国家的经济文化生活和政治体制设计造成实质性的影响。大学作为当今世界最广阔的交往中心和教育基地，正从知识和观念上改造着每一位参与者，"作为中心"的大学由此完成西方对其他国家的文化殖民。中国大学无法依靠"引入"来进行内涵发展，多年的"学习"带来的却是工具理性与市场原教旨主义的盛行，而这正是当前西方大学的痛点。在此方面最明显的证据，莫过于通过一系列运动式的"工程建设"来提升指标数据。此种行为似乎能够帮助中国大学在世界排行榜上不断提升名次，但却无法改变一个基本事实——如果只是被动地学习他人和接受评价，中国大学将永远处于"边缘"。

其次，由于长期以西方大学的理念制度为圭臬，中国大学对自身所处的社会现实缺乏主动的反思，未能对社会变革作出系统的阐释，也未能构建适合国情的高等教育体制，这不利于中国特色知识体系的构建和中华文明的世界传播。中国社会经过近半个世纪的发展和变革，创造了一个波澜壮阔的大时代，积累了丰富的、独特的经验和智慧，亟须中国大学进行深刻的总结和反思。"当代中国正经历着我国历史上最为广泛而深刻的社会变革，也正在进行着人类历史上最为宏大而独特的实践创新。这种前无古人的伟大实践，必将给理论创造、学术繁荣提供强大动力和广阔空间。这是一个需要理论而且一定能够产生理论的时代，这是一个需要思想而且一定能够产生思想的时代。"① 但是长期以来，中国大学主要关注点在于如何学习西方，而非本国的发展与变革，因此在这个大时代尚未做出应有的贡献。若要在世界知识体系内获得话语权，中国大学首先要对现代中国的发展成就和改革经验进行深入的分析和解释，与世界各国形成平等的交流与互动，然后才有能力走向伟大。

---

① 习近平.在哲学社会科学工作座谈会上的讲话[EB/OL].新华网,2016-5-18.

四、建设高等教育强国的模式创新

"大学"不仅是一个抽象概念，更是一个具体的社会机构。当前，中国大学所面临的诸种或宏大、或细微、或长远、或暂时的问题，都必须在实践中得到解决。无论是大学理念的提出还是文化生活的培养，如要落实下去，都要涉及不同的机构和部门，需要来自方方面面的参与者进行协同合作。简言之，大学理念的实施和文化的培养需要形成适合现代大学发展的运行制度和管理方式，这也是中国大学走向伟大的基本路径。

（一）重振本科教育，夯实大学根基

本科教育是大学的根本，也是传承弘扬民族文化、培养社会主义建设者和接班人的核心平台。由于高等教育国际化和市场化的冲击，中国大学从20世纪90年代起越来越关注研究生教育和专业教育。时至今日，中国高等教育也已经走到必须通过提升内涵来成就伟大的"大变革时代"，政府、社会和公众对大学给予了极大的支持，也寄予了极高的期盼。在此情形下，中国大学必须清醒地认识到：学习世界一流大学的研究理念和创新精神固然重要，但扎根本土社会、打牢本科教育根基才是长远之举。当前，我国大学对内面临转型社会的多元人才需要和本土文化的传承创新使命，对外需要完善自身知识体系以提高学术话语权，进而影响和引领世界文化发展。为实现这个伟大目标，中国大学必须正本清源，打造根基扎实、内在卓越的本科教育。

本科教育的核心功能在于培养视野开阔、底蕴厚实，具有反思精神和创新潜能的复合型人才。马克思主义关于人的全面发展学说认为，只有个体的学生是真实的教育基本单位，促进每一位个体与生产劳动相结合，实现充分、自由的发展，才是开展教育活动的真正目的。伴随着后工业知识经济时代的到来，科学技术的不断创新所带来的行业、产业的快速升级，使得单一、机械的授受型教育模式已经无法满足个体发展和社会实践的需要，大学的人才培养模式亟须进行变革。在新时代的背景下，中国大学首先要明确培养"整

全之人"的教育理念，注重对学生思维方式和观察能力的培养，提高学生面对复杂情况的应变能力。其次，要通过课程与教学制度的改革，帮助学生树立远大的学业抱负，提升学生的自我教育能力。为此，中国大学的本科教育改革必须正视社会现实，要根据社会发展的需要进行以问题和现实为导向的课程和教学改革，设计能够全面客观地评价学生能力的综合考试制度，来激发学生的进取意识和创新精神。最后，本科生学术追求和社会价值的实现，需要一个既能实现充分沟通，又能满足个性发展的载体，中国大学本科教育的改革应为学生提供自主学习的时间与空间，并促进教师与学生之间的交流。

"大学的发展立足于本国，为国家培养人才，致力于国家的发展与进步，大学的国家性格即大学作为一种国家组织而必须服从国家的议程"。因此，本科教育理所当然地带有培育本国公民的重要使命。不仅如此，根基宽广、底蕴厚重的通识教育是本科教育的基本特征，也只有本科教育阶段，才能将不同背景、身份和追求的学生聚集在一个亲密交流、共生共荣的文化环境当中。当进入研究生阶段后，关注视野和交流对象都会变得狭窄。一言以蔽之，本科教育是创建文化共同体、培养公民身份最为重要的途径之一。对于中国大学而言，无论是"双一流"建设的推进还是"高等教育强国"理想的实现，都必须满足一个基本前提——如何做好"中国大学"。对这个问题进一步的阐释，就是如何培育"文化公民身份"，亦即培养具有中国文化身份的公民。培育文化身份与提高学术水平有关，但也具有明显区分。学术研究天然具有世界性，而且在全球化时代形成了相对统一的评价指标。但这些指标并不完善，而且主要产生于原生先发大学，这造成了学术创新的"中心和边缘"现象。然而文化并无统一的比较标准，而是多元共生、各自传承。大学绝不能因为追求学术的国际性而忽视"文化公民身份"的国家性，这就要求中国大学必然需要通过本科教育来完成此项任务。

对于中国大学而言，美国高等教育体系建构历程既有可参考的先进经验，也有必须规避的教训。一方面，在现阶段集中实施"双一流"建设的大背景下，如何推动整个高等教育体系的均衡和内涵式发展，进而实现高等教育强国的理想，在此问题上，美国高等教育的多元立体特征具有十分重要的借鉴意义。另一方面，社会主义国家发展的高等教育，必须要在党和政府的支持下保障公平公正，这一点也正是美国高等教育 20 世纪 80 年代以来的教训。

（二）体系完善与均衡发展

高等教育体系的建构与完善，需要一个有担当、有凝聚力的政府扮演引导角色。一个有作为的政府，绝不能放弃在高等教育方面的公共责任。在当前背景下，中国政府应当根据国际和国内环境，引导精英大学迈向世界一流的同时兼顾高等教育体系的整体均衡。

精英大学能够集中反映一个国家的核心竞争力，美国近半个世纪的强盛也集中表现在精英大学强大的研发能力和卓越的人才培养方面。哈佛大学、耶鲁大学、普林斯顿大学、麻省理工学院、加州伯克利大学等世界顶尖的高等学府不仅培养了大批的本国精英，而且吸引了来自全世界的卓越人才，极大地增强了美国的科研水平和国际影响。作为后发国家，中国政府需要集中优势资源进行重点发展。"双一流"建设是一个契机，学术实力雄厚的大学应当趁机在世界学术范围内争夺话语权、保持竞争力。一方面加强在高深理论和尖端科技方面的表现，另一方面致力于本土文化的全球传播和世界级领袖人才的培养。为实现上述目标，政府在重点支持的同时，还要赋予精英大学充分的自治权。学术的发展自有其规律，文化的积淀和内涵的提升需要适宜的土壤和空间，越俎代庖式的过多干涉或偃苗助长式的急于求成只能适得其反。

社会稳定需要保障公平和尊重差异，因此中国高等教育还必须整体布局、均衡发展。参考美国经验，政府可以通过行政命令和财政支持促进高等教育体系的多元化、立体化发展，打破单一同质的办学模式，避免无序竞争和低水平重复。鉴于大学的多元功能，政府要进行横向布局，引导不同类别的学校在教学、科研和服务等方面重点发展，制止盲目（规模）求大、（学历）求高、（学科）求全的趋势。根据市场的人才需求层次和大学的人才培养水平，政府还要纵向布局，引导不同层次的高校明确自身的定位。从影响范围来看，现代大学可分为三大类型——世界级、国家级和地方级。这种分法不意味着前者就要优于后者，而是侧重于不同的使命。世界级大学的使命是惠及世界各国及地区；国家级大学的目标是助力国家的发展；地方级大学的使命则是满足本地社会的需要。照此逻辑，中国大学体系的建构应综合考虑知识话语权与国际影响力、科研推动力与国家贡献度、技术革新性与市场参与度等多维因素，分级分层地进行布局。尤其需要指出的是，为保证体系的完整和贯通，大学人才培养模式宜综合化和扁平化，并保持上升渠道的畅通。不同层次的高校应具有不同的定位，但不能相互隔离。为此，一方面中央政府必须制定规则避免马太效应；另一方面各级政府都要在高等教育的自主发展方面设定清晰的目标，减轻中央政府的负担，同时促进大学与地方的合作。

高等教育的发展涉及多方利益，因此广泛的社会参与也是其健康发展的因素之一。而且只有在参与主体多元化的前提下，才能将自上而下的引导和自下而上的创新相结合。首先，政府需要以法律形式明确与大学的权责关系。政府是高等教育的主要支持者和监督者，对高等院校实施有力的指导和监督，但这并不意味着政府对大学具有无限权力和责任。在引导各高校明确体系定位的前提下，政府应当给予其较大的办学自主权，并鼓励其积极与市场合作，根据地域特征和产业结构自主创新、特色发展。为了促进高等教育多样化发展，提升我国高等教育质量，基于国情、体制和文化因素，政府必须立法明确大学的责任和权利，确保大学按自身特点、办学条件和教育规律实施多样化发展。其次，市场的介入有利于大学的多元发展。当前我国高等教育正从大众化向普及化过渡，入学年龄放开限制、成人教育迅速发展，接受高等教育的学生身份发生显著变化。与此同时，社会各个行业对职业技术人才的需求日趋旺盛，各产业对培养内部所需的高层次人才的兴趣越发浓厚，企业办大学，或者出资在现有的大学内部兴办学院，已经成为一种新的趋势。近年来，我国对研发的巨大投入有目共睹，政策制定者将研发视为提高国家竞争力与促进经济增长的源泉，研发投入也成为大学接受资助的重要来源。但在重点扶持少数"一流大学"的同时，中国大学

更应当注重整个高等教育体系的社会功能。各级各类大学须以国家政策为宏观导向，围绕市场需求组织科研与教学。通过市场的介入，中国高等教育可以实现精英与大众化并存，这不仅符合"双一流"大学建设的目标，也可以满足劳动市场对劳动力的多元与多层需要。

　　管理和评估是推动高等教育事业不断向前发展的必要措施和保障，也是实现高等教育体系内部动态平衡的"调节器"。我国当前高等教育办学模式同质化倾向较为严重，评估体系片面重视学术研究，导致少数研究型大学风光占尽，而以本科教学和应用技术教育为主导的高校却缺乏关注和支持。自 20 世纪末中国高等院校扩招以来，"非研究型大学"的办学定位模糊、教学质量不高、学生就业困难等现象非常突出，部分学生将报考研究型大学的研究生作为改善出身和就业的捷径，这不仅违背了研究生教育的初衷，而且降低了"双一流大学"的研究生生源质量。美国私立精英大学和旗舰公立大学、普通公立大学、应用技术大学和人文艺术学院皆各成体系、差别管理。每一类大学都充分发挥自身的特色和功能，在整个高等教育体系中实施分类评估，每一所高校，无论其侧重的功能，都可以在其同属的类别中追求卓越，在社会上获得顶尖声誉，在高等教育领域内实现"一流"价值。以美国的经验和教训为鉴，中国高等教育应当在体系内部实施差异化管理和分类评估。"差异化思维本质上是一种多元思维。它强调经济、环境、市场主体等差异性因素，要求管理与政策的实施达到深度传导，但并非一致性的效果。差异化管理强调的是多元目标的管理，重视诸要素的关联互动，并极力通过关联互动将后期的监控成本降到最低。"① 因此，中国高校应当根据功能定位和学科特点进行差别化管理，针对不同类别和层级的高校实施分类引导。

---

① 谢进川. 关于差异化管理的理论探讨[J]. 理论前沿, 2005（23）: 22.

第三节　高等教育强国建设的维度与路径

　　现代大学不断向三个方向发展：学术研究和知识创新成为核心功能，并逐步建立起一个全球化的学术体系；大学与政府的关系日益紧密，成为民族精神的象征和综合国力的体现；大学与市场的合作逐步深化，服务地方发展成为大学的重要职责。这三个方向既是当代大学在时代背景下共同面对的发展维度，也是每所大学谋求发展时需要具体思考的功能选择。新时代的中国政府承担着建设高等教育强国的重任，必须抓住契机促进高等教育的整体提升，支持不同类型的大学作出发展选择。20世纪80年代，伯顿·克拉克提出"国家、市场和学术权威三角协调模式"，成为当时分析和比较各国高等教育系统的经典模式。[①]进入21世纪后，全球化的推进以及互联网的普及，使现代大学的发展范畴不再局限于本国。西蒙·马金森对克拉克的三角协调模式进行了更新，从全球化、国家化和市场化对大学进行了具体分析，讨论了当今大学所担负的三重使命，也揭示了当代大学变革的三重维度。[②]当前我国正在倾力建设高等教育强国，这是一个长期而宏伟的目标，不仅涉及中国优秀大学和优势学科的世界定位，更是涉及整个高等教育体系的内涵提升和发展均衡。高等教育强国建设也是一个多方联动、协同提升的过程，需要建立既彼此区分又相互支持的世界级、国家级和地方级一流大学系统。在这个系统中，每所高校都具有自身的特色和定位，但也同时肩负多重使命。世界级大学不仅致力于学术卓越，而且服从国家战略，

---

　　① 谷小燕.探析全球化时代高等教育的几种理论视角[J].清华大学教育研究,2012(6)：85-91.

　　② Simon Marginson. *The dream is over：The crisis of Clark Kerr's California Idea of higher education* [M]. Oakland：University of California Press,2016：6-12.

惠及地方发展；国家级大学不仅主要承担政府任务，同时也注重理论创新和技术发明；地方级大学也不应局限于服务本地经济，同时也要关注全球发展格局和国家大政方针。

一、现代大学发展的三个方向

自 17 世纪以来，伴随着现代性的演进，大学逐渐摆脱中世纪教会体系向现代发展。基于社会生产模式的变革，大学的角色、功能都产生了根本性的变化。综合来看，现代大学的变革主要体现在三重维度，一是学术研究的全球化，二是文化性格的国家化，三是社会服务的地方化。

（一）学术研究的全球化

大学诞生于中世纪欧洲，学术研究最初是在教会体系中进行的，虽然表面上看具有跨越国家和地区的"国际性格"，但事实上必须服从教会需求，具有显著的保守性和狭隘性。中世纪结束后，由于文艺复兴、宗教改革、地理大发现、工业革命和启蒙运动等一系列重大变革的出现，教会的统治地位被打破，民族国家开始兴起，科学与技术成为促进人类社会发展的核心动力，大学的科研使命开始凸显。在政府和市场的共同支持和督促下，西方大学逐渐形成了一个致力于理论创新和知识发展的学术共同体，并将其传输到后发大学。互联网时代到来后，各国大学共同建立起了一个真正的全球学术交流平台，并形成了专门化的标准和市场。现代学术研究正以理论传播和创新为旨趣，在全球范围内创造了一个开放而同质的学术系统。所有身在这个系统中的机构和个体，都可以通过平台创造和分享知识，未进入系统者则会陷入孤立境地。

表面上看，全球学术系统虽然入口处是开放的、原则上是平等的，但实质上却形成了新的"阶级"区分和"殖民"关系。由于先发优势和规模效应，在当前的全球学术系统中，美国居于核心地位，其他发达国家紧随其后，包括中国在内的多数发展中国家处于边缘地位。20 世纪末，美国学者阿特巴赫指出，工业化国家和第三世界国家的大学是一种"中心与边缘的关系"，相对于前者而言，后者在语言、学术基础设施、科研实力、知识交流途径等方面存在着种种不利。① 这一趋势在学术界得到了显著印证。随着学术全球化的推进，"中心大学"的学术价值与评价标准不仅能够在知识体系上统御第三世界的大学，甚至还会对后发国家的经济文化生活和政治体制设计产生实质影响。大学作为当今世界最广阔的交往中心和教育基地，正从知识和观念上改造着每一位参与者，"作为中心"的大学依靠其强大实力主导着全球学术系统，并向经济、文化等方面渗透。从这个角度来看，当今世界的竞争事实上已经转向科技创新和知识传播的竞争，或者说已经转向文化软实力和学术话语权的竞争。在这场没有硝烟的竞争中，以学术为导向的大学的全球定位至关重要。近十多年来"世界大学排行榜"所受到的关注和热议，以及世界主要国家围绕榜单展开的学术与人才竞争便是学术研究全球化带来的显著后果。

1983 年《美国新闻与世界报道》率先推出全美大学排名，这是第一份国家性的大学排行榜单。紧接着 1986 年，泰晤士报高等教育世界大学排名开始公布英国高等教育学校分学科排名的排行榜，随后又推出每年一次的全英大学排行榜。② 美英两国推出本国大学排行榜的主要目的，一是为了帮助学生和家长选择适合自己的学校，同时也是为了促进不同类别大学的特色发展。然而，到了 20 世纪 90 年代，个人计算机和互联网的发明使得全球大学之间的互动增加，各学科领域的杂志、论文在网络上的公开发布促进了科学研究者之间的对话，学术逐渐超越国家、地域的时空限制形成联合体。大学特有的学术竞争机制以及现代学术的可量化与可评比性，使得科研成果成为国家软实力的重要标志，大学学术排名逐渐成为全球人才竞争和资源争夺的重要"武器"，全球大学排名的浪潮终于到来。2003 年，上海交通大学的"世界大学学术排行榜"首次公布，排名设置的初衷在于寻找中国大学和世界一流大学在科研上的差距，并为缩小差距提供参照系，提高中国大学在世界上的影响力，其主要

---

① P. G. 阿特巴赫. 作为中心与边缘的大学[J]. 蒋凯, 译. 高等教育研究, 2001(4): 21-27.
② 胡咏梅. 中美大学排行榜的对比分析[J]. 比较教育研究, 2002(8): 44-48.

看重高质量的科学研究成果数量。2004 年，QS 全球教育集团与泰晤士高等教育联手推出了"世界大学排行榜"，主要侧重于对教学与科研的评估。鉴于学科与文化差异，其更倾向于在自然科学领域进行排名。2014 年，原本只关注本国大学的《美国新闻与世界报道》也开始以汤森路透提供的数据和衡量标准为基础，根据全球研究声誉、出版物和最高被引论文数量等因素来评判全球最佳大学排名。世界大学（学术）排名，使得各国的科学研究项目不断增加，过度追求学术产出，科学研究型人才成为各国争相抢夺的重要资源。正如前加州大学校长克拉克·克尔所言："研究型大学处在国际竞争的前列。"①

全球性学术体系的建立能够为学术竞争与合作创造有利平台，促进全球大学之间的合作与交流、推动学术的繁荣与发展，但学术评价的同质化和大学排名的市场化也带来了负面效应。日益激烈的研究型大学排位竞争，容易导致后发国家的大学盲目追随"中心大学"的评价体系，迷失在片面追求大学排名的迷思中，为了迅速提升全球排名，后发国家的大学往往倾向于应用技术研究，大学的教学功能被边缘化，短期内难以见到"成效"的基础理论和人文研究被忽视。

（二）价值导向的国家化

在学术研究全球化的同时，现代大学的国家化趋势也在同步前行。现代性开启后，民族国家作为最宏大的文化共同体将人类社会区隔开来，未来社会将是大学通过国际化教育来实现民族化服务的时代。这种区隔虽然随着全球政治经济一体化的发展而逐渐淡化对立和强调合作，但其根本上的文明底色和文化差异并未因此而消除，国家之间的激烈竞争也一直存在，只是形式上有所改变。高等教育在科学知识的探究中追求真理、获得有限自由，高等教育事业以民族利益和国家忠诚为根本考量，高等教育的人才培养也越发强调文化传承和国家忠诚，而大学作为核心机构依然是民族灵魂的表现，

---

① 克拉克·克尔.高等教育不能回避历史[M].王承绪,译.杭州:浙江教育出版社,2001:2.

虽然全球化和国际化似乎会在表面上消解这一角色，但在深层思考以及根基问题等方面，真正的伟大大学必定是"形神具备"。①

"大学不是某个时代一般社会组织之外的东西，而是在社会组织之内的东西。它不是与世隔绝的、历史的东西，它是时代的表现，并对当时和将来都产生影响。"② 大学影响社会的显著表现，就是遵循本民族的价值导向，作为国家组织服从国家议程。③现代大学与国家、社会的关系越来越密切，大学自身的价值不再单纯通过自身来证明，而是必须通过满足国家需求和推动社会发展来获得合法性。同时，正如英国近代哲人霍尔丹所言："大学是民族灵魂的反映"。虽然在学术研究上出现了相对统一的"全球学术评价标准"，但是民族国家自身文化的传播、学术发展、人才培养和学术创新都是以本国的传统文化为基础，任何一所大学的生存和发展都必须与本土文化相融合，进而才能代表国家参与国际竞争、人才竞争和资本竞争。随着经济全球化和高等教育大众化的迅猛发展，大学价值取向的国家化正在新的高度上进行重构。20世纪末以来，一大批欧美学者和管理者同样也对大学放弃民族文化传统和理念的现象进行了猛烈抨击，从著作名称中就可以推测作者的态度：《失去灵魂的卓越——大学是如何忘记教育宗旨的》《回归大学之道——对美国大学本科教育的反思与展望》《废墟中的大学》《高等教育市场化的底线》《不止于大学——自由教育何以重要》等。在他们看来，大学一旦放弃自身的国家性格和民族担当，便会在经济全球化和教育大众化的裹挟下，沦为"跨国官僚政治联合体"，就会完全屈从于"一流"大学的标准，彻底变成科学研究的加工厂，学生将不再是求学者，大学的内涵也将逐渐缺失。可以看出，20世纪以来，西方高等教育发达国家无时无刻不在警惕着大学因为市场原教旨主义的侵袭而失去灵魂。因此，全球化和大众化为高等教育的发展带来先进理念，大学

---

① 史静寰."形"与"神"：兼谈中国特色世界一流大学建设之路[J].中国高教研究,2018(3)：8-12.

② Abraham Flexner. *Universities*：*American*，*English*，*German*[M]. N. Y：Oxford University Press,1930:45.

③ 邓磊,周鸿.论现代大学的国际性格和国家性格[J].江西教育科研,2007(10)：71-73.

在保持学术性的同时亦不能放弃国家性格，必须保持民族特色，牢记国家使命。

我国高等教育即将迈入普及化阶段，这是我国社会高速发展和进步的标志，亦是对全球化背景下高等教育中国化的现实考量。高等教育办学质量的改革升级，高等教育普及化和大众化发展与社会需求的对接，以及国家对高等教育经费的投入等，都是大学能立足民族国家发展并发挥其社会效益的根本保障。

（三）社会服务的地方化

在经济全球化背景中，新的世界分工将以区域竞争力为有力依据，而区域的个性化发展同样反向推动全球化进程，正如斯坦福大学、加州大学等世界著名学府助推旧金山湾区的经济发展，教育就应该作为经济全球化的地方化反映。在知识社会背景下，科技创新成为推动生产力的核心动力，作为知识渊薮的大学备受支持和关注，同时也被赋予了不可推卸的职责。由此，培养高级专业人才、为社会发展与经济建设服务，是现代大学的一项基本任务，其必然要紧密结合地方产业机构和劳动力市场培养不同领域的劳动者。在此方面，德国的大学堪称表率。从世界级大学排行榜上来看，德国大学的表现似乎并不出众，但其对国家和地区发展的贡献却是有目共睹的。

本着教育公平原则，德国大学的总体水平相差不大，每所学校都各有特色。少数培养高精尖理论型人才的精英大学固然备受瞩目，但培养应用型人才的高校同样大受支持。应用科技大学是德国高等教育的重要组成部分，隶属于各个联邦州，与区域经济模式和产业结构紧密相连。德国应用型大学的专业设置基本与当地的产业机构挂钩，人才培养多采用"双元合作"模式，教学内容注重掌握科学方法、解决实际问题的技术和知识，基本上每所应用型大学都与企业建立了紧密的合作关系。一言以蔽之，德国应用科技大学的发展很好地体现了知识社会中大学、政府和行业所构成的"三重螺旋结构"。随着知识经济的不断发展，应用技术型大学不仅承担传播知识、应用知识和服务社会的职能，还积极履行推进技术创新、科技成果转化和提供科技中介服务等职能，从而有效地促进区域产业结构的调整。①

虽然"地方"大学的路径选择主要着眼于为本地区经济发展和提高人民生活水平服务，但其发展同样需要全球视角和树立国家意识。因此，"地方"大学的基本任务并非仅仅注重技术培养和专门训练，与生产实践相关的技术创新和研发同样也是其任务。其内涵式发展需要在坚定办学理念的基础上，进行人才培养模式的变革，加强对学生实践创新能力的培养。同样，"地方"大学的发展不应故步自封，对于国外先进的发展理念和管理模式，应该积极引入，立足于国情，结合实际，重点学习成功经验，规避误区，提高办学质量，同时熟悉全球学术话语，加强与其他大学的交流与合作，提升大学在国内外的声誉。大学的建设与发展始终以推动社会经济的发展为目标，以国家政策为宏观导向，根据区域需求组织科研与教学，积极探索符合自身区域特色的大学发展道路。

二、高等教育强国建设的三重维度

高等教育强国建设是一个宏观概念，其考虑的不只是少数几所精英大学，也不是哪一类大学，而是不同类型和层次的全体高等教育机构。若要把这些机构整合成一个统一贯通的体系，就必须首先从整体上构思发展规划。

（一）放眼世界提高学术原创力

世界性大学的核心任务是学术研究和科技创新，尤其是基础性、原创性的学术研究。此类大学具有超卓的声誉和实力，不仅能够获得最高级别的政府拨款，而且能够广泛吸纳社会资金，其人均经费远超同侪。对于此类大学而言，其最高使命就是代表中国大学参与国际学术竞争，同时服务于国家的长远利益，集中优势力量进行战略性的学术探究和创新，不能局限于和国内同仁进行技术层面和资

---

① 董华容.地方应用型大学和区域发展:以共生系统为新视角[J].湖北科技学院学报.2012 (12):173-174.

金层面的竞争。在现代大学的三大使命中，世界性大学以学术研究带动人才培养和社会服务。

从知识社会的发展特征来看，大学应当在互联网背景下积极与世界性的学术创新体系相对接，其整体发展规划应在三个方面进行努力。首先，学术发展战略的创新性与灵活性。学术体系和知识体系的全球化已经无可阻挡，所有高等教育机构都被裹挟在内，无远弗届，中国大学一方面要勇于争夺话语权，建构知识体系，另一方面也要承认差距，分层分类地采取不同策略。根据当前中国大学的体系划分，可以采取竞争、合作、跟随和应用几种不同策略，近期目标是要努力在现有的西方中心学术体系和知识体系中发声，长远目标则是建立自己的学术标准和知识体系，这才是真正的竞争。实力较强、学科优势突出的高校可以采取合作策略，与国内外的顶尖大学合作；应用技术类高校应当采取跟随策略，积极观察和学习世界先进知识和学术成果，享受知识发展带来的福利。跟随、竞争和合作都是手段，最终目的是争夺学术体系和知识体系话语权。

最后，扩大学术研究者的自由空间。《建立世界一流大学的挑战》中指出"政府的作用至关重要，特别是在科学研究的基础设施方面"；"如果没有有利的政策环境，就不可能迅速创建一所世界级的大学"。近年来，我国各级政府对大学的发展给予了极大的财政支持，但在管理体制，尤其是学术研究管理体制方面，还存在着较大的问题。学术研究者在项目申报、经费使用和成果管理等方面的权利依旧受到行政权力的干扰和挤压。若要创生世界级的学术队伍和学术成果，就必须引进世界级的管理制度，给予学术研究者合理、充分的自主权和自由度。

（二）立足国家，促进文化传承创新

每个国家都有自己独特的文化性格和历史基因，大学的基本功能之一就是对本国文化的传承、创新与传播。大学文化性格的生成受到纵向的历史传统和横向的社会实践的双重制约，必然需要依托固有的文化传统。中国的文化传统丰富而多元，同时也形成了相当完整的学术系统。就高等教育而言，最具代表性的就是书院制度。

它起源于隋唐，集教学、科研、藏书功能于一身。由于清末民初的西学东渐，现代教育思想的传播，淘汰了保守陈旧的封建教育制度，建立了现代学校体系。在此过程中书院制度也遭到了破坏，致使中国文化和学术传统失去了落脚之处，从而在教育现代化的过程中逐渐凋零。因此，在引入新的教育理念、教育思想的同时，不能完全摒弃旧传统，而是不断地相互吸收，弥补错误，达成共融。中华传统文化本身就具有包容开放的一面，"新时代"所诞生的具有中国特色的社会主义文化就是最好的证明。党的十八大以来，习近平总书记在深刻分析世界形势的基础上，多次提出与各国人民建立"人类命运共同体"的重要主张，要求教育的发展需要通过更加密切的互动交流，促进对人类各种知识和文化的认知，对各民族现实奋斗和未来愿景的体认，以促进各国学生增进相互了解、树立世界眼光、激发创新灵感，确立为人类和平与发展贡献智慧和力量的远大志向。①教育的对外开放以及"人类命运共同体"建立的前提在于对我国传统和现代先进民族文化的深入探讨与研究。这就需要人文社会科学的不断繁荣与发展，努力形成具有中国特色的学术话语体系。因此，在我国大学跻身于世界一流大学之列的同时，还需要努力营造体现中国高等教育独特内涵和特色的环境与氛围，使中国的大学真正具备中国魂。②同时，扎根于中国文化的中国大学还需要承担起培养中国公民的重要职责，帮助学生树立"教育报国、教育强国"的远大学业梦想，促进中华文化的传承与发展。

西蒙·马金森认为，中国高等教育体系属于典型的"后儒家模式"。与市场导向的美国模式和大学主导的英国模式不同，中国大学的基本特点是政府监管下的激励驱动和有限自治，这决定了中国大学在后大众化时代更需要凸显自身的国家性格和文化使命。截至2019年，中国高等教育入学率已达到48.1%，已建成世界上规模最大的高等教育体系，即将由高等教育大众化阶段迈入高等教育普及

① 赵婀娜.清华大学苏世民学者项目启动仪式在京举行[N].人民日报,2013-04.
② 史静寰."形"与"神"：兼谈中国特色世界一流大学建设之路[J].中国高教研究,2018(3)：8-12.

化阶段。①随着规模的不断扩大，高等教育的普及化逐渐成为时代进步和发展的重要标志。理性视角下，我国大学"国家性格"的文明底色愈加清晰，应着力从高等教育数量扩张阶段转向全面提升质量阶段，解决高等教育普及化发展阶段存在的专业设置不合理、创新型人才培养力度不够以及高技术技能型人才培养缺口较大等问题。

（三）扎根地方，服务区域经济发展

随着知识经济的发展，大学、企业与政府之间的知识流向发生了一系列微妙而复杂的变化。大学除了传统的向企业提供专业技术型人才和基础知识的作用之外，逐渐也成为企业发展所依赖的信息技术源泉，甚至扮演企业的角色，增添经济开发的使命。政府同样可以扮演企业的角色，通过政策措施、改变管理环境促进企业的新发展。同时，企业也能够扮演大学的角色，设置像大学一样水平较高的研究机构。大学、企业和政府各自逐渐地代理或替代性地承担起其他机构的角色时，一种"三重螺旋模式"出现了。②这种关系使得大学、政府、企业三者之间的边界变得越加模糊，跨学科等新问题、新方法得以出现，促进三方面的共赢。因此，大学不能仅以满足市场需求为人才培养和科学研究的目标，同时也要主动创新企业发展模式；企业与大学之间的联系除了人才培养与输送外，又增加了知识、管理模式等交流方式，二者之间的合作更加灵活、多样，一方面能够促进企业的产业结构升级，另一方面也能帮助大学获得更多的资金支持。政府首先需要创造良好的政策环境，支持与大学、企业之间的合作。高校要根据区域发展特色建设科技创新基地平台，培养专门人才，凸显高校发展特色，并兼顾区域特色经济的发展。更重要的是，大学发展的财政资源不只是单一的依靠政府，而是吸引更多其他资金支持，尤其是与企业进行合作，形成良性循环。对

---

① 中华人民共和国教育部. 2018 年全国教育事业发展统计公报［EB/OL］. 2019. 07. 24. http://www.gov.cn.

② 王成军. 官产学三重螺旋研究［M］.北京:社会科学文献出版社,2005;96.

政府而言，一方面能够将更多的资金投入到世界一流大学的建设中，同时能够赋予高校较大的办学自主权，鼓励其与市场进行合作，根据地域特征和产业结构制订发展计划。因此，创建世界一流的综合性大学只是一小部分研究型大学的使命，更多的大学发展需要与社会现实和当地需求相结合，走具有地域特色的发展道路。

三、不同类型大学的路径选择

在整体发展规划的指导下，从不同的类型来看，大学应当根据自身的历史和特色，做好定位和规划，以类型发展和个性选择推动高等教育体系的整体提升。

（一）"一流"大学的"世界"选择

放眼世界、追求卓越，融入进而引领全球学术体系，是大学的重要使命。要建设高等教育强国，就必须完善现代大学制度，必须在基础理论和前沿科学技术方面实现重大突破。近年来，中国大学的学术研究水平逐步提升，但高水平、原创性成果仍与世界一流大学有较大差距。究其原因，主要有两个：一是管理体制有待革新，二是评价机制不够完善。管理体制的过度行政化以及学术评价的简单量化，会导致研究者缺乏想象、急功近利，从长远来看必然扼杀学术原创力。因此，一流大学的发展主要侧重于对学术的追求，其主要目标在于成为世界高水平的综合性研究型大学。在此需要澄清的是，"一流大学"并没有一个固定的标准，中国大学的"一流"建设目标并非单方面接受他国标准提高所谓的"世界排名"，也不仅仅是知识的创新和科学技术水平的提高，而是形成科学的学术研究范式，提升国际影响力。关键在于吸引和培养高水平学术人才，建立具有国际竞争力和技术创新能力的学术团队。国家科研组织应当加强与大学的交流与合作，甚至直接融合、转型成大学。一是为了集中优势，扩大规模，增强竞争力和话语权；二是为了提高综合效益，促进产学研一体化。在此方面，国外大学也早有先例，虽然科学研究的经费提供模式因制度而异，但总体趋势是将越来越多的科学研究集中在综合性研究型大学中。若要加强对全球科学研究的理解与运用，校际之间的交流与合作必不可少，要争夺国际学术领域的主动权，就必须在全球进行高精尖人才的吸引、选拔与培养。

（二）"普通"大学的"国家"选择

大学的发展总是与其存在的文化环境息息相关，它必须肩负起民族文化传承与发展的重要使命。改革开放四十年来，我国大学的教育理念、知识体系和评价方式仍以学习西方为主，模仿有余、反思不足，与自身文化环境的融合不足，自主创新能力缺失，基于文化传统和社会实践的大学理念亟待出现。换言之，中国大学仍然陷在仿效西方的迷思之中，以他者之标准衡量自身之长短。因此，"国家"选择的第一个使命就在于了解自身之长，以整理、传承中华民族悠久历史文化，探索、总结社会主义国家的建设发展经验为核心任务，促进精神文明和民族文化的繁荣，重视和繁荣人文社会科学。对传统文化的整理以及对中国特色社会主义文化的深入分析，也离不开科学的研究范式与方法，离不开国际范围内的交流与合作，因此，"国家"选择还意味着运用通用学术语言对本国的民族文化和发展特色进行阐述和弘扬。

2018 年 8 月，习近平总书记在全国宣传思想工作会议上发表重要讲话，指出宣传思想战线进入了守正创新的重要阶段。"守正"即坚守正道，把握事物本质、遵循客观规律，"创新"则是一个民族进步的灵魂。[①]教育的根本任务在于立德树人，高等教育是一个国家发展水平和发展潜力的重要标志，进一步完善我国高等教育体系需要同时把握价值导向"守正"和体制机制"创新"。科学回答"培养什么人、怎样培养人、为谁培养人"一系列根本性问题，是做好新时代教育工作的纲领性文献，也是我国高等教育必须坚守的价值立场。"为谁培养人"，是办教育的根本立场问题，也是高等教育体系建设必须做到的"价值守正"。

---

① 崔新有.《守正》与《创新》[N].新华日报,2018-06-19.

（三）"应用型"大学的"地方"选择

如果基础的教育需求没有被满足，只关注于世界一流大学的建设，只能导致高等教育体系畸形发展、根基不足，因此，能够利用区域优势资源，满足产业、行业转型与升级的"地方大学"之发展同样至关重要。从一般意义上讲，"地方大学"主要是指应用技术型高校，旨在培养同生产实践相结合的应用型人才。但从广义上讲，中国所有大学都扎根于"地方"，都受到地方政府和社会经济发展的支持和制约，因此每所大学都应当具备"地方特色"。"地方大学"的发展与政府、企业的发展密切相关，三者之间相辅相成。由于受到传统观念的影响，我国应用技术型大学的地位普遍不高。德国应用科技大学的发展经验表明，技术本科教育的定位并不低人一等，专业技术型人才是各类人才组成中社会需求量最大的一部分。因此，应用技术型大学的发展不能走传统本科教育的发展道路，应该找准定位，根据本区域社会经济发展特色，树立正确的大学发展理念。同时，在实际操作层面上，应用技术型大学需要积极与企业、政府进行调节，开展深度的产学结合、校企合作。在这一过程中，政府应当扮演监督者的角色，给予地方企业与大学较大的自主权。

2019年3月，李克强总理在政府工作报告中以大篇幅重点强调了高等职业教育的建设与发展，明确指出高等职业教育不是一个"层次"，而是一个含括中等职业教育、高等专业教育、应用技术类本科教育乃至专业硕士和博士的完整体系，并拨款1000亿元大力支持高等职业教育的发展。我国的高等职业教育的发展必须走"产学研"结合的路线，在国家和地方政府的统筹规划下实现高等职业教育服务社会、技术创新等职能，有效促进区域产业结构的调整，以教育现代化支撑国家现代化。推动我国高等教育的地方化有利于我国高等教育的合理布局，使我国高等教育资源分配更加均衡，实现高等教育大众化到普及化的历史性"转段"。再者，地方经济无疑是国民经济和社会发展的强大推手，地方经济和社会发展对高等教育的需求是全方位、多层次、多时空的，地方高等教育发挥的作用越来越显著。

　　当前，地市高等教育在我国高等教育体系中的地位日趋明显，实现省、市、县等地方社会服务的职能逐步清晰。作为高等教育较薄弱的县镇乡村的"中间地带"，在我国高等教育体系中，对发挥高等教育社会服务的地方化功能上具有不可替代的特殊战略地位和作用。我国省以下地市县有各类高校472所，占我国高校总数（1051所）的44.9%，地市高校成为我国高等教育体系的重要组成部分。而由于地市高校在办学条件、经济发展、师资配置等方面与主要城市高校存在着明显的差距，高职院校居多，本科层次占有极少的比例。随着地市各类高校，尤其是高等职业教育的办学条件、师资配置的提升，"产学研"路线的结合发展，高等职业教育在区域的竞争力、辐射能力和社会服务水平不断增强，在本市区社会经济发展中的作用越来越大。

参考文献

（一）中文文献

1．学位论文

［1］曹雯雯.高校教师聘任制度研究［D］.长沙:湖南农业大学,2007.

［2］陈琛.美国大学终身教职制度研究［D］.武汉:华中师范大学,2007.

［3］梁丽.美国学人留德浪潮及其对美国高等教育的影响（1815—1917）［D］.保定:河北大学,2015.

［4］刘旭东.美国联邦政府高等教育财政资助发展研究［D］.保定:河北大学,2013.

［5］吕瑞.美国早期州立大学简论（独立战争前后至1910年）［D］.济南:山东师范大学,2011.

［6］穆小燕.新人文主义大学观及其对19世纪德国大学改革的影响［D］.保定:河北大学,2006.

［7］王保星.南北战争至20世纪初美国高等教育的发展与变革［D］.北京:北京师范大学,1998.

［8］王文兵.中美高校教师聘任制度比较研究［D］.贵阳:贵州大学,2008.

［9］徐丹.德国大学理念发展研究:1810—1933［D］.南京:南京师范大学,2012.

［10］杨光富.美国赠地学院发展研究［D］.上海:华东师范大学,2004.

［11］杨艳蕾.大学服务社会［D］.南京：南京师范大学，2011.

［12］张兵.美国赠地学院法案研究［D］.广州：华南师范大学，2007.

［13］张雪.19世纪德国现代大学及其与社会.国家关系研究［D］.武汉：华中师范大学，2012.

2.期刊

［1］别敦荣，李连梅.柏林大学的发展历程、教育理念及其启示［J］.复旦教育论坛，2010（6）.

［2］陈波，陈廷柱.美国高等学校社会服务职能的形成与动因探析［J］.大学（学术版），2013（11）.

［3］成中英.全球和宇宙背景中的道德教育：两种哲学范式（二）［J］.中国德育，2006（6）.

［4］郝艳萍，闫明涛.美国高等学校社会服务职能的考察［J］.保定师专学报，2000.

［5］贺国庆，梁丽.柏林大学思想及其对美国的影响［J］.高等教育研究，2010（10）.

［6］贺国庆.从莫雷尔法案到威斯康星观念——美国大学服务职能的确立［J］.河北大学学报（哲学社会科学版）.1998（3）.

［7］黎学平.美国高校选修制的早期发展［J］.复旦教育论坛，2003（3）.

［8］李英东，俞炜华.近年来我国经济增长形势与19世纪末20世纪初期美国经济发展特征的比较研究［J］.学术论坛，2008（3）.

［9］李子江，张斌贤.扩张与转型：内战后美国高等教育发展的路径选择［J］.清华大学教育研究，2016（1）.

［10］刘向东，陈英霞.大学治理结构剖析［J］.中国软科学，2007（7）.

［11］罗杰·L.盖格.美国高等教育的十个时代［J］.刘红燕，译.北京大学教育评论，2006（4）.

［12］史秋衡，冯典.美国政府在高校分层分类中的作用及启示［J］.科学学与科学技术管理，2005（9）.

［13］单中惠，范海斯.“为社会服务”的大学理念简论［J］.合肥师范学院学报，2008（1）.

[14] 唐斌,尹艳秋. 走出象牙塔:从"威斯康星思想"到"相互作用大学"[J]. 辽宁高等教育研究,1997(4).

[15] 田正平,潘文鸳. 教育史研究中的"神话"现象———以蔡元培和国立西南联合大学为个案的考察[J]. 高等教育研究,2017(4).

[16] 王保星.《耶鲁报告》与美国共和主义高等教育观的确立[J]. 清华大学教育研究,2003(2).

[17] 王慧敏,张斌贤,方娟娟. 对"达特茅斯学院案"的重新考察与评价[J]. 教育研究,2014(10).

[18] 王亮生. "威斯康星思想"述评[J]. 湘潭大学学报(哲学社会科学版),1995(1).

[19] 王璞. 捍卫自由教育造就社会精英———《1828 年耶鲁报告研读》[J]. 高校教育管理,2009(2).

[20] 王小章. 群氓是怎样炼成的[J]. 读书,2018(8).

[21] 王英杰. 大学校长与大学的改革和发展———哈佛大学的经验[J]. 比较教育研究,1993(5).

[22] 谢进川. 关于差异化管理的理论探讨[J]. 理论前沿,2005(23).

[23] 杨艳蕾. 当代"威斯康星理念"的新发展及其启示———以威斯康星大学为例[J]. 外国教育研究,2012(5).

[24] 易红郡. 哈勒大学:现代大学的先声[J]. 内蒙古师范大学学报(教育科学版),2005(1).

[25] 於荣,张斌贤. 繁荣与调整:战后美国高等教育发展的历史轨迹[J]. 清华大学教育研究,2017(8).

[26] 徐志强. 阿伯特·洛厄尔对哈佛大学的改革及启示[J]. 现代大学教育,2015(2).

[27] 张国祥. 大学职能的历史演变及启示[J]. 黑龙江高教研究. 2000.

[28] 朱国仁. 从"象牙塔"到"社会服务站"———高等学校社会服务职能演变的历史考察[J]. 清华大学教育研究. 1999.

[29] Chaties W. Eliot. 美国大学教员团[J]. 何炳松,译. 新教育,1920(3).

3. 著作

［1］鲍尔生.德国教育史［M］.滕大春,滕大生,译.北京:人民教育出版社 1987.

［2］比尔·雷丁斯.废墟中的大学［M］.郭军,等,译.北京:北京大学出版社,2011.

［3］彼得贝格拉.威廉·冯·洪堡传［M］.益杰,译.北京:商务印书馆,1944.

［4］陈洪捷.德国古典大学观及其对中国的影响［M］.北京:北京大学出版社,2002.

［5］陈学飞.美国高等教育发展史［M］.成都:四川大学出版社,1989.

［6］弗里德里希·包尔生.德国大学与大学学习［M］.张弛,都海霞,耿益群,译.北京:人民教育出版社,2009.

［7］贺国庆.德国和美国大学发达史［M］.北京:人民教育出版社,1998.

［8］亨利·勒帕日.美国新自由主义经济学［M］.李燕生,译.北京:北京大学出版社,2016.

［9］杰德勒·德兰迪.知识社会中的大学［M］.黄建如,译.北京:北京大学出版社,2010.

［10］金耀基.大学之理念［M］.北京:生活·读书·新知三联书店,2008.

［11］亚瑟·M.科恩,卡尔·B.基斯克.美国高等教育的历程［M］.梁燕玲,译.2 版.北京:教育科学出版社,2012.

［12］克莱顿·M.克里斯坦森,亨利·J.艾林.创新型大学:改变高等教育的基因［M］.北京:清华大学出版社,2017.

［13］劳伦斯·维赛.美国现代大学的崛起［M］.栾鸾,译.北京:北京大学出版社,2011.

［14］列奥·施特劳斯.自然权利与历史［M］.甘阳,译.北京:生活·读书·新知三联书店,2006.

［15］联合国教科文组织.反思教育:向"全球共同利益"的理念转变［M］.联合国教科文组织总部中文科,译.北京:教育科学出版社,2017.

［16］林玉体.哈佛大学史［M］.北京:高等教育文化实业有限公司,2002.

［17］罗伯特·M.赫钦斯.美国高等教育［M］.汪利兵,译.杭州:浙江教育出版社,2001.

［18］罗杰·盖格.大学与市场的悖论［M］.郭建如,马林霞,译.北京:北京大学出版社,2013.

［19］马基雅维利.君主论［M］.潘汉典,译.北京:商务印书馆,2010.

［20］马克斯·韦伯.新教伦理与资本主义精神［M］.阎克文,译.上海:上海人民出版社,2010.

［21］米尔顿·弗里德曼.资本主义与自由［M］.张瑞玉,译.北京:商务印书馆,2009.

［22］诺伯舒兹.场所精神:迈向建筑现象学［M］.施植明,译.武汉:华中科技大学出版社,2010.

［23］阿尔巴赫,等.21世纪美国高等教育:社会、政治、经济的挑战［M］.蒋凯,主译.北京:北京师范大学出版社,2005.

［24］钱乘旦,陈晓律.在传统与变革之间——英国文化模式溯源［M］.杭州:浙江人民出版社,1991.

［25］塞奇·莫斯科维奇.群氓的时代［M］.许列民,薛丹云,李继红,译.南京:江苏人民出版社,2006.

［26］塞缪尔·艾利奥特·莫里森,亨利·斯蒂尔·康马杰,威廉·爱德华·洛伊希滕堡,等.美利坚共和国的成长［M］.南开大学历史系美国史研究室,译.天津:天津人民出版社,1980.

［27］滕大春.美国教育史［M］.北京:人民教育出版社,2001.

［28］托克维尔.论美国的民主［M］.张晓明,译.北京:商务印书馆,1991.

［29］王英杰.美国高等教育的发展与改革［M］.北京:人民教育出版社,2002.

［30］《外国教育丛书》编辑组.高等教育的发展与改革［M］.北京:人民教育出版社,1984.

［31］夏之莲.外国教育发展史料选粹(上册)［M］.北京:北京师范大学出版社,1995.

［32］徐来群.哈佛大学史［M］.上海：上海交通大学出版社,2012.

［33］卡尔·雅斯贝尔斯.大学之理念［M］.邱立波,译.北京：人民出版社,2007.

［34］杨晓波.美国公立高等教育机制研究［M］.太原：山西教育出版社,2008.

［35］约翰·塞林.美国高等教育史［M］.孙益,林伟,刘冬青,等,译.2版.北京：北京大学出版社,2014.

［36］张晓立.解析美国高等教育［M］.北京：中央编译出版社,2012.

［37］甘永涛.依存与制衡：美国大学共同治理模式研究［M］.武汉：湖北人民出版社,2011.

4.其他

［1］丁仲礼.大学是坚守社会良知的阵地［EB/OL］.中国科学院大学新闻网.2016-06-06.

［2］习近平.在哲学社会科学工作座谈会上的讲话［EB/OL］.人民网.2016-05-18.

（二）英文文献

［1］Abbot Lawrence Lowell，*At War with Academic Traditionsion America*，Cambridge：Harvard University Press. 1934.

［2］Abraham Flexner, Daniel Coit Gilman. *Creator of the American Type of University*，New York：Harcourt, Brace and Company,1946.

［3］Alan Bloom，T*he Closing of the American Mind*，New York：Simon and Schuster,1987.

［4］Alex Duke，*Importing Oxbridge：English Residential College sand American Universities*，1894—1980，*New Haven：Yale University Press.* 1996.

［5］Aloysius Siow, Specialization, Obsolescence and Asymmetric Information in Academic, Working paper. 1995.

［6］Anja Werner, The Transatlantic World of Higher Education：American sat German Universities,1776-1914，New York：Berghahn

Books. 2013.

［7］ Benjamin Rush, "Address to People of the United States," in Lorraine Smith Pangle and Thomas L. Pangle, *The Learning if Liberty: The Educational Ideal of the American Founders*, Lawrence: University of Kansas Press. 1993.

［8］ Bogue, A. G, The Wisconsin: *One Hundred and Twenty-Five Years*, *Madison*: University of Wisconsin Press. 1965.

［9］ Bok, D. *Beyond the ivory tower: Social responsibilities of the modern university*, Cambridge: Harvard University Press. 1982.

［10］ Booker T. Washingdon, "Industrial Education for the Negro," in *The Booker T. Washiongdon Reader*, Radford, Va: Wilder), 357.

［11］ Brubacher, Rudy. *Higher Education in Transition: A History of American Colleges and Universities*, 1636-1968, New York: Harper & Row. Cahill. 1968.

［12］ Carl Diehl, Innocents Abroad: *American Students in German Universities*, 1810-1870, *History of Education Quarterly*. Vol. 16, No. 3, Autumn, 1976.

［13］ Charles F. Thwing, *The American and the German University: One Hundred Years of History*, New York: The Macmillan Company. 1928.

［14］ Clark, Kenneth, *The Gothic Revival: An Essay on the History of Taste*, New York: Scribners. 1950.

［15］ Craig Calhoun, Edward Lipuma, Moishe Postone. Bourdieu: Crictical Perspectives, Chicago: The University of Chicago Press. 1993.

［16］ David Potter, Liberal Education for a Land of Colleges: Yale's Report of 1828, New York: Palgrave Macmillan. 2010.

［17］ Davis, H. W Carless. *A History of Balliol College*. Oxford: F. E. Robinson and Co, 1963.

［18］ Dexter, ed. *Yale Charter*, *Documentary History*, 1745.

［19］ Edwin Slosson, *Great American Universities*, New York: Macmillan. 1912.

［20］ Francesco, Madorma, Cordasco, *The Role of Daniel Coit Gilman in*

American Graduate Education, New York: New York University. 1959.

[21] Fraser, Mowat G. *The Colleges of the Future: An Appraisal of Fundamental Plans and Trends in Higher Education*, New York: Columbia University Press. 1937.

[22] Frederick Rudolph, *American College and University*, Athens: University of Georgia Press. 1990.

[23] G. Duncan, R. Murnane. *Whither Opportunity? Rising In equality, Schools, and Children's Life Chances*, New York: Russell Sage. 2011.

[24] George Pierson. *Yale: The University College, 1921-1937*, New Haven: Yale University Press, 1955.

[25] Hastings Rashdall. *The Universities of Europe in the Middle Ages*, Oxford: Oxford University Press, 1936.

[26] Henry Rosovsky. *The university: An owner's manual*, NewYork: W. W. Norton, 1990.

[27] Howard Zinnand Anthony Arnove, *Voice sofa People's History of the United States*. New York: Seven oStories, 2004.

[28] Hugh Hawkins. Pioneer: *A History of the Johns Hopkins University 1874-1889*. New York: Cornell University Press, 1960.

[29] J. A. Mangan. *Athleticism in the Victorian and Edwardian Public Schoo*, Frank Cass Publishers, 2000.

[30] J. Ben David. *The scientist's role in society. A comparative study*. New Jersey, 1971.

[31] James, H. Charles W. Eliot: *President of Harvard University*, 1869-1909, Vol. Boston and New York: Houghton Mifflin Company, 1930.

[32] JohnIsrael: *A Chinese University in War and Revolution*, Stanford: Stanford University Press, 1998.

[33] John S. Brubacher & Willis Rudy. *Higher Education in Transition: A History of American Colleges and Universities* (fourth edition), New Brunswick: Transaction Publishers. 2004.

[34] John S. Brubacher, Willis Rudy. *Higher Education in Transition: A*

history of American colleges and universities, 1636-1968. New York: Harper & Row Publishers, 1968.

[35] Kenneth S. Sacks, Understanding Rmerson: "*The American Scholar*" *and His Struggle for Self-Reliance*, Princeton: Princeton University Press, 2003.

[36] Kerr. *Higher Education Can not Escape History*, Albany: State University of New York Press. 1994.

[37] Knorad. H. Jarausch. *American students in Germany* 1815-1914: the Structure of German and U. S. Matriculant sat Gottingen University *German Influences on Education in the United States to* 1917. Cambridge: Cambridge University Press, 1995.

[38] Laurence Veysey. *Emergence of the American University*. Chicago: University of Chicago Press, Part 2. 1965.

[39] Letterto Thaddeus Kosciusko, *in The Learning if Liberty*: *The Educational Ideals of the American Founders*, Lawrence: University of Kansas Press, 1993.

[40] Louis Menand *The Meta physical Club*, New York: Farrar, Stras and Giroux, 2001.

[41] Louis Menand, *The Market place of Ideas*: *Reform and Resistance in the American University* New York: Norton, 2010.

[42] Lowell, Abbot Lawrence, *At War with Academic Traditions in America*. Cambridge: Harvard University Press, 1934.

[43] Mark Garrett Longaker. Rhet, *Compand Revolution*: *History and Pedagogy in Colonial and Contemporary American Higher Education*, Pennsylvania State University Press, 2003.

[44] Martin Trow. *Problems in the Transition from Elite to Mass Higher Education* Berkeley, CA: Carnegie Commission on Higher Education, 1973.

[45] Michael S. Roth. *Beyond the university*: *Why Liberal education matters*, New Heaven and London: Yale University Press,

[46] Paul Venable Turner, *Campus*: *An American Planning Tradition*, Cambridge: MIT Press, 1984.

［47］ Philo A. Hutcheson. *A Professional Professoriate*：*Unionization*，*Bureaucratization*，*and AAUP*. Nashville：Vanderbilt University Press，2000.

［48］ R. Smith. The Harvard Century：*The Making of a University to a Nation*. New York：Simon and Schuster，1986.

［49］ Ralph Waldo Emerson. *The Essential Writings of Ralph Waldo Emerson*，New York：Macmillan，1916.

［50］ Report of the Commissioners of the University of Virginia（1818），in *Crusade against Ignorance*：*Thomas Jefferson on Education*，ed. Gordon Lee，New York：Teachers College Press，1961.

［51］ Rudolph，Frederick. *Curriculum*：*A History of the American Undergraduate Course of Study Since* 1636，San Francisco：Jossey-Bass，1978.

［52］ Simon Marginson. *The dream is over*：*The crisis of Clark Kerr's California Idea of higher education*，Oakland：University of California Press，2016.

［53］ John J. Mcdermont，ed. *The Philosophy of John Dewey*，Chicago：University of Chicago Press，1973.

［54］ John J. Mcdermott，ed. *The Writings of William James*：*A Comprehensive Edition*，Chicago：University of Chicago Press，1977.

［55］ Turner Paul Venable. *Campus*：*An American Planning Tradition* Cambridge：MIT Press，1984.

［56］ Versey Laurence R. *The Emergence of the American University*，Chicago：University of Chicago Press，1965.

［57］ Victoria Bissell Brown，*The Education of Jane Addams*，Philadelphia：University of Pennsylvania Press，2004.

［58］ W. E. B. Du Bois，*The Souls of Black Folk*，New York：Tribeca Books，2013.

［59］ College Board. *Annual Survey of Colleges*. ［DB/OL］. https：//trends. collegeboard. org，October1，2017.

［60］ Daniel Gilman，*Inaugural Address* ［OB/OL］ 1876. http：//webapps. jhu. edu.

[61] Frederick Douglass, *Narrative of the Life of Frederick Douglass*, http://classiclit. about. com.

[62] Harold Bloom, "*The Sage of Concord*," *Guardian*, May 24, 2003. http://www. theguardian. com.

[63] National Center for Education Statistics. *The Condition of Education* [DB/OL]. https://nces. ed. Open-Doors.

[64] PPIC Higher Education Center. *Higher Education in California*: *California's Higher Education System* [DB/OL] (2016). http://www. ppic. org.

[65] In Sheldon *Life*, *Letters and Journals of Gorge Ticknor*, ed. George Stillman Hillard (London: Sampson: Low, Marston, Searleand Rivington, 1876).

[66] Rothblatt(ed.), *Clark Kerr's World of Higher Education Reaches the 21ˢᵗ Century* [C]. Dordrecht, NL: Springer.

[67] Mavis Fleenor. *A Quantitative Analysis of Crime Ratesin American Colleges and Universities With and Without Residential College Systems*[D]. East Tennessee State University, 2009.

[68] Tina Lynn Smith. *The impact of residential community living learning programs on college student achievement and behavior* [D]. Tennessee State University, 2008.

[69] Pierre Bourdieu, L. Wacquant. *Towardsa Reflexive Sociology*: *a Workshop with Pierre Bourdieu*[J]. *Sociological Theory*, 1989, 7 (1).

[70] Warren Bryan Martin. *The Conference on the Cluster College Concept* [J]. *Higher Education*, 1967(10):3.

[71] Woodrow Wilson. *The Spirit of Learning* [J]. *Harvard Graduate's Magazine*, 1909.